贵州省文化遗产数字化保护与开发利用全省重点实验室

（合同编号：黔科合平台 ZSYS〔2025〕012）成果之一

贵博论丛

〔第四辑〕

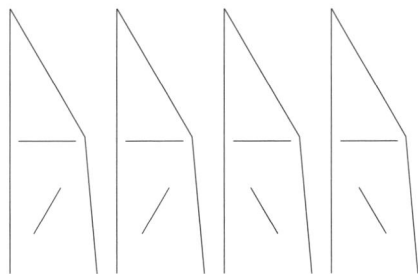

贵州省博物馆 编著

GUANGXI NORMAL UNIVERSITY PRESS

广西师范大学出版社

·桂林·

GUI-BO LUNCONG

图书在版编目（CIP）数据

贵博论丛. 第四辑 / 贵州省博物馆编著. -- 桂林 ：
广西师范大学出版社，2025. 7. -- ISBN 978-7-5598
-8538-8

Ⅰ. G269.277.3-53

中国国家版本馆 CIP 数据核字第 202565VH61 号

广西师范大学出版社出版发行

（广西桂林市五里店路 9 号　邮政编码：541004）

网址：http://www.bbtpress.com

出版人：黄轩庄

全国新华书店经销

广西广大印务有限责任公司印刷

（桂林市临桂区秧塘工业园西城大道北侧广西师范大学出版社

集团有限公司创意产业园内　邮政编码：541199）

开本：720 mm × 1 010 mm　1/16

印张：24　　字数：348 千

2025 年 7 月第 1 版　　2025 年 7 月第 1 次印刷

定价：168.00 元

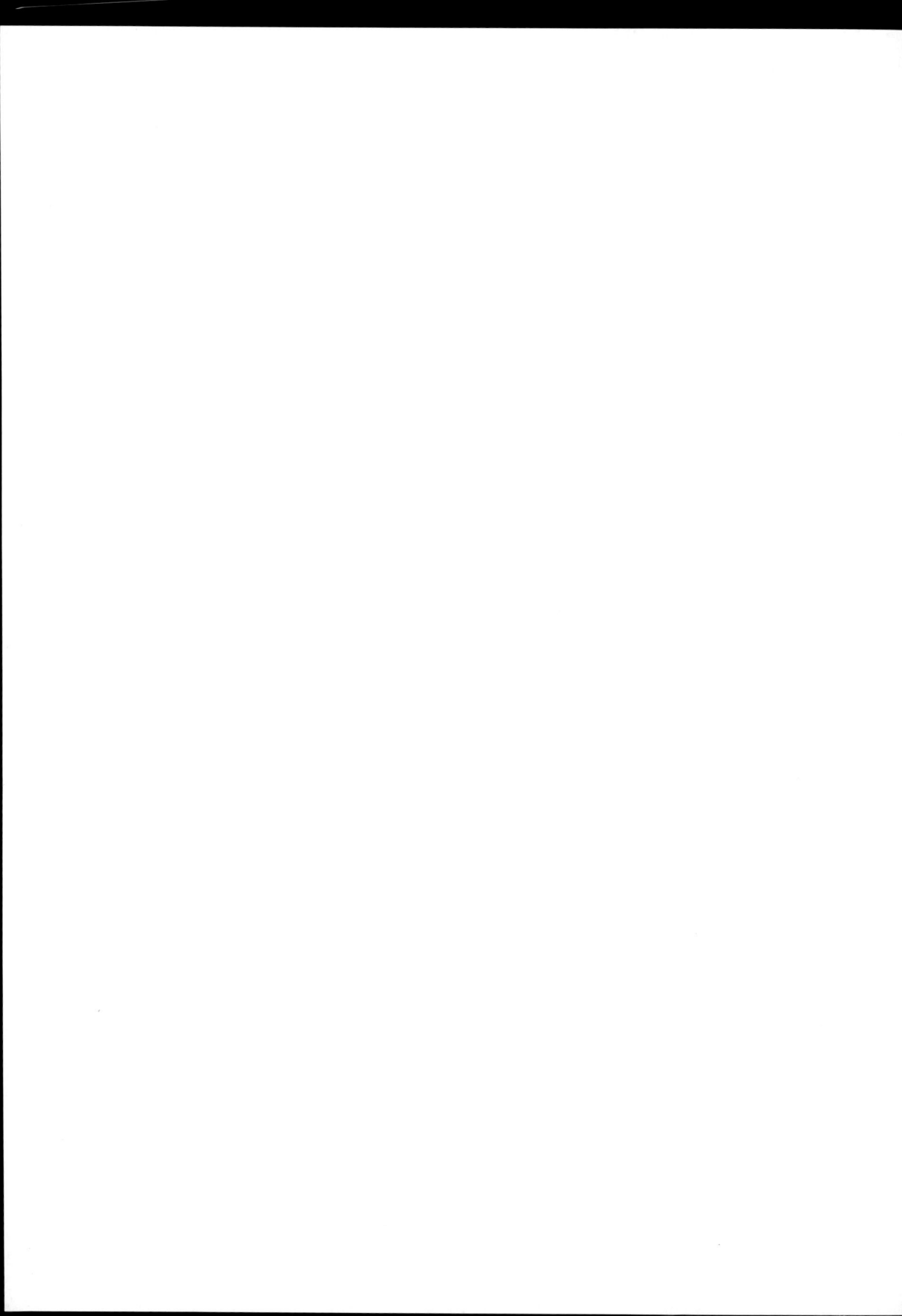

目　录

| 陶瓷鉴赏 |

| 民族文化 |

| 展览展示 |

| 文博发展 |

｜ 社会教育 ｜

历史考古

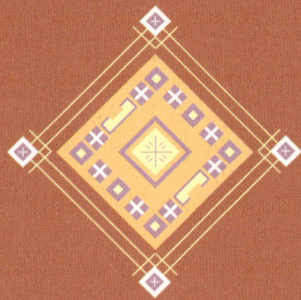

贵州考古出土的龙文化遗物

张合荣

（贵州省文物考古研究所）

摘　要　本文通过汇总研究贵州考古出土的龙文化遗物，指出作为一种强势文化的代表器物，龙形文物基本出现在统治者和贵族等阶层，底层普通大众生活中使用龙形器物的情况异常少见。因而我们不仅可以管窥陪葬有龙形文物的墓主的身份等级，还可通过这些龙形文物出土地域的分布，进一步分析古代不同时期行政中心的设置和变迁情况，为政治制度史的研究提供基础。

关键词　龙文化；贵州；考古出土

龙文化历史悠久，作为一种特殊的文化符号，龙在中华文明传承中起着非常重要的作用，中华儿女被称为"龙的传人"，对龙这种虚幻动物有着特别深厚的情感。作为一种瑞兽，在古代，龙还同虎、雀、龟蛇合称为"四瑞""四象"或"四神"，主方位四至，即东方青龙、西方白虎、南方朱雀和北方玄武。

早在夏商时期，龙的形象已基本固定，河南偃师二里头遗址出土的绿松石龙形器，是中国早期龙形文物的重要发现。商周时期许多青铜器上都装饰着龙的形象。到东周秦汉时期，随着阴阳五行及道家升天思想的盛行，龙成为重要"升仙道具"，如1973年出土于湖南长沙子弹库1号楚墓的《人物御龙图》，表现的就是一男子（墓主）乘龙升天的场景。

西汉武帝时期掀起开发西南夷[1]地区的大潮，将包括今贵州在内的广大西南夷地区逐步纳入汉帝国的行政管理体系，最先产生并流行在中原地区的龙文化也随着汉移民的涌入而流播到贵州大地。在贵州境内出土的汉代许多青铜器上，都发现有龙的形象，从表现方法上看可大致分为下列几种：

第一种是将龙形图案作为装饰纹带嵌刻在青铜器上面。如清镇15号墓出土的铜瓶（M15：8）通高26.8厘米，造型呈直口、长颈、扁鼓腹、喇叭状圈足，在瓶颈下方、腹部和圈足部，分别刻有三圈龙凤相间的装饰纹带，极显龙凤呈祥之势。[2]兴仁交乐6号墓出土的铜瓶（M6：11）造型与清镇15号墓铜瓶相同，但装饰的龙凤纹更加繁缛，从口沿下方直至圈足通体阴刻以龙凤为主体的装饰图案，龙凤纹带共8组，颈部5组、腹部2组、圈足1组，各组龙凤纹之间以菱形纹、齿纹、水波纹等相分隔（图一）。兴仁交乐6号墓出土的铜樽（M6：2，发掘报告称"奁"）呈圆桶状，腹壁直，底近平，下附三兽形器足，腹中部对称铺首，在器腹上下层分别刻划龙纹、水波纹等装饰（图二、图三）。[3]赫章可乐3号墓出土的带杯三足行灯（M3：12），在柄上和灯盘外壁也刻有龙纹图案。[4]

第二种是将龙的身躯简化，重点将龙头形象铸造在青铜器尤其是青铜容器上，作为青铜器的一个有机组成。如1982年在水城黄土坡出土的汉代龙首柄铜釜，釜身呈敞口，束颈，鼓腹，圜底造型，釜肩铸一环耳，另一侧自腹部伸出一长条圆柱形龙首柄，龙嘴张开（图四）。相同或相近的龙首柄铜釜在兴仁交乐汉墓中有较多出土，成为贵州最有特色的青铜容器。另外，在务川大坪、赫章可乐、西秀（区）宁谷、兴仁交乐等地出土有不少铜提梁壶，提梁两端均做

[1] 西南夷，汉时对分布在今甘肃南部，四川西部、南部，云南和贵州一带少数民族的总称。——编者注
[2] 贵州省博物馆：《贵州清镇平坝汉墓发掘报告》，《考古学报》1959年第1期，第95、96页。
[3] 贵州省考古研究所：《贵州兴仁交乐汉墓发掘报告》，载贵州省博物馆考古研究所编《贵州田野考古四十年（1953—1993）》，贵阳：贵州民族出版社，1993年，第251、252、254、257、259页。
[4] 贵州省博物馆：《贵州赫章县汉墓发掘简报》，《考古》1966年第1期，第25、26页。

图一　兴仁交乐 6 号墓出土铜瓶线图

成龙首形，龙口张开衔住两侧的链环。还有在清镇、平坝和兴仁等地出土的提梁式铜灯，灯梁也做成二龙首相对样式，既美观又实用。

　　第三种是直接将龙的全部形态铸造出来。这种风格的龙造型以兴仁交乐 6 号墓（M6：13）树形灯最为豪华和完整。该灯采用分铸套接法制造，整体呈

图二　兴仁交乐6号墓出土铜樽

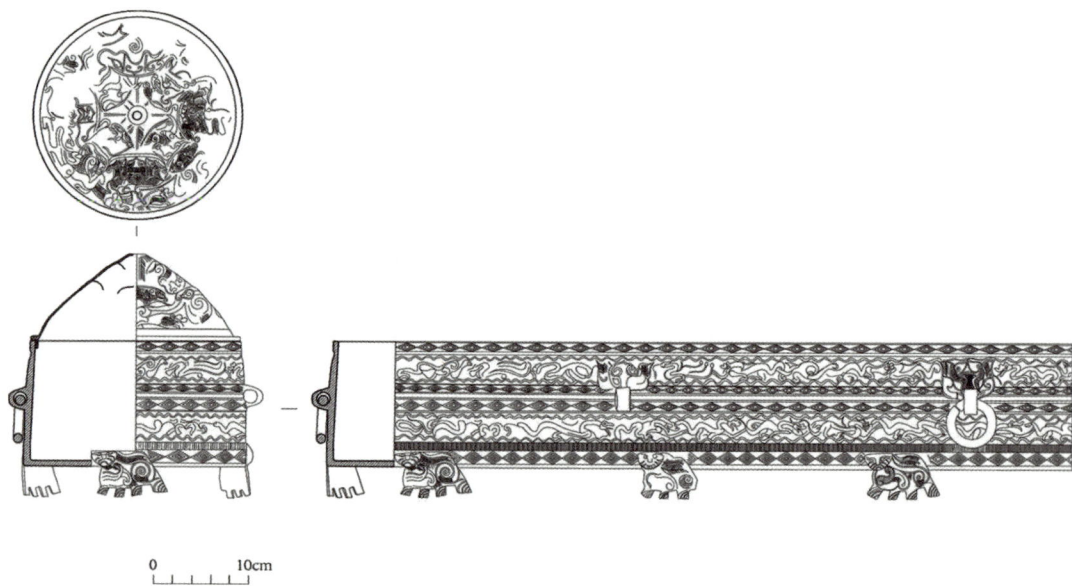

图三　兴仁交乐6号墓出土铜樽线图

图四　水城黄土坡出土龙首柄铜釜

树状，通高117.2厘米，由灯座、灯柱、灯枝和灯盘几部分组成，造型优美。灯座由乌龟、二盘龙和踞坐人共同组成，座底正中为一爬行乌龟，背上一短圆柱，柱上一高鼻深目赤裸踞人双手斜伸于双膝上，头顶高大树状灯柱，乌龟和人像外围有二龙盘绕，乌龟足伸出粘接龙身，龙头上抬至踞人头部（图五）。灯柱共分三段，中、下两段作龙蛇盘旋状，龙口朝上，中空以纳灯枝，每段向外呈S形伸出二灯枝，枝上铸乐人、凤凰、小鸟等，枝端插一三足带柄行灯。上段灯柱铸一龙绕柱盘旋，龙头向上张嘴作嘶鸣状，有腾空飞天之势（图六）。[1]这是贵州汉墓中最高大也最奢华的一盏青铜灯具，不仅铸有三条完整的龙，而且灯柱也作龙蛇盘旋，龙口朝上中空以纳灯枝，完全是一个龙的世界。

　　第四种是在铜镜的镜背铸龙等神兽图案。汉人常将龙、虎等神兽铸造在

---

[1]　贵州省考古研究所：《贵州兴仁交乐汉墓发掘报告》，载贵州省博物馆考古研究所编《贵州田野考古四十年（1953—1993）》，贵阳：贵州民族出版社，1993年，第250页。

图五　交乐汉墓树形灯灯座底部盘绕的二龙

图六　兴仁交乐汉墓树形灯主杆上端盘旋的龙

铜镜上，以四乳神兽镜、四神规矩镜、龙镜和龙虎镜最为常见。四乳神兽镜如赫章可乐8号墓所出（M8：79），镜作圆钮，内区一圈宽弦纹，外区四乳，四乳间分铸青龙、白虎、朱雀和玄武四神。[1]四神规矩镜如兴仁交乐7号墓所出（M7：44），圆钮方座，座内四角饰柿蒂纹，外为规矩纹，其间夹青龙、白虎、朱雀、玄武四神及动物图案8个，以及对称分布的八乳钉，其外为铭文带，铭文为"尚方作镜真大巧，上有山（仙）人不知老"。[2]龙镜以1972年安顺宁谷出土的"长乐"铭高浮雕龙铜镜最为精美。该镜半球形钮，主体纹带为一浮雕龙绕于钮周，龙口上下或左右各有小兽作舞动状，龙嘴左右各伸出带柄方框，框内分铸"长""乐"二字（图七、图八）。[3]在清镇余家龙滩M83中出土的盘龙纹镜，镜钮周边纹带亦为一盘龙，龙身部分压于钮下，龙嘴前铸一钱纹和三乳钉。龙虎镜如兴仁交乐M19出土的（M19：10），半球形钮，圆形钮座，钮座外侧主体纹带为高浮雕的龙虎纹，龙身躯部分压于钮下，龙虎相对的尾部铸有"青盖"二字。[4]

伏羲女娲均是古代神话传说中创造人类的始祖，《说文·女部》说，"娲，古之神圣女，化万物者也"。在大量的汉代文献和实物材料中，伏羲女娲都被描绘成人首蛇身。在阴阳说中，女娲象征女性，伏羲象征男性，他们阴阳交合产生人类。汉代墓室壁画或画像砖、画像石上表达的伏羲女娲多作交尾状的人首蛇身或人首龙身形象。这种伏羲女娲交尾画像在贵州也有少量发现，1995年在金沙县后山乡清理的一座汉代石室墓中，出土有一块伏羲女娲交尾画像石。画像雕刻在黄褐色砂岩石板上。石板近方形，长宽均约0.7米，四角不太规整。画面在石板上布局略偏右，顶部刻一宽约0.06米的长条形宽带、上刻升腾的云

---

[1] 贵州省博物馆考古组、贵州省赫章县文化馆：《赫章可乐发掘报告》，《考古学报》1986年第2期，第220页。

[2] 贵州省考古研究所：《贵州兴仁交乐汉墓发掘报告》，载贵州省博物馆考古研究所编《贵州田野考古四十年（1953—1993）》，贵阳：贵州民族出版社，1993年，第254页。

[3] 贵州省博物馆：《贵州安顺宁谷发现东汉墓》，《考古》1972年第2期，第37、38页。

[4] 贵州省文物考古研究所：《贵州兴仁县交乐十九号汉墓》，《考古》2004年第3期，第55页。

图七　宁谷出土"长乐"铭高浮雕龙铜镜　　　　　图八　宁谷出土"长乐"铭高浮雕龙铜镜线图

气，画面主体内容为伏羲女娲交尾图。女娲刻于左面，头梳丫叉髻，身着交领宽袖衣。右手向左伸出，手中托一月亮。左手向右伸出，与伏羲共握一神杖。肩下腰部长有双翼，以示飞奔上天。腰下即为龙身，双龙爪紧扣石面，左右伸出，苍劲有力。龙尾向右长伸，与伏羲尾相交媾。伏羲位于画面右侧，面对女娲，头戴斜顶巾帻，身穿交领宽袖衣，右手向前伸出，与女娲手共扶神杖，左手向右抬伸，手中托一太阳，太阳仅刻出约三分之二圆面，共三圈。从肩下开始变成龙身。腰部长有双翼，翼角较尖。龙爪左右伸出，每爪似有三爪。尾部向左长伸，与女娲相交媾（图九）。[1]将身躯刻成龙身，并刻出龙爪、翅膀，身

[1]　贵州省文物考古研究所：《贵州省金沙县汉画像石墓清理》，《文物》1998年第10期，第43、45页。

图九　金沙后山出土伏羲女娲交尾画像石

上未饰鳞片的画像不太多见。这幅交尾图的出土，对探讨汉代人类起源神话和龙图腾崇拜等都具有重要意义。

与金沙后山基本相同的伏羲女娲交尾画像石还出土在遵义市汇川区沙湾镇的小关汉墓中，该墓出土画像石刻较多，除伏羲女娲交尾画像石外，还有牛、马、拜谒（也有释读为"凿壁传书"）、舞乐、杂技等，并出土有石马、石鸡和池塘模型等，可惜该墓未经科学清理，无墓室结构和画像石具体位置、放置方式等信息，伏羲女娲交尾画像刻于一分层石柱形底层，画面较小。

贵州发现的两晋南朝时期考古遗存主要集中在贵阳至安顺一带的黔中地区，汉文化因素有不断减弱之势，这一时期出土的龙文化遗物不多，但也有一些线索。1981年3月，在安顺市（现西秀区）双堡镇梅旗八番清理了一座六朝砖室星象图壁画墓，平面呈"凸"字形，在残存的墓室顶部和墓壁上部，发现绘制于白泥底面上的壁画。墓顶壁画为星象图，残存星辰102颗，包括太阳、月亮、银河和北斗七星等，在星象图的下方四壁还绘制有起伏的群山，群山中绘制有青龙、白虎等四象和流云等，虽残损，但仍可看出整个壁画包括红、黄、蓝、白和黑五种颜色，这是贵州境内目前发现的最早将作为四神之二的龙、虎绘制在墓室四壁的壁画。[1]这一时期之后也有在墓室壁画上绘制龙的情况。2017年9月，在松桃苗族自治县盘信镇干溪村附近小山包上清理出了一座明代砖室墓，墓室内壁涂抹一层厚1~2厘米的石灰，两侧壁、后壁和墓顶石灰表面绘有壁画，墓室顶部壁画绘制有一条四爪的龙，龙身盘曲，穿梭于祥云之中（图十）。[2]

唐宋以后，在以遵义市为核心区位的贵州北部地区，即播州杨氏管辖区域，流行在大型石室墓墓底置腰坑，腰坑中按东西南北方位摆放金银质的青龙、白虎、朱雀、玄武四神或在墓室四壁上部按方位雕刻青龙、白虎、朱雀、玄武四神的葬俗，因而在黔北地区发现的宋明时期石室墓中，便有大量的龙形文物出土。重要的如1957年清理的被誉为"西南古代石刻艺术宝库"的杨粲墓，其男女室后室顶部藻井分别雕刻有青龙、白虎、朱雀和玄武四神，墓室侧壁雕刻龙柱和虎柱，棺床底部圆雕四条缠绕龙，将棺床托起，龙头伸出棺床四角。位于杨粲墓左前方的杨嘉贞墓男室下方置有腰坑，虽被盗掘，但仍残存鎏金青龙、玄武各1件，装盛于腰坑底部的1件残损铜锣内，青龙镂孔透雕于一长方形方框内，龙身周边绕以云朵。2002年，在遵义县（今播州区）龙坑镇龙坑村范家堡施工中破坏了一座三室石室墓，经地方文物部门抢救清理，在墓室底部的腰坑中共清理出金龙2件、银虎3件、金朱雀3件、银玄武1件和石镇墓

[1] 熊水富：《安顺八番六朝星象图壁画墓清理简报》，载贵州省博物馆考古研究所编《贵州田野考古四十年（1953—1993）》，贵阳：贵州民族出版社，1993年，第330—334页。

[2] 贵州省博物馆、贵州省文物考古研究所：《贵州松桃县干溪壁画墓发掘简报》，载贵州省博物馆编著《贵博论丛（第三辑）》，桂林：广西师范大学出版社，2023年，第156、157页。

图十　松桃明墓龙壁画

券及买地券各1件。2件青龙形象大体相同，由左右两片金箔片扣合而成，龙头前倾，怒目张口，口吐舌，吻上双须前倾，躬身作飞跃状，背有鳍，龙鳞为乳突纹，四足四爪，龙尾后扬（图十一、图十二）。2015年，为配合遵义高坪工业园区建设，在高坪镇清理了一座三室石室墓，据出土墓碑记载，该墓为明代播州杨氏土司杨爱女儿墓，其中一墓室底部有一腰坑，放置一银盆，盆内四方摆放有鎏金银青龙、白虎、朱雀和玄武各1件，盆上方有圆荷叶形盖。青龙鹰嘴獠牙，张口吐舌，鼻下双须前伸，尖耳长角，腮后有须，角后长鬣飘扬；细颈曲项，张嘴平视，躬身作奔腾状，颈后背鳍至尾尖，四足各四爪，四腿有爪

图十一　遵义龙坑杨子墓腰坑出土金龙

图十二　遵义龙坑杨子墓腰坑出土金龙

图十三　高坪杨爱女儿墓出土金青龙

毛，尾略弯曲后扬，周身遍布鳞片（图十三）。[1]2015年发掘的播州杨氏土司杨辉墓，在其夫人俞氏墓室（编号为M11-3）棺床底板石下部清理出一腰坑，腰坑内放置一内部凿空带盖的石函，石函底部放一用织物包裹的石质买地券，买地券上方置一圆形铜镜，铜镜上方按方位依次摆放金青龙、银白虎、金朱雀和银玄武四神，四神头部皆朝向墓前，四神上面罩一铜锣，铜锣与铜镜上下相扣合。金青龙通长27.5厘米，曲项收首躬身，四足五爪，飞奔状，张嘴怒目，双须高扬，脑后长鬣后飘，遍布鳞片，背有鳍，尾略弯曲后扬（图十四）。[2]贵州省博物馆收藏有几件早年拨交的金青龙和银白虎，遵义市播州区文物保护研

---

[1]　贵州省文物考古研究所、遵义市汇川区文物管理所：《贵州遵义市汇川区黄秧嘴明墓发掘简报》，《四川文物》2019年第2期，第10、12页。

[2]　贵州省文物考古研究所、遵义县文物管理所：《贵州遵义市团溪明代播州土司杨辉墓》，《文物》2015年第11期，第79—81页。

图十四　杨辉墓出土金龙

图十五　杨辉墓出土龙形银白虎

究中心收藏有1件据传出自三岔镇的铜三爪龙，从造型看都应是出自黔北一带明墓腰坑中的四神之一。

有意思的是，宋明时期作为四神之一的白虎，其造型已完全脱离了自然界中虎的形象，变成与龙相近的造型，如杨辉墓中出土的银白虎造型就极似青龙，为瘦长龙身，曲项收首躬身，头略右倾，脑后长鬣飘扬，背有鳍，身刻斑纹，尾略弯曲后扬，四肢劲健，指爪尖锐作奔走状（图十五）。杨粲墓墓室壁面虎柱上雕刻的虎造型也基本是龙的形态，将其称为龙还是虎，在文物工作者中曾有不同意见。

作为一种强势文化的代表器物，龙形文物基本出现在统治者和贵族等阶层中间，底层普通大众生活中使用龙的情况异常少见，因而我们不仅可以管窥陪葬有龙形文物的墓主的身份等级，还可通过这些龙形文物出土地域的分布，进一步分析古代不同时期行政中心的设置和变迁情况，为政治制度史的研究提供基础。

贵州历史的考古学观察之新石器时代 [1]

吴小华

（贵州省文物保护研究中心）

摘　要　贵州新石器时代的历史研究，一直以来囿于考古材料的局限而进展较慢。近年来，随着考古材料的不断增加，我们对这一段历史有了更进一步的认识。本文力图通过最新的考古材料，试图对贵州新石器时代的历史、文化、生计模式以及与周边地区同时期文化的关系等诸方面进行一定程度的镜像复原，以期窥探这一段历史的大致面貌。

关键词　贵州历史；新石器时代；考古学研究

一直以来，囿于考古材料的局限，对贵州新石器时代这一段历史的研究和探讨都无法深入展开。近年来，随着考古材料的不断增加，我们对这一段历史有了更进一步的认识。最新的考古成果，为我们进一步厘清贵州新石器时代的历史、文化、生计模式及与周边地区同时期文化的关系等提供了丰富的基础材料。笔者拟从贵州新石器时代遗存的发现概况、贵州新石器时代典型文化遗存及其比较研究等几个方面，对贵州新石器时代的历史进行初步探讨。

---

[1]　本文系"贵州省2018年度哲学社会科学规划文化单列课题"阶段性成果之一。

一、贵州新石器时代遗存的发现概况

贵州地处云贵高原东部，整体地势西高东低，平均海拔约1100米。地貌以高原山地居多，故有"地无三里平"之说。受山脉及水系分割，地理单元十分破碎。贵州出露地层以中晚元古宙的海相碎屑、古生代至晚三叠中期的海相碳酸盐沉积为主，晚三叠世晚期以后则全为陆相碎屑沉积。其中，古生代至晚三叠世的碳酸盐沉积受水流溶蚀等作用，喀斯特地貌发育，形成众多石灰岩洞穴。大量的溶洞为早期人类的生活提供了天然住所，历年的考古调查工作表明，贵州现存保留旧石器至商周时期遗存的洞穴多达500余处。20世纪60年代，中国科学院古脊椎动物与古人类研究所在贵州追索发现黔西观音洞遗址，并由裴文中先生领队进行发掘、研究，将贵州的人类历史推到了十几万年前，为贵州的旧石器时代考古研究奠定了基础。这是贵州旧石器时代考古的开端，也是整个贵州史前考古的肇始。

长期以来，贵州新石器时代部分遗存同商周时期遗存难以区分，一些商周时期的遗存曾长期被视作新石器时代遗存。这一方面是囿于资料所限，对贵州早期遗存的发展谱系及同周边地区的交流认识不足；另一方面，贵州特殊的地理环境导致早期文化在新、旧石器时代交替和新石器时代向商周时期过渡的过程中，特征承袭明显，新文化因素占比较其他地区相比十分薄弱。整体来看，贵州新石器时代文化特征在承袭旧石器时代文化因素和吸收周边地区同时期文化因素方面的区域性特点都十分明显。

关于贵州新石器时代历史文化的研究，早在20世纪五六十年代，贵州的考古工作者就在毕节、清镇、平坝等地采集到一批磨制石器，虽然仅局限于田野调查，但仍然有部分遗存被置于新石器时代的范畴进行讨论。

到了20世纪七八十年代，贵州洞穴遗址考古迎来了第一个黄金发展期。这一时期发现发掘了大量洞穴遗址，获得一大批宝贵材料，其中不乏新石器时代文化遗存，以平坝飞虎山、普定穿洞、安龙观音洞遗址等为代表。1981年10

月，贵州省博物馆首次对平坝飞虎山新石器时代洞穴遗址进行了发掘。这是贵州首次通过考古发掘认识新、旧石器时代地层叠压的洞穴遗址。遗址上层发现陶片数量1400余片，迄今为止也是贵州新石器时代遗址中发现陶片数量最多的遗址，首次在贵州境内发现彩陶。飞虎山遗址发掘获得一批丰富的新石器时代资料，对认识黔中地区新石器时代文化具有重要意义。普定穿洞遗址于1978年春发现，次年4月、1981年夏，考古队分别对遗址进行了试掘发掘，获得了一大批丰富的石器、骨器、动物化石等资料，还出土了人类化石。遗址堆积整体分为穿洞下层和穿洞上层，后者测定年代距今8000余年，属于新石器时代范畴。安龙观音洞遗址发现于1985年。1986年、1990年先后对遗址展开考古发掘。其旧石器文化层年代约为更新世晚期末端，距今12000—13000年。难能可贵的是遗址上部层位出土有陶片，碳十四年代距今约8000年，这是贵州地区新旧石器过渡的又一重要证据。在20世纪八九十年代，贵州考古工作者还相继在习水土城、清镇仙人洞、榕江古州、黔西凤凰穿洞、金沙县石场大宝洞等地发现新石器时代的考古线索。

进入21世纪，贵州各大流域大量新建水利设施，以配合基建为契机，贵州流域考古掀开序幕。短短数年时间内，先后在乌江、清水江、北盘江等大河两岸台地发现一批重要的新石器时代遗址，贵州新石器时代考古工作取得重大突破。

清水江流域2004年考古调查发现远口坡脚、月背山、学堂背、天柱辞兵洲、盘塘遗址，并先后进行发掘，2010年又发现锦屏培芽遗址。这些遗址不同程度保留了新石器时代堆积，石器文化特征继承了湖南西部"潕水文化类群"的技术传统，属于南方砾石石器传统。陶器所饰凤鸟、垂帘纹、兽面纹与湖南高庙文化系统完全一致。

乌江流域新石器时代遗存主要分布于下游沿河境内。该时期贵州省文物考古研究所在沿河境内发现并发掘淇滩小河口、洪渡中锥堡等7处新石器时代晚期至商周时期遗址。

北盘江流域在这一时期大量发现阶地遗址，包括老江底、贞丰沙坝、天生桥、孔明坟、拉它、坝油、洒若桥、坡们渡口等遗址。老江底遗址发现旧石器晚期和新石器时代遗存，对于探讨猫猫洞遗存去向具有重要价值。孔明河（即孔明坟）遗址发现目前贵州规模最大的一处新石器时代制造场，同时发现了一大批房址、墓葬、灰坑等遗迹。

在黔东地区锦江流域的施滩、岩董也发现新石器时代晚期遗存。其他地区则有紫云县猫猫冲史前遗址及镇宁县坝草、罗甸县羊里等遗址。黔西地区主要有六枝老坡底遗址群、黔西县罗家洞等。黔中地区有开阳打儿窝岩厦遗址、贵阳金华肖家洞遗址、清镇市黄家洞、乌当区肖家洞等。金阳新区（今观山湖区）建设中，调查发现10余处史前遗址，部分包含了新石器时期遗存。开阳打儿窝岩厦遗址上层距今6500—4300年，出土磨制石器和陶片，但所占比重很小。黔南北部发现龙里吊洞、豹子洞、渣口洞、高枧洞遗址及惠水县岩洞边、洞口等，年代主体处于新石器中晚期至商周时期。在长顺县也新发现6处旧石器至新石器时代洞穴遗址。

2012年，"贵州中西部洞穴遗址调查项目"开始实施。贵州省文物考古研究所相继在贵安新区、贵阳市、黔南州、黔西南州、安顺市、六盘水市、毕节市、遵义市等地开展了大量考古调查，发现了多处堆积厚、保存好、工作潜力巨大的洞穴遗址。仅在贵安新区就发现洞穴遗址140余处，其中不乏有大量新石器时代遗存。此外，还发现了威宁张口洞、纳雍牛鼻子洞、望谟龙新洞等新石器时代洞穴遗址。

到目前为止，贵州已发现的新石器时代文化遗存不下百处，但正式经过科学考古发掘的遗址并不多。同时，这些发现的地点还十分分散，多呈点状或线状分布，对其文化面貌及文化内涵的研究也不够深入，许多问题还有待更进一步的工作来解决。尽管贵州新石器时代的考古资料十分有限，但我们仍然可以通过这些有限的材料，对新石器时代的贵州历史文化面貌管窥一二。

二、贵州新石器时代典型文化遗存

鉴于贵州新石器时代文化遗存的区域性分布特点，笔者拟将贵州新石器时代的文化遗存分为5个相对独立的区域，具体如下：

（一）黔东南地区

这一地区的新石器时代文化遗存，主要分布在清水江及其支流沿岸的一、二级台地。2004年以来，为了配合清水江梯级电站的建设，贵州省文物考古研究所相继对清水江流域进行了大量的考古调查和勘探，发现了10余处新石器时代遗址。主要有天柱辞兵洲、天柱盘塘、天柱坡脚、天柱学堂背、锦屏培芽遗址等。

1.天柱辞兵洲遗址[1]

辞兵洲，当地人又称之为自坪洲（或自平洲）。清水江自西向东流经天柱县白市镇时，在白市镇的西北角受其岸边岩壁的阻隔突然转了一个弯，形成一个半月形的拐角突兀于江边。明洪武年间，一场洪水沿石壁处冲出一条新河道，遂将原来的半月形地势与岸基隔离开来，形成一个江心小岛。相传，吴三桂当年曾在此将军中老弱病残者辞于该岛，辞兵洲之名由此而来。辞兵洲遗址就位于岛上的东北端，属于清水江的一级台地，与盘塘遗址隔江而望，相距不过1千米，遗址分布面积逾5000平方米。该遗址是以旧石器时代晚期的堆积和新石器时代的文化堆积为主体，尚有少量宋明时期的文化层堆积。在新石器时代的文化层里虽然只是零星出土了少量陶片，但该遗址中发掘出土了一个面积巨大的石器加工场。在加工场内出土了大量的打制石器和少量的磨制石器。磨制石器主要有石锛和石斧等。石器加工场里的原料多来自遗址边上河漫滩里的鹅卵石。从出土陶片来看，辞兵洲遗址里的新石器时代文化遗存部分可能要略早于盘塘遗址。

---

[1]　胡昌国：《天柱辞兵洲遗址》，载贵州省文物考古研究所编著《贵州基建考古重要发现（2003~2013）》，北京：科学出版社，2015年，第6—11页。

在辞兵洲遗址的下层，还分布着更早的文化堆积层——网纹红土层。在该地层里出土了大量的大型打制石器，从文化面貌上看，它与湘西地区同时期的考古学文化极其类似。其年代则处于旧石器时代的晚期末段，距今约15000年。

2. 天柱盘塘遗址[1]

遗址位于天柱县白市镇，距天柱县城约30千米。盘塘遗址紧临清水江，属于清水江畔的一、二级阶地。2010年9—12月，贵州省文物考古研究所对该遗址进行了大面积的发掘。该遗址以新石器时代的文化遗存堆积为主体、也少量分布战国和宋明时期的文化遗存。新石器时代遗迹主要有灰坑和房址。出土的器物以陶器和石器为主。陶器多为夹砂陶，泥质陶极少。陶器上的装饰纹饰异常丰富，有压印和戳印两种手法，包括平行带状纹、连续波折纹、戳印篦点纹、圈点纹、绳纹和极少量划纹。这些纹饰通常组成一些动物图案，最多的是凤鸟。这些动物图案多装饰于器物的口沿部位。陶器的器形也十分丰富，计有釜、罐、钵、纺轮、支脚、圈足，其中又以釜和罐为主。盘塘遗址还出土了大量石器，石器有打制和磨制两种。器形有石斧、石锛、磨石、砍砸器、穿孔石钺等，除此之外还出土许多半成品。从穿孔石钺看，其钻孔技术也十分先进，双面对钻技术完全掌握。从出土遗物来看，盘塘遗址与湖南洪江高庙遗址堆积层上层的文化性质完全一样，其时代大致在新石器时代中期，距今约六七千年。盘塘遗址最具特色的，还数遗址里出土的陶器上的动物装饰图案。有的如凤鸟，有的似怪兽。这些装饰图案，是当时人们的审美情趣、宗教信仰和精神世界的反映。

3. 天柱坡脚遗址[2]

位于远口镇坡脚村清水江西岸一级阶地上，2004年夏调查发现，同年贵州

---

[1]　杨洪：《天柱盘塘遗址》，载贵州省文物考古研究所编著《贵州基建考古重要发现（2003~2013）》，北京：科学出版社，2015年，第38—43页。

[2]　白彬、于孟洲、胡昌国：《天柱远口遗址群》，载贵州省文物考古研究所编著《贵州基建考古重要发现（2003~2013）》，北京：科学出版社，2015年，第44—47页。

省文物考古研究所进行过小范围试掘。此次发掘共发现多个时期的灰坑60个、灰沟10条、石堆遗迹2处、墓葬2座、窑1座。

新石器时代遗存是坡脚遗址的主体堆积，包含物多为石制品，少数为陶片。陶片少而碎，主要为夹砂陶，泥质陶极少。陶色有红、红褐、灰黑、褐、黄褐、灰褐、青灰、灰白、黄白等多种。器表多有纹饰，以绳纹最常见，其次为戳印小（长）方格纹，还有弦纹、划纹、兽面纹等，多见以戳印的小方格纹组成条状纹和各种形制的图案。可辨器形有钵、罐、釜等（图一）。

石制品是所出土新石器时代遗物的主体，有8100多件。石料绝大多数来自附近的河漫滩，以轻微变质的长石石英砂岩为最多，还有极少量的脉石英、细砾岩、粉砂质的石英砂岩和水晶。石制品按加工技术的不同可分为打制和磨制两大类。其中打制石制品占绝大多数，包括有坑疤的砾石、石片、石核和石器等几大类。有坑疤的砾石包括石锤和石砧。石器中刮削器为多，砍砸器次之，盘状器再次之，尖状器较零星。还有端刮器、凹刮器和修背石刀等。遗址中还见有较多的断片和断块。磨制石器数量较少，种类有石钺、斧、锛、凿等，形体多较小，另见有磨制石器的坯材及砺石等。从出土石制品和陶器形制及纹饰看，坡脚遗址的新石器时代遗存与湖南高庙文化的中晚期有密切的关系，或可归入高庙文化。

4.天柱学堂背遗址[1]

位于远口镇中团村清水江东岸一级阶地上，2004年夏调查发现。此次发掘共发现多个时期的灰坑12个、灰沟1条和窑1座。遗址出土的新石器时代遗存中陶器不多，以夹砂陶为主，泥质陶很少。陶色以褐陶最多，红褐陶和灰黑陶次之，还有青灰、红、黄褐、黄白、灰褐和灰白等。素面居多，凸点纹和绳纹较常见，还有少量戳印纹、刻划纹和镂孔。器形有圈足器、釜、罐等。与坡脚

---

[1]　白彬、于孟洲、胡昌国：《天柱远口遗址群》，载贵州省文物考古研究所编著《贵州基建考古重要发现（2003~2013）》，北京：科学出版社，2015年，第47—49页。

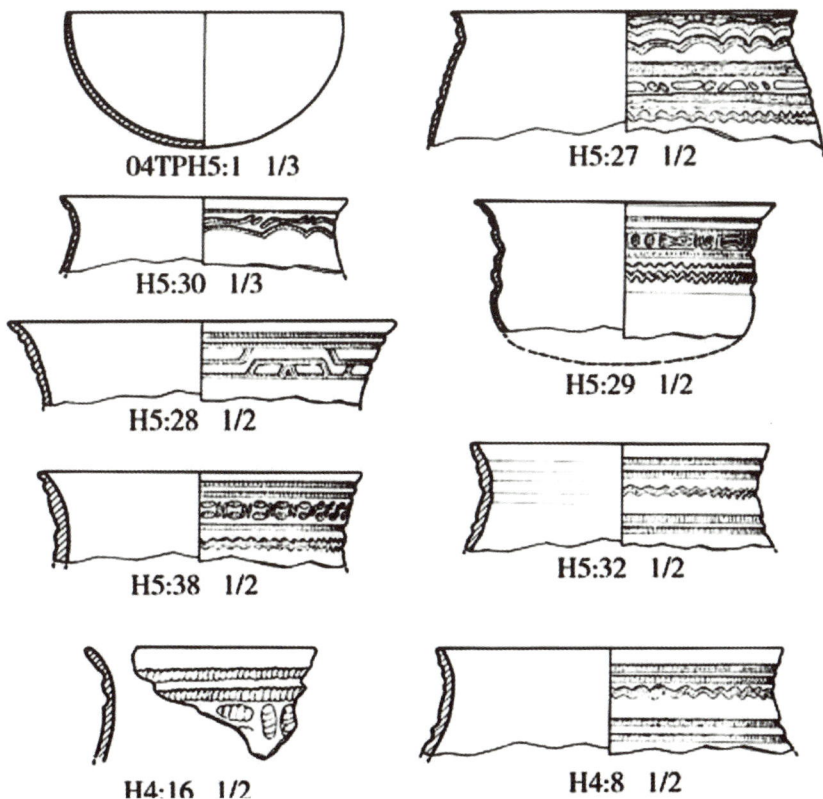

图一　天柱坡脚遗址出土新石器时代陶器（线图）

遗址相比，红褐陶比例大为增多，出现陶胎厚度超过2.3厘米的陶器。出土石制品近1300件，占遗址出土遗物的绝大多数。除1件磨制石锛外，其余均为打制石制品。石料种类及石制品的制作技术与坡脚遗址表现出极大的一致性。通过已有材料的对比，学堂背遗址新石器时代遗存的年代要较坡脚遗址稍晚，与高庙文化的上层年代相当。

5.锦屏培芽遗址[1]

遗址位于锦屏县三江镇亮江村。亮江是清水江的一条重要支流，培芽遗址就位于亮江西岸的一级台地上。2010年，贵州省文物考古研究所在清水江白市电站水淹区进行考古发掘时，为进一步了解相关遗存的分布情况，遂对亮江流域进行了一次系统的考古调查，其间发现了该遗址，并对其进行了小范围的试掘。

该遗址的地层堆积共分为5层，其中第3—5层为新石器时代堆积。该遗址试掘时未发现遗迹，只出土了少量石器和陶器（均为碎陶片）。石器均为打制石器，类型有石核、石器、石片、断块等。石器器形有砍砸器、刮削器、盘状器等。该遗址出土的陶片十分零碎，器形无法辨别。总的来看，该遗址出土石器和陶器都显得十分原始和粗糙。但从石器的加工方式来看，其工艺与贵州西南部的同期石器显示出不同的技术特征，而与湖南沅江流域则有较多的相似之处。其年代可能早于盘塘遗址，属于新石器时代早期，距今在七八千年。

（二）黔西及黔西北地区

在2012年以前，由于之前在这一地区做的考古调查及发掘工作有限，发现的新石器时代遗址并不多，大多数都为比较孤立分散的点。2012年11月至2013年4月，在贵州省文物局的大力支持下，贵州省文物考古研究所会同六盘水市文物局共同开展了"六盘水史前至夜郎时期区域考古调查"，此次调查，共在六盘市境内发现史前（包括旧石器时代和新石器时代）洞穴和台地遗址80余处。这些遗址的发现，为我们重新认识贵州西部，乃至整个贵州的史前文化，特别是新石器时代的考古学文化提供了新的视角和材料。但苦于经过考古发掘的遗址不多，目前我们对这一地区新石器时代文化的内涵认识尚不够深入。这一地区比较有代表性的新石器时代遗址主要有六枝桃花洞、六枝老坡

---

[1] 张改课：《锦屏培芽遗址》，载贵州省文物考古研究所编著《贵州基建考古重要发现（2003~2013）》，北京：科学出版社，2015年，第58—61页。

图二　六枝桃花洞遗址出土陶片

底、威宁东山、黔西凤凰穿洞，以及在六盘水地区发现的大量新石器时代遗址等。

1. 六枝桃花洞遗址[1]

遗址位于六枝特区城西北角桃花山脚，1983年发现并发掘。该遗址的文化层可分为上下两层，其中，上层出土的遗物有磨制石器和陶片。磨制石器包括磨制石斧1件，其他器形5件。陶片为深灰色和浅灰色夹砂陶，纹饰以绳纹为主，还有部分锥刺纹、弦纹、刻划纹、方格纹、波纹和回形纹等（图二）。该

---

[1]　贵州省地方志编纂委员会编：《贵州省志·文化遗产》，贵阳：贵州人民出版社，2020年，第61页。

遗址的上层为新石器时代文化层，下层为旧石器时代文化层。

2.六枝老坡底遗址群[1]

遗址位于六枝特区岩脚镇西北约10千米的老坡底村。遗址所处的地理环境优越，中间为一狭长坝子，四周为缓坡，三岔河自西向东从坝子边流过。遗址主要分布在坝子周边的小缓坡上。2005年，为配合老坡底火电厂的建设，调查发现遗址近10处，其中经过考古发掘的有4处，分别为蔡家坟、台子田、夏大田和青岗林，发掘面积近2000平方米，这也是目前贵州新石器时代考古发掘面积较大的一处。

该遗址发掘出土的遗迹有房屋、柱洞、灰坑、灰沟、围栏等。其中，该遗址发掘出4座结构较为清楚的新石器时代房址和围栏，可谓是贵州新石器时代考古的一次重大发现。

该遗址发掘出土的遗物主要有石器、陶器和骨器。石器器形主要有石斧、石砧和砍砸器；陶器主要以圜底器为主，不见平底器和尖底器，器形可辨别的有折沿釜、折沿罐、钵、靴形镂空支座、网坠、饼、弹丸等（图三）；骨器均为磨制，器形有刀、纺轮等，但数量较少。

3.威宁东山新石器地点[2]

20世纪80年代，贵州考古工作人员先后在威宁东山的李家院、潘家院、王家院（均在草海附近台地上）等地征集到一批石器。均为磨制石器，器形有石锛、刮削器。其中石锛可分有肩有段石锛、有肩石锛和长方形石锛。由于以上遗物均为征集，未具体核实出土情况，故其他详细情况不清楚。

4.黔西凤凰穿洞遗址[3]

遗址位于黔西县城关镇新民村六组。1988年发现并试掘。试掘出土石制

---

[1] 张合荣：《六枝老坡底遗址群》，载贵州省文物考古研究所编著《贵州基建考古重要发现（2003~2013）》，北京：科学出版社，2015年，第54—57页。

[2] 晏祖伦：《威宁东山新石器》，《贵州文物》1984年1期，第8页。

[3] 贵州省地方志编纂委员会编：《贵州省志 文化遗产》，贵阳：贵州人民出版社，2020年，第60—61页。

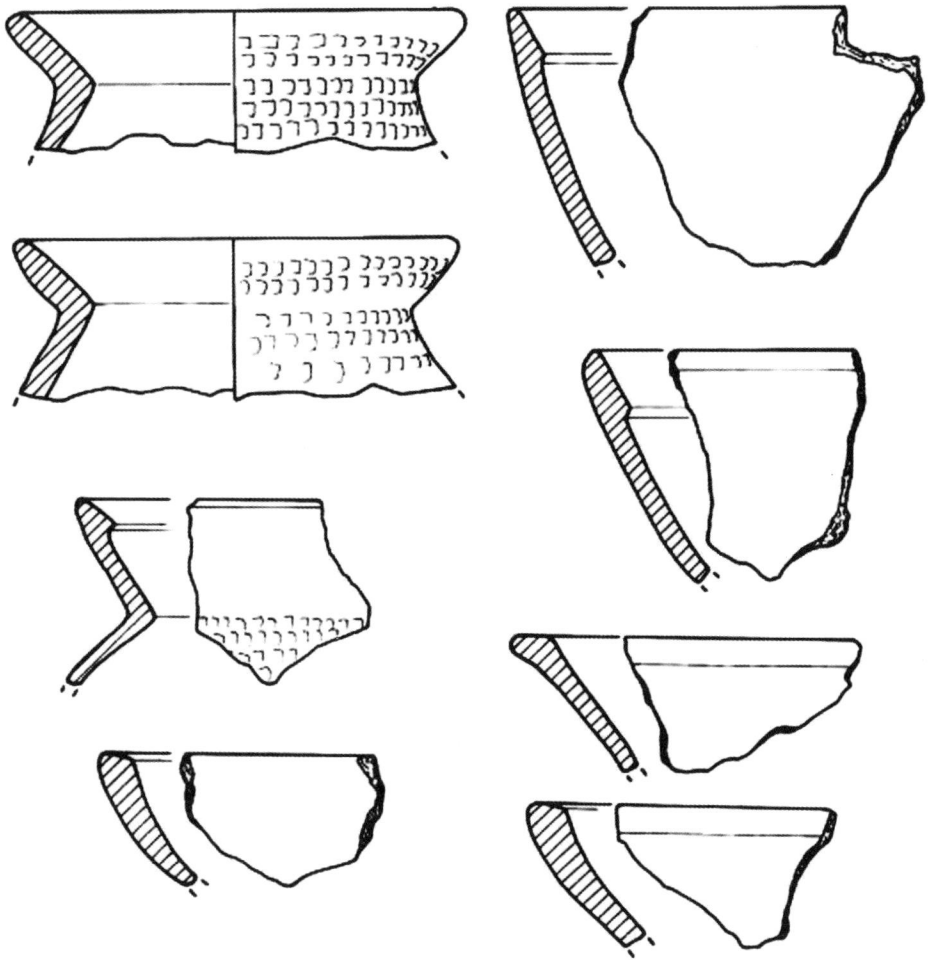

图三　六枝老坡底遗址出土陶器（线图）

品近千件、骨制品数件和少量陶片。石制品均为打制，多以燧石为原料，器形有石锤、石核、石片、砍砸器、刮削器、尖状器、端刮器和雕刻器等，石器器形普遍较小。骨器多用骨片制成，器形有骨铲和骨锥等。陶片出土较少，均夹粗砂，多呈灰黑色和褐色，纹饰有绳纹、篮纹、划纹和方格纹等。动物遗骸出土较多，种类主要有鱼、猪、鹿、牛等十余种。遗址年代应该属于新石器时代早期。

5.六盘水地区发现的史前遗址[1]

2012年11月至2013年4月，在贵州省文物局的大力支持下，贵州省文物考古研究所会同六盘水市文物局共同开展了"六盘水史前至夜郎时期区域考古调查"。此次调查，共在六盘市境内发现史前（包括旧石器时代和新石器时代）洞穴和台地遗址80余处。这些遗址的发现，为我们重新认识贵州西部，乃至整个贵州的史前文化提供了新的视角。

（三）黔南及黔西南地区

黔南及黔西南境内的南北盘江、红水河，其流量是贵州境内仅次于乌江的河流，在贵州境内主要流经黔西南贞丰、望谟、兴义和黔南罗甸等县市，连接滇黔，直通两广，是珠江的重要支流。南、北盘江，从古至今都有不少学者认为其就是牂柯（牁）江一说，因在司马迁的《史记》里有"夜郎者，临牂柯江，江广百余步，足以行船"这一记述，故其流经地区的考古工作对贵州史学界来讲具有非常特殊的意义。因南盘江天生桥水电站开建较早，考古工作未能在当时及时跟进，故南盘江沿岸的古代历史文化遗存情况不得而知。

2000年以来，随着北盘江、红水河的梯级水电站开发陆续启动，贵州省文物考古研究所多次组织专业人员对红水河、北盘江沿岸的水淹区进行了考古调查，发现了大量自旧石器时代、新石器时代、商周、战国秦汉、唐宋直至明清时期的古代文化遗存。2005年以来，贵州省文物考古研究所陆续对其中的部分古代文化遗址进行了考古发掘，获得了大量实物资料，初步厘清了北盘江、红水河沿岸自旧石器时代以来直至明清时期的文化发展和演进脉络。这一地区典型的新石器时代遗址主要有罗甸羊里、兴义老江底、关岭尾巴田、贞丰孔明坟、罗甸洒亭、安龙观音洞遗址等。

---

[1]　贵州省文物局、贵州省文物考古研究所、六盘水市文物局编：《夜郎寻根：六盘水市史前至夜郎时期考古调查新发现》，贵阳：贵州人民出版社，2013年，前言第16页。

1.罗甸羊里遗址

遗址位于罗甸县红水河镇羊里村的坝坪坡，处于红水河北岸的一级台地的缓坡土丘上，遗址临红水河的二级支流。遗址的面积大约有4000平方米，20世纪五六十年代以来，由于遗址所在的土丘进行过大规模的建设，地层受到了不同程度的破坏。但在土丘四周的坡地上还分布着大量的石器，尤其在土丘的东部缓坡上更为密集，文化内涵也较丰富。

该遗址出土上千件石器和少量的陶片。石器形制可分为三类：一类是磨制石器，一类为打制石器，另一类为石器加工工具。其余为石核和石片。磨制石器以研磨器、局部磨制的石器、毛坯为主，也存在部分磨盘和石锛。研磨器大多为天然的柱状砾石，大致为两种类型：一种为圆形的研磨头，在器物的使用部位基本上看不出有加工的痕迹；另一种为平头的研磨器，在一头用来加工，将其形成一个研磨面，使用痕迹较明显，另一头为天然的握把。石料基本也相同。局部磨制的石器，都是在石器的刃部进行了一定的加工和磨制。出土的毛坯大都是石锛和石刀的毛坯，石器的石质较差。其中，出土石磨盘5件，体形较大，均采用天然的大型石块，加工四周的棱角使其成为椭圆形，或选用天然较大椭圆形的石块，长径在30厘米左右。在石磨盘的中心位置均有明显的近似圆形凹槽，石质较好。其中成型的石器大都为石锛，石锛基本上采用的是质地较差的砾石做原料。硬度相应较软，石锛的形状为不对肩的偏肩石锛。打制石器以小型砍砸器和大型砍砸器为主，其中以小型砍砸器居多。砍砸器的原料原则上依然按照简洁的原则，选用硬度较大的天然砾石，古人保留一端，从另一端进行单面的初步加工，打击成一定的刃部后，然后对之进行修理而成。

砍砸器有凹刃和凸刃两种类型，刃部的打击点具有一定的规律性。打制石器中有少量的刮削器，均为单刃。其中尖状器数量极少。在这批石器中也有大量的石器加工工具，如石锤、石砧和磨制石器的磨制工具。石锤大都选用较大的、柱状的、便于手握的石头，在其端部有明显的砸击点。石砧在遗址中出现较少，石砧面上有密密麻麻的砸击坑疤，坑疤的半径很小，这可能与当时石器的加工技术有很大的关系。在所出土的加工工具中，因磨制石器而形成纵横交错凹槽的石器较多。这些石头表面基本比较平整，相对较厚，大致上为较规整的方形或似圆形。此外，遗址中也有大量的石片和石核。

2. 兴义老江底遗址[1]

遗址位于兴义市白碗窑镇甲马石村老江底，南盘江支流黄泥河东岸一级台地上。2005年为配合老江底电站建设调查发现，2008年发掘。该遗址共发掘出土石制品600余件，类型可分为砾石、石核、石片、石器和断块等。石器多为打制，仅数件有磨制痕迹，器形主要为砍砸器和刮削器，未见陶片出土。从出土石器来看，一是器形单一，二是加工技术比较简单，所反映出来的文化面貌也较为原始。其时代应为新石器时代早中期。

3. 关岭尾巴田遗址[2]

遗址位于关岭县新铺镇大盘江村东，北盘江北岸一级台地上。2013年和2014年对其进行了两次考古发掘。该遗址出土的遗物有陶片和石器两类。陶片质疏松，夹粗砂，多为素面，仅有少量饰有绳纹，器物形制仅见侈口器。石器有打制和磨制石器两种，以打制石器为主，器形有砍砸器和刮削器。与其他相近材料对比，该遗址年代距今约7000年，甚至更早，应属于新石器时代早中期。

4. 贞丰孔明坟遗址[3]

遗址位于贞丰县鲁容乡孔明村，北盘江东岸一级台地上。该遗址分布面积近10000平方米，在贵州属于面积较大的史前遗址。该遗址的地层堆积共6层，可分三个大的时代。其中1、2层为近现代地层，3层为战国至汉代地层，4、5、

[1] 张改课：《兴义老江底遗址》，载贵州省文物考古研究所编著《贵州基建考古重要发现（2003~2013）》，北京：科学出版社，2015年，第23—28页。
[2] 张兴龙：《关岭尾巴田遗址》，载贵州省文物考古研究所编著《贵州基建考古重要发现（2003~2013）》，北京：科学出版社，2015年，第29—31页。
[3] 张改课、王新金、张兴龙、刘文科：《贞丰孔明坟遗址》，载贵州省文物考古研究所编著《贵州基建考古重要发现（2003~2013）》，北京：科学出版社，2015年，第32—37页。

6层为新石器时代地层。该遗址的主体文化遗存为新石器时代文化遗存。

其中，新石器时代文化遗存又可以分为早、晚两期。第一期遗存为第6层，仅见少量的打制石器，未见磨制石和陶片，石器器形以砍砸器为主。第一期遗存年代应为新石器时代早期。

第二期遗存为4、5层，时代约为新石器时代中期，又可以分前、后两个时段。前段为第5层及其叠压之下的遗迹。该段出土的遗迹为三座长方形竖穴土坑墓。每座墓葬的上部都压有大块砾石，且均为二次葬。其中一座随葬通体磨光石锛1件，其余两座墓葬未见随葬品。该段出土的遗物有陶片和石器。陶片火候低、胎壁厚薄不一，陶片均为夹砂陶，多为素面，少量饰有粗绳纹、细绳纹和弦纹，陶片器形无法辨认。石制品有石锤、石砧、石核、石片、断块、断片和砾石原料等。石器有打制石器和磨制石器两种，器形有石斧、石锛、石凿和少量研磨器等。后段为第4层及其叠压之下的遗迹。该段出土的遗迹有房址、柱洞、石铺道路、墓葬、灰坑等。该段出土了少量陶片和大量石制品。陶片的火候较前段要高，胎壁也较前段要薄，显示制陶技术较前段有所进步。该段出土的石器器形除了前段已有的石斧、石锛、石凿外，还有一定数量的磨盘、砥石等，且形制多样。其中还有双肩石斧。综合前后两段出土的遗物分析，该遗存极有可能是一处石器加工场。

5.罗甸洒亭遗址

遗址位于罗甸县红水河镇洒亭村，红水河北岸一级台地上。2005年调查发现，2006年发掘。由于该遗址在发掘期间正值龙滩电站下闸蓄水期，遗址尚未发掘到底即被淹没。该遗址发掘出土的遗物主要有陶器和石器。陶器完整器形仅有网坠，其余均为碎陶片。石器器形有双肩石锛、石斧等。

6.安龙观音洞遗址

遗址位于安龙县龙广镇五台乡七星村平广寨北面山腰，遗址面积2000平方米，是贵州目前发现的最大的洞穴遗址之一。1985年调查发现，1986年和1990—1991年两次发掘。出土各类遗物5000余件，包括石制品、骨器、陶片、人类遗骸和动物遗骸，此外还发现大量用火遗迹。其中，石制品分为打制石器和磨制石器两类。打制石器包含砾石、石核、石片和石器等。磨制石器器形主要有石斧和石锛两类，以石斧居多，多为局部磨制，器体普遍偏小。骨器可分为打制、刮制和磨制三类，器形主要有骨锥、骨铲。陶片较少。遗址年代距今约9970—7080年，属于旧新石器时代过渡时期或新石器时代早期。

（四）黔北及黔东北地区

这一地区的新石器时代遗存，主要分布于乌江和赤水河等河流沿岸的一、二级阶地上，其中，乌江沿岸的新石器时代遗址主要有沿河淇滩小河口遗址和洪渡中锥堡遗址。而赤水河沿岸的新石器时代遗址主要有习水黄金湾遗址和习水福禄台遗址。

1.沿河淇滩小河口遗址[1]

遗址位于沿河县城南约7千米的淇滩镇土地坳村乌江与小河交汇处的三角地带，属于乌江的一级台地。2005年10—12月进行发掘。遗址受破坏较严重，未清理出遗迹现象，出土石制品100余件，其中石器20余件，多为打制石器，磨制石器很少，且多为局部磨制，石器的器形偏大。同时，该遗址还出土少量陶片和动物骨骼。陶片有泥质红陶和夹砂陶。陶片的火候不高，纹饰单一，仅有少数饰有弦纹、刻划纹，因过于零碎，器形无法辨认。通过将其与重庆酉阳清源遗址的出土遗物进行对比，表现出极大的相似性，故推测其时代为新石器时代晚期。

2.洪渡中锥堡遗址[2]

遗址位于沿河县洪渡镇洪渡河与乌江交汇处的一、二级台地上。遗址分布面积约3000平方米，2006年贵州省文物考古研究所对该遗址进行了考古发掘，

---

[1] 王燕子：《沿河淇滩小河口遗址》，载贵州省文物考古研究所编著《贵州基建考古重要发现（2003~2013）》，北京：科学出版社，2015年，第51—53页。

[2] 张合荣：《沿河洪渡中锥堡遗址》，载贵州省文物考古研究所编著《贵州基建考古重要发现（2003~2013）》，北京：科学出版社，2015年，第72—76页。

发掘面积约1200平方米。该遗址主要包含四个时期的文化堆积，即新石器时代、商周、汉代和明清时期，以商周时期的文化堆积为主体。其中在属于新石器时代的文化堆积地层里，清理出的遗迹仅有房址1座、灰坑4个。出土器物有石器和陶片。石器有打制石器和磨制石器两类。石器的器形普遍偏小，多为利用河漫滩上的砾石简单加工而成。特别是磨制石器，多为利用小砾石局部磨制成刃部而成，通体磨光或先行打制再磨制的极少。陶片多为夹粗砂，纹饰主要有绳纹和交错绳纹，器形可辨的有花边口沿罐、平底罐和钵等。

3.习水黄金湾遗址

遗址位于贵州省北部的习水县土城镇黄金湾村，2009年调查发现。处在黄金河与赤水河交汇处的赤水河东岸一级阶地上，总面积约10万平方米。该遗址的文化层堆积主要包含三个大的时期，即新石器时代、商周和汉晋时期。

新石器时代的遗迹主要有房址、陶窑、灰坑等20余处，其中陶窑是贵州省境内已发现的时代最早、结构最完整的陶窑，陶窑顶部虽被汉代和明清时期人类活动破坏，但底部保存较好，从残存部分判断为篦孔式陶窑，主体由火塘、火道、窑室等部分组成，外部还可能存在操作坑一类的遗迹。其整体形制、结构与中原和西北地区的新石器时代晚期陶窑有较多相似性。房址仅发现1座，为平面呈椭圆形的小型房屋。

新石器时代遗物以陶器为主，兼有少量石制品。陶器陶质以夹砂陶为主，泥质陶较少；陶色以红褐、灰褐、灰等色为主；纹饰以细绳纹、细线纹，及细绳纹、细线纹交错构成的菱格纹为主，还见有少量附加堆纹、箍带纹等与菱格纹的组合。典型器物有折沿深腹罐、折沿鼓腹罐、高领壶、花边口沿罐、敛口小平底钵、杯等，整体上与峡江地区和川南地区的新石器时代晚期遗存有较多的共性，年代距今约5000年。

石制品分打制与磨制两大类。打制的石制品多以燧石为原料，少量为砂岩和石英岩砾石质，有石核、石片、刮削器、断块、断片等类型；磨制的石制品以局部磨制为主，类型主要为斧、锛等，平面一般呈梯形，皆无段、无肩。

4. 习水福禄台遗址

位于习水县土城镇滨江村，赤水河东岸一级台地上。遗址面积近 20000 平方米。该遗址的文化堆积主要以商周时期为主，新石器时代的文化遗存很少，主要为 7 层下出土的遗迹和遗物。遗迹为灰坑 2 座。出土的遗物有石器、陶器和骨器。石器有打制和磨制两种，器形有石斧、石锛、刮削器、砍砸器和石网坠等。陶器器形有高领罐、陶豆、小平底罐、器盖、喇叭形器和网坠等。纹饰主要集中在肩、颈及口沿部位。骨器主要有骨针、骨锥和骨刀等。

（五）黔中地区

本文所指的黔中地区，从行政区划上分，大致包括今天以贵阳市为中心的贵阳、贵安、开阳、清镇、平坝、龙里、惠水、长顺、平坝、安顺等市区县。到目前为止，这一区域业已发现的新石器时代遗址点近百处，经过考古发掘的点较其他地方要多，代表遗址主要有平坝飞虎山、开阳打儿窝、贵安新区牛坡洞、贵安新区招果洞、长顺神仙洞、金华肖家洞遗址等。

1. 平坝飞虎山遗址[1]

遗址位于距平坝县城南面 9 千米的白云镇。1981 年由贵州省博物馆考古队发掘。该遗址是黔中腹地第一个通过正式考古发掘，以新石器时代文化层堆积为主体，自旧石器时代晚期一直延续到新石器时代中期的遗址。就新石器时代的文化遗存来看，出土遗物主要有磨制石器，器形主要有石锛、石斧、纺轮、箭镞（矛头）、石刮刀、石球、玦、磨石等；磨制的骨器主要有骨刀和骨铲（图四）；陶器，由于出土的多为碎片，除了陶纺轮之外，别的尚未能辨别出器形。陶片上的纹饰主要有粗绳纹、细绳纹、划方格纹、印方格纹、锥刺纹、附加堆纹等。在飞虎山遗址，第一次在贵州高原上发现了彩陶片，其内外施粉橙色陶衣，外表饰两段横平行的赭红色彩条，而且赭红色的原料矿石也一并在相

---

[1] 李衍垣、万光云：《飞虎山洞穴遗址的试掘与初步研究》，《史前研究》1984 年 3 期，第 63—77 页。

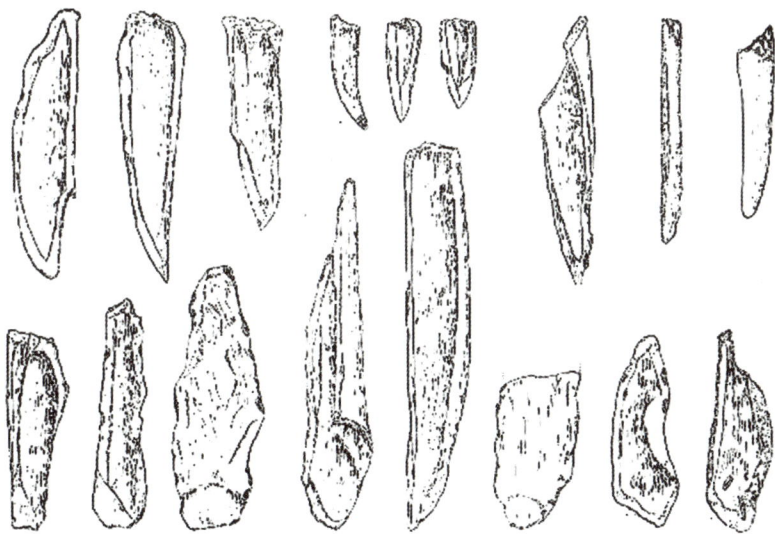

图四　平坝飞虎山遗址出土的骨角器（线图）

应的地层中找到。在新石器时代文化层的下面，同时还叠压着旧石器时代晚期的文化层。通过碳十四测定，飞虎山遗址的新石器时代文化遗存堆积的年代距今约4000—6000年。

2. 开阳打儿窝遗址[1]

位于贵阳市开阳县南江乡土桥村。2003年修建贵开公路时调查发现。2003年、2009年两次发掘。该遗址是一处涵盖了距今20000年以来旧石器时代晚期，历经新石器时代、秦汉、魏晋、一直到宋元明清时期的遗址。其考古学文化序列的完整性、文化内涵的丰富性，目前在黔中地区可算得上是首屈一指。遗址除了出土大量石器和陶片之外，还出土了数以百计的骨角器，器形包括骨铲、骨锥、骨刀，以及不计其数的动物骨渣，是该遗址最具典型的文化特征。该遗

---

[1]　贵州省文物考古研究所：《贵州开阳打儿窝岩厦遗址试掘简报》，载重庆中国三峡博物馆、重庆博物馆编《长江文明》第11辑，重庆：重庆出版社，2013年，第1—19页。

址出土的陶器多为碎片，很难辨认器形。但陶片的火候都较高，纹饰主要有方格纹、绳纹、戳刺纹、划纹和少量圆圈纹。

3.贵安新区牛坡洞遗址[1]

遗址位于贵安新区马场镇平寨村龟山组，一个名为牛坡的山丘上的半山腰洞穴里。2008年第三次全国文物普查中发现，自2011年至2020年，中国社会科学院考古研究所会同贵州省文物考古研究所对遗址进行了多次发掘。目前已发表的资料为2012—2013年度发掘的资料。因当年度发掘当未到底，更早期的文化层在后来才发掘出来，本文仅以2012—2013年度的发掘资料作为介绍。

该遗址的文化遗存可分为四期。

第一期：发现遗迹为墓葬4座，均为俯身屈肢葬，未见葬具和随葬品。遗物主要有石器、骨器和大量动物骨骼。石器除少部分以砾石打制的石锤和砺石外，以各种细小打制石制品为大宗。石器器形有砍砸器、尖状器、刮削器等。骨器主要有骨锥和骨铲，多在刃部进行磨制。

第二期：本期发现遗迹现象，遗物主要是石器和动物骨骼，其中磨制石器在本期出现，主要是磨制石斧和磨棒，其他打制石器变化不大。

第三期：本期遗物有打制石器、磨制石器，新出现陶器。陶器以夹砂陶为主，灰陶居多，红黄陶次之。陶器均为手制，火候较高。纹饰以绳纹为主，此外还有少量戳印纹、圆圈纹、凹弦纹、水波纹和刻划的波折纹、弧线纹等。器形可辨的有高领罐、侈口罐、卷沿罐和敛口钵等（图五）。

第四期：未发现遗迹现象。出土器物主要有打制石器和陶器，陶器器形仅见夹砂灰陶罐一种，新出现方格纹饰陶器。

根据碳十四测年，牛坡洞遗址一期距今10200—8700年，二期距今8000—5500年，三期距今5000—3000年，第四期未见碳十四标本，相比第三期，陶

---

[1] 中国社会科学院考古研究所华南一队、贵州省文物考古研究所、平坝县文物管理所：《贵州平坝县牛坡洞遗址2012~2013发掘简报》，《考古》2015年8期，第16—36页。

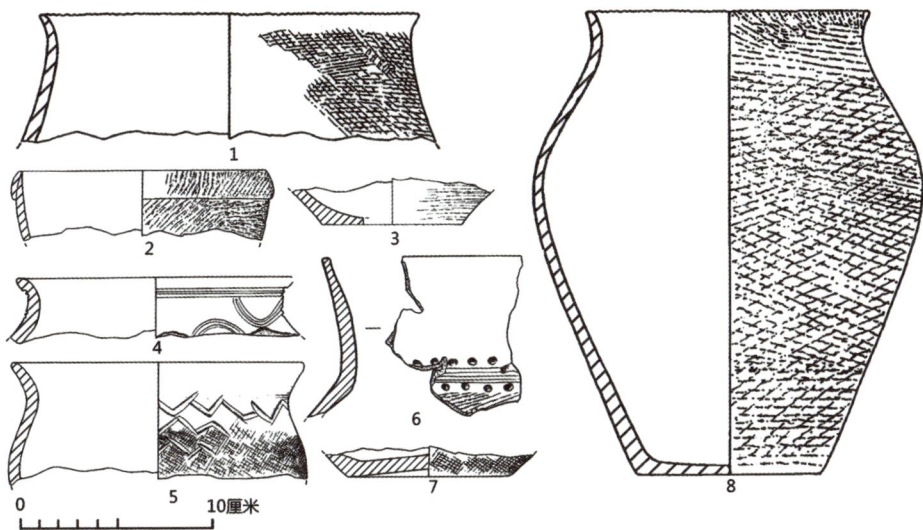

图五 牛坡洞遗址出土陶器（线图）

1、8.侈口罐（BT20802③：001、AT20401⑥：001） 2.钵（BT10501⑤：004） 3、7.底（BT20302③B：001、AT20401⑥：002） 4、5.卷沿罐（BT10501⑤：001、BT20501③B：005） 6.高领罐（BT20301③B：001）

器的制作技术有了进一步的提高，出现了方格纹陶片，笔者推测其年代极有可能在商周至战国时期。当然，这还有待更多的材料和数据佐证。

4.贵安新区招果洞遗址

招果洞遗址位于贵州省贵安新区高峰镇岩孔村招果组北部的一处南北向长条形盆坝的西侧山体上。2016年3月，由贵州省文物考古研究所、四川大学考古系、成都文物考古研究院联合调查发现，对裸露的堆积剖面进行了清理；2016—2020年，三家单位联合进行了5个年度的考古发掘，获得了重要收获。遗址可分为四期，时代约从旧石器时代晚期一直延续到明清，其中，新石器时代遗址包括第二、三期。二期遗址遗存最丰富，是人类活动最密集期，发现火塘5个（HT36-40），墓葬1座，10余处活动面。打制石制品丰富，存在少量盘状石核，出现零台面石片。使用工具组合变化不大，存在较多锯齿状刃器。出现一些以断片修理的小型刮削器，一般在3厘米以下；体型较大的刮削器更为注重坯料，优先采用形态规整、厚薄较为均匀的石片；双刃刮削器所占比例上升。修理技术方面，双向修理个体数目增加，多为复向加工，出现错向加工技术。出土1件砺石，另有少量针铁矿石。骨角器大量出现，器形主要有铲、锥（图六）。本阶段发现墓葬1座（M2），为一孩童墓葬，陪葬有鱼钩及香樟树籽。零台面石片的出现，表明该期受到兴义猫猫洞、普定穿洞遗址上层文化影响，结合穿洞遗址上层文化年代，可初步推断该期下限在10000 cal BP左右。

三期发现火塘11个（HT24-35）。该期出土大量打制石制品，石制品特征基本承袭第四期，包括盘状石核的存在，锯齿刃器、小型刮削器的流行，以及对坯料的筛选等。打制技术不存在明显变化。出土少量砺石。另有1件石锤（凹石），表面涂抹红色颜料。出土有表面光滑的球形针铁矿石。磨制石器较少，主要为石锛，另有1件通体磨光的块状石器。陶器首先出现在该层。夹砂陶为大宗，泥质陶极少。陶色多灰褐色，其次为黄褐、灰色等。火候偏高。纹饰主要为绳纹，按粗细有粗、中、细之分，另有戳印圆圈纹、凹弦纹、附加堆纹等。陶片保存差，无可辨器形，以罐类居多。骨角器有铲、锥等，另有1件铲为牙制，通体磨光。此外还有大量动物遗存。本阶段底部发现墓葬1座（M1），为男性青年个体，下肢已腐朽，上肢可辨为屈肢，从墓坑大小判断，该墓可能为屈肢葬（这座墓的年代应该放在第4段，新石器时代早期，距今超过10000年）。结合黔中地区以往出土陶器和磨制石器的特征，年代初步推定为新石器时代中晚期。

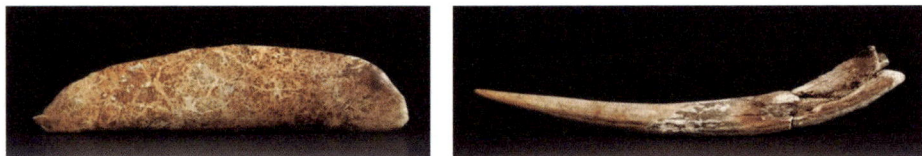

图六　招果洞遗址第二期遗存出土骨角器（左：骨铲，右：角锥）

5.长顺神仙洞遗址[1]

遗址位于长顺县广顺镇来远村，1978年由贵州省博物馆调查发现，同年进行试掘。该遗址的文化层堆积分为旧石器时代和新石器时代两个部分。试掘出土的新石器时代文化遗物包括磨制石器、蚌刀、陶片等。陶片纹饰有绳纹和刻划纹，陶片制法为捏制，陶胎薄，火候较高。

6.金华肖家洞遗址[2]

遗址位于贵阳市金阳新区金华镇。2006年，为配合贵阳绕城公路建设，被贵州省文物考古研究所调查发现。同年秋对其进行了小面积的试掘，试掘面积仅为2平方米。虽然该遗址受到的后期扰动极大，但在试掘的2平方米中，就出土和采集到各类制作精美的骨（角）器80余件，器形主要有骨铲和骨锥。陶片和石器出土相对较少（图七）。

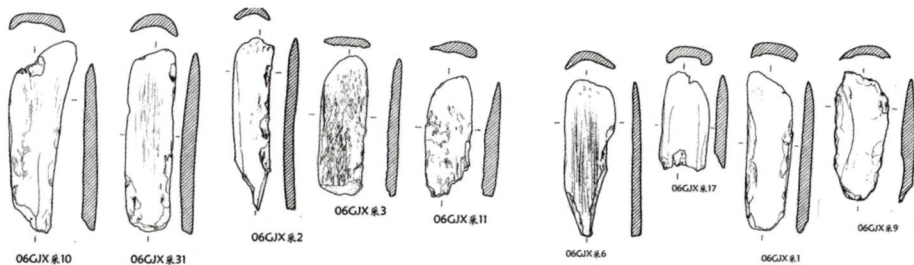

图七　金华肖家洞出土器物（线图）

[1]　贵州省地方志编纂委员会编：《贵州省志·文化遗产》，贵阳：贵州人民出版社，2020年，第54—55页。

[2]　胡昌国：《贵阳金华肖家洞遗址》，载贵州省文物考古研究所编著《贵州基建考古重要发现（2003~2013）》，北京：科学出版社，2015年，第19—22页。

三、贵州新石器时代文化遗存的比较研究

1.贵州境内各区域新石器时代文化遗存的比较研究

从目前的考古材料来看，贵州境内的新石器时代文化遗存，依照其文化内涵大致可分为黔东南、黔西及黔西北、黔南及黔西南、黔北及黔东北、黔中地区五个大的文化区。各个区域的新石器时代文化遗存在遗址类型、文化内涵、生计模式等方面都表现出较大的差别。

首先，从遗址类型上看，不同地区极有可能受到地理环境等不同因素的影响，表现出一定的差异性。如，黔东南地区主要以台地遗址为主，洞穴遗址极其少见，且多分布在清水江及其支流的一、二级台地上。黔西及黔西北地区，坡地（非河流台地，主要分布在河流两岸不远地方的坡地上）遗址和洞穴遗址均有分布，其中黔西北以坡地遗址为主，洞穴遗址次之，而黔西地区，从目前的材料来看，似乎是以洞穴遗址为主体，坡地遗址次之；黔南及黔西南地区，目前在黔南发现的遗址点较少，主要分布在红水河沿岸的一、二台地上，洞穴及坡地遗址尚未发现；而黔西南地区，台地遗址和洞穴遗址均有发现，台地遗址则主要分布在北盘江及其支流的一、二级台地上，而洞穴遗址则主要是分布于兴义、安龙、贞丰等喀斯特地貌发育较好的一些地区。黔北及黔东北地区，目前发现的遗址以台地遗址为主体，主要分布于乌江中下游、赤水河两岸的一、二级台地上，洞穴遗址仅有一些线索，尚未确认是否属于新石器时代的文化遗存。在以贵阳市为中心的黔中地区，目前仅发现洞穴遗址，台地遗址及坡地遗址尚未发现。

其次，从文化内涵上看，贵州境内不同区域的新石器时代文化遗存，相对于遗址类型，在文化内涵上所表现出来的差异性则更为显著。

如黔东南地区的新石器时代文化遗存，出土遗迹主要有房址和灰坑。出土遗物主要是石器和陶器，基本不见骨器。石器的体形较大，特别是磨制石器，加工特别精细，穿孔技术也很成熟，石器器形以石斧、石锛、石凿为主，其他

器形相对较少。陶器出土较多，制陶技术较为先进，以夹砂陶为主，泥质陶极少。陶器器形繁多，主要有釜、罐、钵、支脚、圈足盘、网坠等。陶器最有特点之处为其装饰纹饰异常丰富。装饰手法有压印、戳印、刻划等。装饰纹饰主要有平行带状纹、连续波折纹、戳印篦点纹、圈点纹、凤鸟纹、垂帘纹和兽面纹，此外还有少量绳纹和刻划纹。而且还通常将多种纹饰组合在一起使用。

黔西及黔西北地区的新石器时代文化遗存，文化内涵表现得较为复杂和多样。出土遗迹有房址、灰坑、灰沟、围栏等。出土遗物主要有石器、陶器和少量骨器。其中磨制石器器形以石斧和石锛为主，打制石器器形则比较丰富，石器的体形普遍偏大。在磨制石器当中，有段石锛或有肩有段石锛最具代表性，带肩石器偶有发现。陶器主要以圜底器为主，平底器和尖底器较少出土，器形可辨别的有折沿釜、折沿罐、钵、靴形镂空支座、网坠、饼、弹丸等。陶器的纹饰较为简单，以绳纹为主，另有少量方格纹、叶脉纹和弦纹等。骨器则以锥、铲居多。

黔南及黔西南地区的新石器时代文化遗存，出土的遗迹主要有房址、灰坑、道路和墓葬等，而且数量十分有限。但发现的墓葬均为二次葬是特别值得关注的现象。出土遗物主有石器和陶器，基本不见骨器。在出土的磨制石器当中，器形有石斧、石锛、石凿和少量研磨器等。其中最有代表性的器物是双肩石斧，而且体形偏大。陶器以圜底器为主，器形可辨的不多，以罐为主，基本不见平底器和尖底器。陶器的纹饰较为简单，以绳纹为主。

黔北及黔东北地区的新石器时代文化遗存，出土遗迹主要有灰坑、房址和陶窑等。出土遗物有石器、陶器和少量骨器。其中磨制石器有石斧、石锛、石网坠等。石斧、石锛皆无肩无段。制陶技术较高，陶器器形也较为丰富，主要有折沿罐、高领壶、花边口沿罐、平底罐、小平底钵、杯等。其中最有代表性的陶器是平底器和尖底器。陶器纹饰不算复杂，主要有绳纹、交错绳纹及少量弦纹和刻划纹，陶器纹饰主要装饰于器物的口沿及肩、颈部位。骨器出土不多，主要有骨针、骨锥和骨刀等。

以贵阳市为中心的黔中地区的新石器时代文化遗存，出土遗迹种类少，主要为墓葬。目前在该地区发现的屈肢葬是一个非常值得关注的现象。出土遗物以石器为主，骨器次之，陶器相对较少。石器器形普遍偏小，磨制石器数量较少，均无肩无段。以打制石器为绝大多数，器形有石斧、石锛、纺轮、箭镞（矛头）、石刮刀、磨石等，但更多的器形为有使用痕迹的各类细小石器。陶器出土不多，且制陶技术不太高。器形比较单一，以罐、钵为主。陶器的纹饰以绳纹为主，此外还有少量戳印纹、圆圈纹、凹弦纹、水波纹和刻划的波折纹、弧线纹等。目前贵州境内出土的彩陶片仅在该地区出现，值得关注。出土的骨器数量多，打制、磨制的均有出土。骨器器形主要有骨锥、骨铲、骨刀等。

再次，从生计模式上看，受不同地理环境的影响，贵州境内各地区新石器时代文化遗存所表现出来的生计模式也有较大的差异，但受制于目前考古材料的局限性，其依据仍然不够充分，只能作一个粗略判断。具体为：

黔东南地区的新石器时代文化遗存，主要分布在清水江及其支流的一、二级台地上。自然环境较为优越，水资源也十分丰富。从发掘出土的遗物来看，磨制石器加工精细、石器体形偏大、穿孔技术运用娴熟；陶器器形较多、制陶技术较高、陶器装饰艺术丰富多样。以此推测，应该有一定的农业经济基础，渔猎经济也应该占有较大的比重，其他诸如采集等生计模式可能兼而有之。

黔西及黔西北地区的新石器时代文化遗存，既有坡地遗址，也有洞穴遗址。自然环境较差，森林资源少、水资源相对匮乏，且分布极不均衡。从出土的磨制石器来看，加工精细，体形较大。陶器器形较为丰富，制陶技术较高。这一地区也是目前贵州境内发现稻谷遗存最早最多的地区。同时，这一地区也出土了一定数量的网坠。故推断这一地区应该有较为发达的农业经济，渔业经济也应该有一定的比重，其他诸如采集狩猎等经济所占比重应该相对较低。

黔南及黔西南地区的新石器时代文化遗存，既有台地遗址，也有洞穴遗址。从遗址发掘出土的遗物来看，磨制石器加工技术成熟，石器体形也较大，但制陶技术显得并不发达，陶器器形也不多。同时从自然环境来看，各方面都

表一 贵州新石器时代各区域文化遗存统计表

地区	遗址类型	遗迹		磨制石器		陶器器形	陶器纹饰	骨器器形	生计模式
		遗迹种类	特殊遗迹	器形	特殊器形				
黔东南地区	台地遗址	房址、灰坑		石斧、石锛、石凿	对穿孔石器	釜、罐、钵、支脚、盘、网坠	带状纹、波折纹、篦点纹、圈点纹、凤鸟纹、垂帷纹、兽面纹、绳纹、刻划纹		农业、渔猎为主，其他兼而有之
黔西及黔西北地区	坡地遗址、洞穴遗址	房址、灰坑、沟、围栏		石斧、石锛	有段石锛、有肩有段石锛	釜、罐、钵、靴形支座、饼、网坠、弹丸	绳纹、方格纹、弦纹、叶脉纹、刻划纹	骨锥、骨铲	农业为主，渔业为辅，其他次之
黔南及黔西南地区	台地遗址、洞穴遗址	房址、灰坑、墓葬、道路	二次葬	石斧、石锛、石凿、研磨器	双肩石斧	罐、网坠	粗绳纹、细绳纹、弦纹	骨针、骨锥、骨刀	农业、采集、狩猎、渔业均衡发展
黔北及黔东北地区	台地遗址、洞穴遗址	房址、灰坑、陶窑		石斧、石锛、石网坠	无肩无段	罐、壶、钵、杯等	绳纹、交错绳纹、弦纹、刻划纹	骨锥、骨铲、骨刀	农业、渔业为主，其他次之
黔中地区	洞穴遗址	墓葬	屈肢葬	石斧、石锛、纺轮、箭镞（子头）、石刮刀	细小石器	罐、钵	绳纹、戳印纹、圆圈纹、凹弦纹、水波纹及刻划波折纹、弧线纹	骨锥、骨铲、骨刀	狩猎、采集为主，其他次之

显得比较均衡。既有发展农业的条件，同时水资源、森林资源也不少，故推测这一区在生计模式上，农业、渔业、采集、狩猎经济都比较均衡。

黔北及黔东北地区的新石器时代文化遗存，所处的自然环境较好，均为台地遗址，水资源也比较丰富。从出土遗物来看，磨制石器加工技术成熟，制陶水平也很高。农业和渔业经济应该比较突出，采集狩猎经济可能处于次要地位。

黔中地区的新石器时代文化遗存，目前发现的均为洞穴遗址。这一地区自然环境优越，喀斯特地貌发育最为充分，森林资源最为丰富。同时，从遗址出土的遗物来看，磨制石器不算发达，且器形普遍偏小。制陶技术也不算高，陶器器形也不丰富。同时，出土了大量的动物骨骼和骨器。故推测这一地区的生计模式主要是以狩猎、采集经济为主，渔业经济次之，农业发展是五个地区当中最缓慢的地区。

2. 与周边省份同时期文化遗存的比较研究

贵州的新石器时代文化遗存，除了黔中地区外，其他四个地区都与其相邻省份的同时期考古遗存有相当大的联系，甚至同属于一个大的文化系统。如：

黔东南地区的新石器时代文化遗存，包括盘唐、坡脚、月山背、学堂背等遗址，从其出土遗物，特别是从陶器的器形与纹饰来看，与湖南西部洪江高庙新石器时代遗址的（第二、三期）文化内涵完全一致。而这些文化遗存，目前尚未在贵州境内找到更早期的文化源头，应该是湖南洪江高庙文化沿沅水、清水江逆流而上的发展结果。

黔西及黔西北地区的新石器时代文化遗存，来源则显得十分复杂。从石器的器形和加工技术上看，明显沿袭了本地区的旧石器时代石器工艺传统。而在陶器方面，既有滇东北地区同时期文化遗存的影子，又有来自川西南，乃至成都平原地区的文化基因，尤以六枝老坡底遗址最为典型。

黔南及黔西南地区的新石器时代文化遗存，既传承了本地区旧石器时代文化的血脉，又极大地受到了两广地区同时期文化的影响。兴义老江底、关岭尾巴田、贞丰孔明坟遗址出土石器的加工技术，明显可见锐棱砸击法的身影。但在石器和陶器器形方面，比如双肩石斧、圜底陶器则明显受到了两广地区同时期文化的影响。

黔北及黔东北地区的新石器时代文化遗存，则与成都平原、峡江地区的同时期文化遗存保持高度一致。如习水黄金湾、习水福禄台、洪渡中锥堡遗址出土的折沿罐、花边口沿罐、平底罐、小平底钵、杯等都是成都平原和峡江地区同时期文化遗存的典型器物。这一地区的新石器时代文化遗存，应该是成都平原和峡江地区的新石器时代文化沿长江、乌江、赤水河逆流而上发展的结果。

以贵阳市为中心的黔中地区的新石器时代文化遗存，多与早期的旧石器时代文化遗存和晚期的商周时期文化遗存共生，如开阳打儿窝，贵安新区牛坡洞、招果洞，平坝飞虎山遗址都是如此。从目前的考古材料看，在这一地区的新石器时代文化遗存里尚未发现比较典型的来自其他地区的文化因素。无论是从出土石器和骨器的器形，抑或是加工技术上看，都极大地继承了本地区旧石器时代文化的传统，源头清晰而又自成体系。陶器也与周边地区的同时期器物差异明显。

四、小结

总的来说，贵州目前新石器时代的考古材料不甚丰富，研究成果也不算多。一方面是囿于相当一部分遗存仅为调查材料，没有经过系统的考古发掘；另一方面，是已经进行过考古发掘的相当一部分材料由于人力的限制尚未整理，没有及时公布。所以，以当前的考古材料来对这一时期贵州的历史文化面貌进行全方位的观察尚存在相当大的困难，但我们仍然可以作出以下比较粗略的总结。

在经济方面，仍然以采集、狩猎、渔业等攫取型经济为主体。农业虽有探头，但仍处于次要或是补充的位置，畜牧业尚未发现相关材料证据。这从出土器物上也可以得到印证，一是出土陶器少，器形也比较单一；二是石器加工也不够精细，多以小件为主，工具性（特别是与农业有关的）器物不多；三是出土的骨制器占比很高，以及骨渣较多，特别是在洞穴遗址内这一现象特别突出。

在人口方面，从目前发现的所有新石器时代遗址来看，一是规模都很小，二是分布也不密集，说明当时的人口十分稀疏。很显然，这是由当时贵州地区的环境及经济形态所决定。

在居所建筑方面，应该仍然以穴居为主，这从贵州存在大量新石器洞穴遗址可以看出。地面居所虽然有一定的比例，也主要是分布在沿江、河的台地区域。从建筑形式来看，均为地面排洞式干栏建筑，且规模也不大，完全符合贵州潮湿多雨的自然环境。地穴式或半地穴式建筑形式目前在贵州地区尚未发现。

从墓葬发现情况来看，均为竖穴式土坑墓。随葬品几乎没有或是极少。但发现有屈肢葬式，这是一个非常重要的文化现象。

从以上几个方面来看，新石器时代的贵州，不论在经济、人口、建筑、文化等方面，较之周边地区，其发展都显示出极大滞后性，但也极大地体现出符合贵州地区当时自然和地貌环境等诸多方面的区域性特色。

贵州战国秦汉时期考古发现与研究综述

杨洪

（贵州省文物考古研究所）

摘　要　本文将贵州战国秦汉时期的考古遗存以时间为序，大致梳理其发现与发掘资料，以对贵州自 1954 年至今 70 余年的战国秦汉时期考古工作及发掘成果有大致了解。在此基础上，结合学界现有研究成果，从关于夜郎的综合论述和墓葬研究两大方面进行成果梳理，其中墓葬研究部分进一步细分为重要土著墓地或墓葬研究、可乐套头葬研究、青铜文化族属研究、地望考释和地理分布研究、宗教和交通研究、族群关系和文化交流研究及出土器物研究等七个方面进行详述。通过以上对贵州战国秦汉时期考古资料和研究成果的梳理，可大致了解贵州战国秦汉时期考古遗存的分布和特征，及基于此的考古学文化研究方面的成果。本文具有索引作用，有助于厘清贵州该时段的文化面貌。

关键词　贵州；战国秦汉时期；考古发现；考古研究

一、考古发现

1952 年，贵州省文化事业管理处（后改为贵州省文化局）成立，统一管理全省的文物工作；次年，贵州省人民科学馆改组为贵州省博物馆筹备委员会。[1]相较于中国近代考古学的发展历程，贵州的考古工作起步较晚，贵州战国秦汉

---

[1]　贵州省博物馆：《征途——贵州省博物馆建成六十周年纪念专集》，桂林：广西师范大学出版社，2020 年，第 293 页。

时期的考古工作可以说与新中国成立后贵州博物馆事业的建设"相伴而生",以时间为序,其发现历程大致可分为三个时期。

(一)征集遗物和汉式墓葬调查试掘时期(1954—1975年)

该时期贵州省博物馆除了开展征集遗物工作,还在黔中的平坝、清镇、安顺、毕节的赫章及黔西等地进行汉式墓葬的调查和发掘,墓葬数量较多,主要出土有陶、铜、铁、漆和金银等器物;而西南夷土著文化的考古则处于初始阶段,仅限于收集少量具有该时期特征的青铜器,而并未开展关于西南夷墓葬的系统调查和发掘工作。

1954年贵州省博物馆依据羊昌河水利工程中在平坝金银乡蒲山村发现的铜、陶、铁和漆等汉代器物坑的线索,[1]于年底对其进行普查,发现多处有大型土堆的墓葬群。1956年3—6月,考古发掘组再次到平坝县金银乡一带调查,发现出土有绳纹瓦片的金家大坪遗址[2]并清理2座砖室墓,其中二号墓属东汉时期,发现大量朱砂,出土陶、漆、铜、铁、料珠等器物,包括罐、釜等器类。该墓的清理及1955年在安顺发现的一座出土有陶兽足的砖室墓,[3]可视为贵州汉代考古的开端。

翌年春,贵州省博物馆在平坝县平庄和老鸡场清理墓葬7座。是年12月至1958年2月,清理清镇琊珑坝和苗坟坡古墓19座,包括土坑墓、砖室墓和石室墓,出土陶、铜、银、漆和料石等器物300余件,所出器物以中原汉式器物为主,独清18号墓所出一字格曲刃青铜短剑(原报告为铜矛)和靴形铜钺被认为是不同于汉式器物而具有西南夷土著文化特征的器物。通过此次墓葬的清理,初步了解并认识到贵州汉代墓葬的一些情况,对汉代贵州地区的物质文化有了

---

[1] 熊水富:《羊昌河灌溉工程中发现了一批古文物》,《文物参考资料》1956年4期,第86、87页。

[2] 熊水富:《贵州省最近发现的一些考古材料》,《文物参考资料》1956年8期,第79页。

[3] 贵州省博物馆筹备处:《贵州平坝金家大坪古墓清理简报》,《考古通讯》1958年1期,第33—36页。

较为明确的认识。[1]

1958年12月至1959年4月，贵州省博物馆为配合猫跳河一级电站建设，相继在清镇和平坝交界处羊昌河两岸的尹关、琊珑坝、芦荻哨、下山口、余家龙潭和土门寨等地调查发现古墓葬约300座，并对其中的140座进行了清理。时代包括汉、三国至南朝和宋代。汉墓约占26%，推测有36座，皆长方形竖穴土坑墓，墓内随葬陶、铜、铁、漆、银、金和琉璃制品等器物，时代在西汉中晚期至东汉初期。[2]

1960年11月至1961年1月，贵州省博物馆在赫章县可乐区麻腮河和春柯稞河（现称可乐河）交汇处粮管所遗址以西1~1.5千米的"傦人堡"清理墓葬7座。墓葬包括土坑墓和砖室墓，其中3号墓分前后室，后室又有左右双室，这种形制的砖室墓在贵州为首次发现；墓砖上的汉阙、农耕图及车马出行图等纹饰亦未见于贵州其他地区，仅在可乐老街一些村民用少量汉砖修砌的房屋墙壁上有零星发现。[3]墓内出土漆、铜、铁、石和陶器等，时代为东汉早中期。[4]

1966年，贵州省博物馆考古组在平坝天龙江河寨和大小寨等地清理竖穴土坑墓6座，出土有陶、铜、铁和漆器等器物，其特征与该地区同时期汉墓出土器物相同，时代为东汉时期。[5]

1971年，安顺宁谷因坡改地而被抢救性清理的一座长方形石室墓，出土有铜、陶、金银和琥珀饰品等器物，其铜釜、铜壶和铜洗等器物与清镇、平坝汉墓所出同类器相同，该墓为东汉晚期墓葬。[6]次年在徐家坟山一带清理汉墓6座，包括土坑墓和石室墓，出土陶、漆、铜、铁、石砚和琥珀坠等，为两汉时

[1]　贵州省博物馆：《贵州清镇平坝汉墓发掘报告》，《考古学报》1959年第1期，第85—103、139—144页。

[2]　贵州省博物馆：《贵州清镇平坝汉至宋墓发掘简报》，《考古》1961年第4期，第207—211页。

[3]　居举朗斓、金仁：《贵州赫章县发现的汉砖》，《考古》1964年第8期，第422页。

[4]　贵州省博物馆：《贵州赫章县汉墓发掘简报》，《考古》1966年第1期，第21—28页。

[5]　贵州省博物馆考古组：《贵州平坝天龙汉墓》，载文物编辑委员会编《文物资料丛刊（4）》，北京：文物出版社，1981年，第129—131页。

[6]　贵州省博物馆：《贵州安顺宁谷发现东汉墓》，《考古》1972年第2期，第37—38页。

期墓葬。[1]

1975年10月至1976年1月，贵州省博物馆考古组又在兴义万屯和兴仁交乐清理墓葬12座，包括砖室和石室墓，出土铜、陶、铁、漆、银、玉石器、琥珀和骨制饰品等100余件随葬品，其中在万屯M8出土的1套铜车马为贵州汉墓中首次发现，时代在东汉早中期。[2]是年秋，考古队再次对宁谷进行调查，发现2处汉代遗址和120余座墓葬，并清理墓葬14座，包括土坑、砖室、石室和砖石混合墓等四类，出土陶、铜、铁、金银、玛瑙、石砚和青瓷器等器物118件，其中出青瓷器的M17当为两晋时期墓葬，余皆汉墓，时代在西汉晚期至东汉中晚期，[3]M20出土的筒瓦应与龙泉寺居住址存大量筒板瓦相关。同年11月，在赫章可乐水营雄所屋基清理的2座汉墓出土随葬品130余件。[4]

此阶段除发掘数量较多的中原汉式墓葬之外，西南夷土著文化的考古仅停留在少量青铜器的征集阶段：1954年贵州省博物馆在贵阳市废品公司征集到一件铜锄，次年在盘县（今盘州市）沙沱乡调查时又征集到2件铜锄，分别为尖叶形和长条形；[5]1958年赫章县辅处出土1面"石寨山"型铜鼓，该铜鼓为迄今贵州境内所发现时代最早且具有南夷特征的青铜重器；[6]1960年威宁中水出土铜矛；1972年在赫章可乐供销社征集到1件无胡铜戈；[7]1975年于兴义、兴仁供

[1] 贵州省博物馆、严平：《贵州安顺宁谷汉墓》，载文物编辑委员会编《文物资料丛刊（4）》，北京：文物出版社，1981年，第132—134页。

[2] 贵州省博物馆考古组：《贵州兴义、兴仁汉墓》，《文物》1979年第5期，第20—35、101—102页。

[3] 刘恩元：《安顺宁谷古墓》，《贵州文物》1983年3—4期，第47—52页。

[4] 贵州省文物考古研究所编：《赫章可乐——二〇〇〇年发掘报告》，北京：文物出版社，2008年，第10页。

[5] 张合荣：《夜郎文明的考古学观察——滇东黔西先秦至两汉时期遗存研究》，北京：科学出版社，2014年，第5页。

[6] 贵州省文化厅、贵州省博物馆编：《贵州文物精华》，贵阳：贵州人民出版社，2006年，第64页。

[7] 李衍垣：《夜郎青铜时代的文物》，载贵州省社会科学院历史研究所编《夜郎考：讨论文集之二》，贵州人民出版社，1981年，第1页。

销社收购青铜器5件，包括尖叶形铜锄和铜铧口各1件，铜钺3件。[1]但从李衍垣所作《夜郎青铜时代的文物》一文所发表Ⅰ式铜斧（兴仁D1∶2）[2]图片观之确为铜斧，则1975年在兴义收购的5件青铜器当为铜钺2件、铜斧1件，铜锄和铜铧口各1件。

20世纪70年代初，贵州省博物馆与威宁县文化馆在辅处征集到石、陶、青铜和铁器等数十件，其中青铜器有戈、矛、剑和刀等，铁器有斧、刀、锸等，墓葬分竖穴土坑墓和砖室墓两类，部分土坑墓中有剑、戈和矛等具有土著特征的器物随葬。[3]

除却以上具有西南夷土著文化特征青铜器的征集之外，1962年贵州省博物馆还在松桃苗族自治县长兴区木树乡征集到6件时代在战国至西汉中期且具有巴文化特征的虎钮镎于、钲和甬钟等。[4]

（二）夜郎时期遗存大发现时期（1976—2004年）

20世纪70年代后期，随着贵州夜郎考古工作的恢复，战国至西汉早中期的遗存得以不断被发现并发掘。学界在已发现资料的基础上，结合文献记载对夜郎的概况、沿革、疆域、社会性质和族属等进行探讨，直至20世纪末，有关夜郎的考古调查、发掘和研究成果从未间断。

在夜郎时期遗存得以大量被发现并发掘的同时，具有中原汉式墓葬特征的墓葬在黔中、毕节、黔西南和黔北等地区亦有发现。现就该时期重要的考古发现和发掘略述如下。

1976年7月，贵州省博物馆考古组在赫章县可乐区水营乡雄所屋基发现一批铜器，并于同年11月至1978年底对可乐河两岸进行多次调查，发现中原汉

[1] 宋世坤：《夜郎考古综论》，《贵州民族研究》2000年第1期，第22—28页。

[2] 李衍垣：《夜郎青铜时代的文物》，载贵州省社会科学院历史研究所编《夜郎考：讨论文集之二》，贵阳：贵州人民出版社，1981年，第7页。

[3] 殷其昌：《辅处墓群》，载贵州省博物馆考古研究所编《贵州田野考古四十年（1953—1993）》，贵阳：贵州民族出版社，1993年，第186页。

[4] 贵州省博物馆考古组：《贵州省松桃出土的虎钮镎于》，《文物》1984年第8期，第67—68页。

式墓和时代早于中原汉式墓的土著墓葬，发掘汉式墓39座和土著墓168座。

这批土著墓葬在形制、葬俗和随葬器物等方面皆具有鲜明的地方民族风格。长方形竖穴土坑墓，墓底一端侧放一釜或鼓，头置其内，躯体则放墓室中部；此种葬式亦称"套头葬"，随葬品中长条形铜锄、无胡铜戈、鼓形铜釜和铜柄铁剑等从形制和纹饰上皆有地方土著特色，为南夷土著墓葬无疑。[1]这批墓葬的发掘被认为是贵州夜郎时期考古的重要成果之一。

而紧邻汉式墓东侧的柳家沟遗址，其时代则被认为在战国晚期或稍早，[2]文化面貌与普安铜鼓山[3]战国时期遗存相近。这是贵州首次发掘战国时期遗址，因此，柳家沟遗址的发掘可被视为贵州战国时期考古的开端。

1977年底，贵州省博物馆在中水梨园、独立树征集到青铜器60余件，次年10月及1979年冬贵州省博物馆考古组又分两次对梨园、张狗儿老包及独立树等地进行发掘，清理墓葬58座，出土包括陶、铜、铁、玉石、骨和料珠等随葬品430余件。这批时代在战国晚期至东汉初期的墓葬在葬俗和随葬器物等方面皆与中原汉式墓及赫章可乐套头葬墓有较明显的区别，发掘者认为其为"夜郎旁小邑"的墓葬。[4]这对探索夜郎时期分布于不同地域而有别于夜郎的各小邑的文化特征有重要价值。

1977年底至1978年初，贵州省博物馆考古队在普安县青山区征集到青铜靴形钺及一字格青铜短剑，随之调查发现铜鼓山遗址。次年在其西北侧试掘8

---

[1] 贵州省博物馆考古组、贵州省赫章县文化馆：《赫章可乐发掘报告》，《考古学报》1986年第2期，第199—251、275—282页。

[2] 贵州省博物馆考古组、贵州省赫章县文化馆：《赫章可乐发掘报告》，《考古学报》1986年第2期，第199—251、275—282页。

[3] 程学忠：《普安铜鼓山遗址首次试掘》，载贵州省博物馆考古研究所编《贵州田野考古四十年（1953—1993）》，贵阳：贵州民族出版社，1993年，第61—64页；刘恩元、熊水富：《普安铜鼓山遗址发掘报告》，载贵州省博物馆考古研究所编《贵州田野考古四十年（1953—1993）》，贵阳：贵州民族出版社，1993年，第65—87页。

[4] 贵州省博物馆考古组、威宁县文化局：《威宁中水汉墓》，《考古学报》1981年第2期，第217—244页；贵州省博物馆考古组：《贵州威宁中水汉墓第二次发掘》，载文物编辑委员会编《文物资料丛刊（10）》，北京：文物出版社，1987年，第113—130页。

平方米，[1]1980年10月对其进行正式发掘，面积1519平方米，清理300余洞及房址、灶和陶窑等遗迹，出土玉石器、骨角器、陶器、铜器、铁器和铅块等1060余件。报告从出土环首铁刀、陶器形态和纹饰、石刀等特征，并结合碳十四测年推测遗址的年代为春秋至西汉初年。[2]该遗址相较于可乐土著墓和中水夜郎旁小邑墓的独特性在于，其地层内出土了较多冶铸用的石模、石范和坩埚等器物，并发现有陶窑和房址。这些遗物和遗迹为探讨夜郎时期青铜器的冶铸工艺和青铜器来源提供了丰硕的材料。

1982年，贵州省博物馆在南盘江的调查中征集青铜器9件，并在兴义巴结调查发现早期青铜文化古墓葬多处，采集青铜质的斧、钺和鼓等器物。[3]4月，盘县普古其肚么山脚发现一件具有地方特色的东汉时期铜釜。[4]10月，贵州省博物馆万光云在兴义土产公司驻安顺转运废品仓库征集到青铜钺和铜剑格，其中青铜钺领部带的"V"形符号亦见于铜鼓山遗址。[5]次年，安龙县文管所在文物普查中征集一件战国晚期至西汉早期的喇叭茎一字格曲刃青铜剑，其出现可能与铜鼓山遗址相关。[6]1984年7月，安龙县化力修路时出土一件羊角钮铜钟，年代在战国早期至西汉晚期，可能为本地土著遗物或来源于百越地区。[7]9月，贵州省博物馆考古队在修文王官清理1座残土坑墓，出土铜镯、铜铃、指

[1] 程学忠：《普安铜鼓山遗址首次试掘》，载贵州省博物馆考古研究所编《贵州田野考古四十年（1953—1993）》，贵阳：贵州民族出版社，1993年，第61—64页。

[2] 刘恩元、熊水富：《普安铜鼓山遗址发掘报告》，载贵州省博物馆考古研究所编《贵州田野考古四十年（1953—1993）》，贵阳：贵州民族出版社，1993年，第65—87页。

[3] 何凤桐：《贵州境盘江流域的古文化遗存与文物保护》，《贵州师院学报（社会科学版）》1983年第3期，第25—30页。

[4] 程学忠：《盘县发现汉代铜釜》，载贵州省博物馆考古研究所编《贵州田野考古四十年（1953—1993）》，贵阳：贵州民族出版社，1993年，第285页。

[5] 万光云：《来自废品中的珍贵文物》，载贵州省博物馆考古研究所编《贵州田野考古四十年（1953—1993）》，贵阳：贵州民族出版社，1993年，第283页。

[6] 胡维屏：《安龙发现古铜剑》，载贵州省博物馆考古研究所编《贵州田野考古四十年（1953—1993）》，贵阳：贵州民族出版社，1993年，第286页。

[7] 胡维屏、李志恩：《我省首次发现羊角钮铜钟》，载贵州省博物馆考古研究所编《贵州田野考古四十年（1953—1993）》，贵阳：贵州民族出版社，1993年，第58页。

环和料珠等器物，其特征与赫章、威宁等地汉墓出土物相似，年代在两汉之际。[1]贵州省社科院历史所李发耀在望谟县也征集到石屯镇巧散村村民在村西南1千米处山腰斜坡采集的66件青铜器，包括角钟、手镯、铜铃和青铜鸟等，征集器物有土著文化特征。[2]

1986年10月，兴义马岭威舍发现3件青铜戈，直援或援体略向下倾斜，援面有"胡桃"纹，器身有滇文化因素，而"胡桃"纹则与普安铜鼓山遗址石范中的"胡桃"相同，推测为铜鼓山所冶铸。[3]

1988年春，贵州省博物馆考古队、普安县文物局和文管所等组成联合考古调查组对普安青山区进行系统调查，新发现狮子山、营山、大院子、坉上和铜壶山等先秦及秦汉时期遗址，并对狮子山遗址进行试掘，出土器物包括绳纹陶片、纺轮和石制品等，其余遗址地表还采集到坩埚、骨器和磨制石器等。[4]这些器物与普安铜鼓山遗址相似，这些遗址同存于相邻地域内，可能代表以普安铜鼓山遗址为中心的一种区域性文化。

赫章可乐粮管所，这个位于麻腮河和可乐河交汇处西北侧的汉代遗址，在1988年和1992年分两次共发掘375平方米，出土一批汉代陶器、铜器、铁器及建筑构件，包括"建始"和"四年"等铭文瓦当和网格纹瓦当。贵州省文物考古研究所张元据此撰文推测遗址内出土的"建始"铭文瓦当应为西汉成帝建始年间所制，赫章亦可能为犍为郡属县汉阳县的县治所在。[5]学界亦有观点认为瓦当上铭文"建始"有可能为"始建"，为吉语瓦当，结合云纹瓦当和其他同

[1] 程学忠：《修文发现汉代文物》，《贵州省博物馆馆刊》创刊号，内部发行，1985年，第42、43页。

[2] 李发耀：《贵州北大盘江畔汉代青铜器初探》，《贵州文史丛刊》2000年第1期，第93—94页；张元：《望谟出土的夜郎青铜器》，载'99夜郎学术研讨会论文集编辑委员会编《夜郎研究》，贵阳：贵州民族出版社，2000年，第131—145页。

[3] 万光云：《兴义出土青铜戈》，载贵州省博物馆考古研究所编《贵州田野考古四十年（1953—1993）》，贵阳：贵州民族出版社，1993年，第281页。

[4] 张定福：《贵州普安考古调查》，载贵州省博物馆考古研究所编《贵州田野考古四十年（1953—1993）》，贵阳：贵州民族出版社，1993年，第291—294页。

[5] 张元：《贵州赫章可乐出土的西汉纪年铭文瓦当》，《文物》2008年第8期，第63—65页。

类瓦当的特点，推测粮管所瓦当已显现东汉风格。[1]

2000年9—10月，贵州省文物考古研究所联合赫章县文物管理所对赫章可乐墓地的锅落包和罗德成地进行了一次较大规模的发掘，共清理墓葬111座，其中汉式墓3座，地方民族墓葬（乙类墓）108座，发现多种形式的套头葬和其他特殊葬俗，出土陶、铜、铁、玉、骨、木、漆、皮和纺织品等随葬品600余件，以铜兵器为主，包括剑和戈等，墓地年代为战国早中期至西汉前期，发掘者依据其文化面貌并与周边同时期遗存比较，认为可乐墓地应为夜郎时期具有地方特点的考古遗存。[2]通过系统梳理2000年发掘的墓葬材料并集结成书，学界对可乐墓地这一既有滇文化因素，又有蜀文化部分器物，更主要是具有浓郁地方特色的遗存有了一个更为全面的了解和认识，为探讨战国至汉初南夷地区地域文化提供了重要的实物资料。

2002年3—5月，贵州省文物考古研究所会同普安县文管所对普安铜鼓山再次进行考古发掘，面积880平方米，发现用碎石铺垫地面的活动面和居住面，大量柱洞和火塘。出土铜、铁、石、玉、骨和陶器等数百件，陶器碎片万余，器类包括兵器、生产工具、生活用具和装饰品等，其中出土陶范、石范和坩埚等冶铸工具与1980年发掘情况相同。结合两次发掘材料可初步推测，铜鼓山遗址与铜兵器的铸造有极大关系，主要为一处兵器冶铸作坊遗址，下限年代至西汉晚期。[3]

2004年10月至2005年1月，贵州省文物考古研究所联合四川大学考古系对银子坛（原梨园地点）墓地和红营盘进行发掘，面积约800平方米，清理墓

[1] 张齐、夏保国：《再论贵州赫章可乐汉代遗址出土"建始"铭瓦当的纪年问题》，《黑龙江社会科学》2017年第3期，第151—155页。
[2] 贵州省文物考古研究所：《赫章可乐二〇〇〇年发掘报告》，北京：文物出版社，2008年。
[3] 张元：《普安铜鼓山遗址》，载国家文物局主编《2002中国重要考古发现》，北京：文物出版社，2003年，第48—49页；贵州省文物考古研究所：《普安铜鼓山战国秦汉遗址考古新发现》，《贵州文物工作》2002年第2期，第35—37页。

葬108座，其中银子坛墓地82座，红营盘26座，出土各类遗物300余件。[1]银子坛墓地皆为长方形竖穴土坑墓，葬式包括单人仰身直肢一次葬、二次殓骨合葬墓和儿童墓等，木质葬具，器物组合中瓶和罐在战国中期至西汉中期的各期段皆有存在，为墓葬的基本器物组合。总体上，墓地在战国中期至西汉中期时为土著民族墓葬，到西汉中晚期至东汉初期受汉文化影响，墓葬多具汉式墓葬特征。[2]红营盘墓地内墓葬形制亦皆长方形竖穴土坑墓，墓圹狭小，仰身直肢葬，出土器物较少，包括陶、铜、骨和玉石器等，陶罐为随葬品中较常见器物，年代在春秋晚期至战国早中期。[3]

此阶段除发掘以上夜郎时期土著民族遗存之外，还在黔中、黔北、毕节、黔西南和铜仁等地区开展了具有中原汉文化特征遗存的发掘清理工作，包括墓葬、居住址和窑址等。

1981年，沿河县塘坝洪渡村民田维清在其松树林包包责任田内耕地挖出几何菱形纹砖和车轮纹砖，惜未出随葬品，此为沿河县首次发现东汉砖室墓。[4]

1983年，务川县大坪团堡村民在长坳取土时发现提梁壶、蒜头壶、铜鍪、铜釜和灰陶罐等文物并上报县文化馆，后文化馆派人确认该墓为汉代土坑墓。次年在与团堡相邻的鞍上又发现青铜鼎和扁壶，墓内出土蒜头壶为贵州省首次发现秦文化器物。[5]1984年3月，贵州省博物馆考古队又在大坪龙潭沙坝抢救性清理1座长方形券顶石室墓，出釜、罐、钵等陶器，及少量五铢钱、泡钉和

[1] 贵州威宁中水联合考古队：《贵州威宁中水考古发掘取得重要收获》，《中国文物报》2005年1月5日第一版。

[2] 李飞：《贵州威宁银子坛墓地分析》，载贵州省文物考古研究所编著《扬帆：贵州青年考古学者论集》，上海：上海古籍出版社，2021年，第220—283页。

[3] 贵州省文物考古研究所、四川大学历史文化学院考古系、威宁县文物管理所：《贵州威宁县红营盘东周墓地》，《考古》2007年第2期，第7—18、97—99页。

[4] 席克、田景平：《沿河县发现东汉墓葬》，载贵州省博物馆考古研究所编《贵州田野考古四十年（1953—1993）》，贵阳：贵州民族出版社，1993年，第299页。

[5] 朱详明：《务川发现青铜器》，《贵州文物》1984年第1期，第10—26页；贵州省博物馆：《贵州务川大坪出土的青铜器》，《文物》1989年第11期，第83—84页。

耳珰等器物，时代为东汉晚期。[1]7月，贵州省博物馆在务川县政府驻地清理1座砖室墓，墓砖有菱形纹和车轮纹，出陶碗和铜钱各1件，时代为东汉时期。[2]

1987年4月，贵州省博物馆考古队在务川镇南马蹄塘清理1处铜器窖藏，出土铜洗、甬钟和大量钱币。同年11月在大坪清理6座汉墓，其中包括1983—1984年在长坳和鞍上发现的2座土坑墓。新出耳杯、钵、朱砂和陶罐等器物，其年代在西汉初年至东汉中后期。[3]

1987年2—5月，贵州省博物馆考古队在兴仁交乐清理墓葬13座，包括土坑、石室、石壁和砖室墓等，追缴回被盗及墓葬清理出土文物凡600余件，按质地分陶、铜、铁、金、银、玉、石、骨、漆木和琥珀等，在功能上可分车马器、饮食器（烹煮器、盛食器、挹取器）、酒器（温酒器、盛酒器）、水器、量器、兵器、工具、炊具、明器、饰品和钱币等，其中出铜车马的M6及铜车马和"巴郡守丞"印同出的M14被认为是等级较高的墓葬。土坑墓年代最早，砖室墓最晚，时代在两汉时期。[4]

1989年夏，贵州省博物馆考古队在沿河洪渡调查发现汉墓10余座，窑址5座，窑门、窑壁和窑顶受水土流失及耕种影响受到不同程度破坏。方形窑室，内含绳纹板瓦、筒瓦、瓦当及花纹砖等。仅清理2号窑，除出土陶拍、筒瓦和板瓦等器物之外，最为重要的当为发现云纹瓦当14件，时代在东汉时期。该窑址为贵州省首次发现并经正式清理的汉代窑址，为探讨汉时贵州的制陶工艺提供了极为重要的材料。[5]

---

[1] 梁太鹤、万光云：《务川沙坝石室汉墓》，《贵州省博物馆馆刊》创刊号，内部发行，1985年，第37—41页。

[2] 程学忠、朱祥明：《务川县汉砖室墓清理简报》，载贵州省博物馆考古研究所编《贵州田野考古四十年（1953—1993）》，贵阳：贵州民族出版社，1993年，第304—305页。

[3] 宋先世、程学忠：《贵州务川新出两汉铜器》，载贵州省博物馆考古研究所编《贵州田野考古四十年（1953—1993）》，贵阳：贵州民族出版社，1993年，第306—311页。

[4] 贵州省考古研究所：《贵州兴仁交乐汉墓发掘报告》，载贵州省博物馆考古研究所编《贵州田野考古四十年（1953—1993）》，贵阳：贵州民族出版社，1993年，第236—264页。

[5] 贵州省博物馆考古队：《贵州沿河洪渡汉代窑址试掘》，《考古》1993年第9期，第805—808页。

1976年，贵州省博物馆考古队于安顺宁谷龙泉寺、瓦窑堡台地采集到绳纹瓦片和云纹瓦当残件。1990年冬，贵州省博物馆考古研究所对该地复查，发现面积约9万平方米的龙泉寺汉代居住址及面积约5000平方米的瓦窑堡窑址，在其周邻区域发现古墓葬数百座，并对其中位于跑马地的1座砖室墓进行清理，出陶、铜、铁和金器等，时代在汉晋时期。[1]

1991年12月，贵州省博物馆考古研究所在仁怀合马渡口村清理1座长方形砖室墓，券顶，墓内出土陶、铜和铁等器物，年代在东汉中晚期；陶俑中包括抚琴俑、听琴俑、抚案俑和立俑等，在黔北为首次发现，为研究古代仁怀及黔北地区的历史文化提供了重要材料。[2]1993年6月，在该砖室墓的北侧发现卢缸嘴遗址，面积达1万平方米，在地表采集到大量的板瓦、筒瓦碎片，为赤水河流域首次发现居住址。[3]

1994年2—3月，贵州省博物馆考古研究所首次在赤水河流域清理崖墓，崖墓分布在习水县土城镇范家嘴、袁家坳和儒维等地，墓室开凿于砂岩之上，由墓道、墓室和头龛等构成，出陶、铁、银、铜和牙饰品等器物，年代在东汉中晚期。[4]

1995年3—4月，贵州省博物馆考古研究所在金沙后山清理1座画像石墓，墓内出土画像石、石俑和石马等，加之征集到的画像石凡七块，图案包括"伏羲女娲交媾""汉阙""舞乐百戏"和"击鼓"图等，年代在东汉中晚期。该墓是贵州境首次发现亦是唯一经过清理的画像石汉墓，体现了古代川黔之间的文化交流。[5]

---

[1] 贵州省文物考古研究所：《贵州安顺市宁谷汉代遗址与墓葬的发掘》，《考古》2004年第6期，第50—58、104页。

[2] 顾新民、汤鲁彬、蔡永德：《仁怀合马东汉砖室墓清理简报》，载贵州省博物馆考古研究所编《贵州田野考古四十年（1953—1993）》，贵阳：贵州民族出版社，1993年，第312—314页。

[3] 周必素：《仁怀发现汉代遗址》，《中国文物报》1993年7月18日第1版。

[4] 贵州省文物考古研究所：《贵州习水县东汉崖墓》，《考古》2002年第7期，第93—96页。

[5] 贵州省文物考古研究所：《贵州金沙县汉画像石墓清理》，《文物》1998年第10期，第42—46页。

1996年冬，贵州省文物考古研究所[1]联合安顺地区博物馆和安顺市文管所对宁谷龙泉寺居址和瓦窑堡窑址进行发掘，面积196平方米。居址出土陶、铜、铁、木和骨等器物，所出器物中包括大量建筑构件和少量木牍、木楔等，建筑构件包括绳纹筒瓦、板瓦和10余件瓦当，瓦当有云纹、车轮纹和"长乐未央"铭瓦当。窑址与洪渡汉代窑址结构略同，内出绳纹筒板瓦和几何形花纹砖，时代在汉晋时期。[2]

1998年7—8月，贵州省文物考古研究所再次在赤水河流域清理崖墓，墓群位于赤水复兴马鞍山，为褐色砂岩上开凿，凡21座。皆带墓道纵列单室墓，有壁龛或后龛，部分存石棺、灶台或浅浮雕图像，出土陶、瓷、铜和铁器等，时代在东汉晚期至南北朝或稍晚至隋唐时期；其中属东汉晚期墓葬有4座，无石棺和石灶等，随葬罐、甑和钵等器物。[3]

1999年9月，贵州省文物考古研究所对位于兴仁交乐长箐龙树脚的1座被盗砖室墓进行了清理，该墓为平面呈"十"字形的多室砖墓，随葬陶、铜、铁、银和琥珀饰等器物，包括车马器、陶屋模型、听乐俑、说唱俑和庖厨俑等，该墓结构复杂，随葬品丰厚，规格较高，疑为郡或县中高级官吏的墓葬，时代在东汉晚期。[4]同月在平坝夏云桥上包包地清理1座土坑墓，出土陶、铁和铜器等，时代在东汉时期。[5]12月，清理六盘水市钟山区黄土坡的1处岩溶洞，洞内发现石、骨、陶、铜和银器等，遗物既有与毕节瓦窑遗址和威宁吴家大坪相似的新石器至商周时期器物，亦有铜釜和银指环等具有汉代特征的器

---

[1] 贵州省文物考古研究所于1995年11月批文建立，其前身为贵州省博物馆考古研究所、贵州省博物馆考古队。

[2] 贵州省文物考古研究所：《贵州安顺市宁谷汉代遗址与墓葬的发掘》，《考古》2004年第6期，第50—58页。

[3] 贵州省文物考古研究所、赤水市文物管理所：《贵州赤水市复兴马鞍山崖墓》，《考古》2005年第9期，第20—33页。

[4] 贵州省文物考古研究所：《贵州兴仁县交乐十九号汉墓》，《考古》2004年第3期，第51—58页。

[5] 贵州省文物考古研究所、平坝县文物管理所：《平坝夏云汉墓清理简报》，载贵州省文物考古研究所编著《贵州田野考古报告集（1993~2013）》，北京：科学出版社，2014年，第208—210页。

物，而大量兽骨和数枚网坠的出土说明当时人们的生计方式以渔猎为主。[1]

2001年12月，遵义市文化局在习水隆兴陶罐小沟抢救性清理一座砖室墓，墓内出土陶、铜、铁和银等器物，时代为东汉时期。[2]

2004年2月，贵州省文物考古研究所在黔西县绿化乡清理1座砖室墓，该墓为长方形券顶单室墓，墓内出土陶、铜和铁等器物，时代为东汉中晚期。[3]7月，调查石垭子水电站库区，于务川大坪江边一带发现汉代遗址2处，[4]对其中的朱砂井遗址点进行试掘，面积2平方米，出土绳纹瓦片、陶片和卷云纹瓦当等遗物。[5]

（三）配合大基建及课题研究的调查和发掘时期（2005年至今）

随着2000年3月西部大开发战略的实施，包括贵州在内的西部地区建设步伐明显加快。水电站、火电站、公路和铁路等工程项目得以不断立项并建设，为配合基本建设，贵州的考古工作进入蓬勃发展时期，相继在北盘江、乌江、清水江、锦江和赤水河等流域开展了较大规模的考古调查和发掘工作。同时，随着贵州考古力量和课题意识的增强，专题性的区域性考古工作亦先后开展了多次。

2005年，为配合黔西火电厂建设，贵州省文物考古研究所在黔西甘棠发掘汉墓10座，有土坑墓和石室墓，出土陶、铜、铁、银和石器等120余件，时代

[1]　贵州省文物考古研究所：《黄土坡汉代遗存清理》，载贵州省文物考古研究所编著《贵州田野考古报告集（1993~2013）》，北京：科学出版社，2014年，第150—157页。

[2]　贵州省文物考古研究所、遵义市文化局、习水县文广局：《习水县陶罐乡小沟汉墓清理情况》，《贵州文物工作》2003年第2期，第26—27页。

[3]　贵州省文物考古研究所、黔西县文物管理所：《黔西绿化乡汉墓发掘简报》，《贵州文物工作》2004年第1期，第33页。

[4]　李飞：《务川大坪汉墓》，载贵州省文物考古研究所编著《贵州基建考古重要发现（2003~2013）》，北京：科学出版社，2015年，第140页。

[5]　贵州省文物考古研究所：《务川朱砂井汉代遗址调查及试掘简报》，载贵州省文物考古研究所编著《贵州田野考古报告集（1993~2013）》，北京：科学出版社，2014年，第158—160页。

在东汉时期。[1]

在乌江流域，2005年，贵州省博物馆清理了2003年配合彭水水电站建设而在沿河洪渡四方石和金竹林调查发现的12座汉墓，包括土坑墓、石室墓和砖室墓，出土陶、铜、铁等器物，其中少部分墓中发现有绳纹瓦片、纺织品残留和水稻痕迹，时代在东汉时期。[2]10—12月，中山大学人类学系清理了1989年贵州省博物馆考古队调查发现的汉代窑址群中的6座砖瓦窑。窑址由前室、窑门和窑室3部分构成，窑内出砖、瓦及云纹瓦当等器物，时代与该地并存的汉墓年代大致相当，为东汉时期。[3]2007—2010年，贵州省文物考古研究所在务川大坪江边一带进行2次发掘，清理墓葬47座，汉代窑址2座。墓葬包括土坑墓、岩坑墓和砖室墓，出土陶、铜、铁和料器等500余件（套），以陶器最多，铜器次之，出土物包括蒜头壶、鼎、车马残件和朱砂等，时代为西汉早期至东汉晚期。[4]2012—2013年在务川都濡喻家清理4座汉墓，包括长方形竖穴土坑墓和长方形券顶砖室墓，随葬品皆陶器，有罐、钵、碗、豆、杯、甑和井等，时代在两汉时期。[5]

在北盘江流域，为配合龙滩水电站建设，贵州省文物考古研究所于2006—2009年对电站库区内10余处遗址进行发掘，时代从旧石器至明清时期，其中有战国至两汉时期遗存分布的遗址或墓葬群有4处。2007年1—3月，对贞丰鲁贡拉它遗址进行500平方米发掘，遗址第5层属战国时期遗存，陶片主要饰以

---

[1] 贵州省文物考古研究所、黔西县文物管理所：《贵州黔西县汉墓的发掘》，《考古》2006年第8期，第40—56页。

[2] 杨洪：《沿河洪渡汉墓》，载贵州省文物考古研究所编著《贵州基建考古重要发现（2003~2013）》，北京：科学出版社，2015年，第159页。

[3] 刘文锁、张合荣：《沿河洪渡汉代窑址》，载贵州省文物考古研究所编著《贵州基建考古重要发现（2003~2013）》，北京：科学出版社，2015年，第163—167页。

[4] 李飞：《务川大坪汉墓》，载贵州省文物考古研究所编著《贵州基建考古重要发现（2003~2013）》，北京：科学出版社，2015年，第140—147页。

[5] 贵州省文物考古研究所、务川县文化遗产保护中心：《务川县喻家汉墓发掘简报》，载贵州省文物考古研究所编《贵州田野考古报告集（1993~2013）》，北京：科学出版社，2014年，第213—221页。

方格纹，少量绳纹，出敞口宽沿圜底釜和网坠等。[1]3—8月，发掘鲁容坡们遗址，面积1725平方米，遗址第4、5层为主体文化堆积，清理房址6座，无基槽，干栏式房屋，分三间、双间和单间，部分屋内有火塘；出土陶、石和铜等器物，陶器饰绳纹、方格纹和压印纹，其中第4层所出1件铜叉与普安铜鼓山同类器相似，时代应大体相当，遗址为战国时期遗址。[2]3—6月，发掘望谟乐元水打田遗址，面积1175平方米，遗址第5、6层及开口于第4层下的墓葬及灰坑为主体文化堆积，墓葬4座，主要为以陶罐为葬具的瓮棺葬，出土陶、铜、铁、玉石和骨器等，陶器饰方格纹，时代为汉晋时期。[3]5—6月，对鲁贡浪更燃山石板墓群进行发掘，清理墓葬65座，包括以罐为棺的瓮棺葬石板墓和长方形石板墓两类，出土陶、铜、铁、玉、银和料珠等器物，除却作为葬具的瓮罐外，余皆纺轮、饰品或钱币，为西汉晚期至东汉早中期墓葬；这种形制的汉代石板墓在贵州为首次发现并经正式发掘，为探讨贵州土著民族墓葬的文化内涵提供了重要材料。[4]2008年3—6月，对白层天生桥遗址进行发掘，面积1400平方米，开口于第1层下的3座墓葬及10个灰坑属战国至东汉时期。[5]

在清水江流域，20世纪80年代末曾有青铜器被零星发现。1989年12月，锦屏三江平金村民在牛圈塘淘金，于河床6米深岩隙处发现一批青铜器。凡8件，包括剑、矛、镞、钺和锄等，包含有楚、巴和越文化因素，时代在战国早中期。随后在青铜器出土点附近又出有西汉时期的铁斧、铁刀及1柄具有战国

[1] 贵州省文物考古研究所、贞丰县文物管理所：《贵州贞丰县拉它先秦时期遗址发掘简报》，《四川文物》2012年第1期，第11—18页。

[2] 据贵州省文物考古研究所2007年发掘资料；及，杨洪：《贵州北盘江流域先秦时期遗存分期与相关问题》，《考古与文物》2012年第2期，第41—47页。

[3] 贵州省文物考古研究所：《望谟县水打田东汉时期遗址》，载中国考古学会编《中国考古学年鉴2008》，北京：文物出版社，2009年，第390页。

[4] 贵州省文物考古研究所、贞丰县文物管理所：《贵州贞丰县浪更燃山汉代石板墓》，《考古》2013年第6期，第37—42页。

[5] 张兴龙：《贞丰天生桥遗址》，载贵州省文物考古研究所编著《贵州基建考古重要发现（2003~2013）》，北京：科学出版社，2015年，第115页。

时期特征的青铜剑。[1]进入20世纪90年代，随着清水江淘金热，相继有战国至秦汉时期青铜器被采金者掘得，部分流入湖南，亦有部分被贵州本地古物爱好者收藏，包括青铜矛、箭镞、中原式剑、楚式剑、越式"靴形钺"和有滇文化特点的"蛇头形"铜剑等，以上青铜器的发现说明清水江流域在战国至秦汉时期的文化交流较为活跃。随着21世纪初清水江梯级电站建设的展开，2009年冬，四川大学考古学系在天柱远口坡脚清理汉墓2座，皆长方形竖穴土坑墓，存木质葬具痕迹，仅出土滑石璧2件，时代为西汉时期。[2]2010年10—12月，贵州省文物考古研究所在天柱白市盘塘清理战国时期墓葬4座，长方形竖穴土坑墓，墓底有生土二层台，墓内几无随葬品，墓葬形制与湖南邻近地区的楚墓相似。[3]

在锦江流域，自20世纪80年代相继有早期遗存被发现。2009年，对铜仁地区的第三次全国文物普查中发现遗址20处，主体年代为商周时期，部分晚至汉代。惜未见汉代考古材料的刊布，但至少从发掘收获[4]知锦江流域的古代文化除商周时期之外，当还有新石器时代和汉代遗存。

在赤水河流域，2009年贵州省文物考古研究所调查仁赤高速，在习水土城发现官仓坝和黄金湾遗址。2011年2—5月对官仓坝遗址进行发掘，面积275平方米，汉代遗存包括A区第6层、部分灰坑及开口于第1层下的一座凸字形砖室墓，出土陶、铜、铁和银等器物，时代为东汉时期。[5]2014年12月至2017年，对黄金湾进行发掘，面积1500余平方米，发现先秦、两汉和魏晋时期遗

[1] 熊水富：《锦屏亮江出土一批战国青铜器》，载贵州省博物馆考古研究所编《贵州田野考古四十年（1953—1993）》，贵阳：贵州民族出版社，1993年，第54—57页。

[2] 贵州省文物考古研究所、四川大学考古学系：《贵州天柱县坡脚遗址汉代、宋元遗存发掘简报》，《四川文物》2014年第6期，第16—21页。

[3] 据贵州省文物考古研究所2010年在天柱白市盘塘遗址发掘资料。

[4] 张改课、李飞：铜仁锦江流域先秦时期遗址发掘的主要收获》，《贵州文史丛刊》2013年第2期，第105—109页。

[5] 张改课：《习水官仓坝遗址》，载贵州省文物考古研究所编著《贵州基建考古重要发现（2003~2013）》，北京：科学出版社，2015年，第109—114页。

存，以两汉时期遗存为主体文化堆积，包括房址、灶坑、灰坑、灰沟和墓葬等；汉晋时期墓葬30余座，以竖穴土坑墓为主，部分有熟土二层台，少量瓮棺葬墓、瓦棺葬墓、砖室墓和崖墓等，部分墓内随葬动物、蛋类和鱼类，房址为干栏式房屋，出土陶、铜、铁和漆等器物，时代在两汉至魏晋时期。[1]2011年1月，清理赤水文华万友号3座崖墓，墓葬为带墓道单室弧形顶崖墓，由墓道、墓门、甬道、墓室、壁龛、石棺、灶台和排水沟等组成，墓内出土陶、铜、铁、金和漆等器物，年代在东汉晚期。[2]

除却以上较大规模的配合基本建设的考古调查和发掘之外，发掘工作还涉及部分其他战国至两汉时期的遗址和墓葬。

2007年3月，贵州省文物考古研究所在六盘水市钟山石河村清理战国秦汉时期遗存，面积115平方米，出有方格纹和绳纹陶片，可辨器形有敞口平底罐，方格纹陶片与普安铜鼓山陶片相似。[3]10月，在安顺宁谷龙滩清理2座汉墓，石室墓和砖室墓各1座，出土陶、铜、铁和石等器物，时代为东汉晚期，按规格推测其为官吏或豪绅大族墓。[4]

黔西南地区一直是战国至两汉时期考古的重镇之一。除我们所周知的普安铜鼓山、兴仁交乐和兴义万屯汉墓等该时期的遗存之外，20世纪90年代末，为配合夜郎考古的专题调查，在安龙县龙广镇地势开阔的山间小坝子内的小山丘上亦发现数处该时期遗存，2009年开展第三次全国文物普查时又在该地新发现5处，即在龙广这片小区域内分布着较为密集的战国秦汉时期遗址，具体包

[1] 张改课、李飞、陈聪：《贵州习水黄金湾墓葬考古——汉晋时期赤水河流域先民生活风貌》，《大众考古》2016年第3期，第23—33页。

[2] 贵州省文物考古研究所、赤水市文体广电旅游局：《赤水市万友号崖墓清理》，载贵州省文物考古研究所编《贵州田野考古报告集（1993~2013）》，北京：科学出版社，2014年，第272—274页。

[3] 贵州省文物考古研究所、六盘水市文物管理所等：《六盘水市钟山区石河村战国秦汉遗存试掘简报》，载贵州省文物考古研究所编《贵州田野考古报告集（1993~2013）》，北京：科学出版社，2014年，第133—136页。

[4] 贵州省文物考古研究所、安顺市博物馆、西秀区文物管理所：《贵州安顺宁谷龙滩汉墓清理简报》，《考古与文物》2012年第1期，第12—18页。

括纳万营脚，柘仑上头营、下头营，平寨包包，小场坝坡院，播落，大寨，纳西营盘，佳皂小子营、大子营，七星山和纳桃磨雍营等遗址，采集到的遗物以夹砂褐陶片为主，饰绳纹和方格纹，可辨器形有敞口罐、平沿罐和高领罐等。2009年5—7月贵州省文物考古研究所对纳万遗址进行600平方米范围的发掘，出土釜、平沿罐、折沿罐和长颈罐等器物，时代在战国至两汉时期。[1]

2009年，贵州省文物考古研究所为配合晴兴高速建设，在兴义万屯发掘阿红遗址800平方米，包括战国和汉代两个时期的遗存。战国时期遗存出土陶、铜、石及动物骨骼等遗物，陶片饰绳纹、划纹、方格纹和席纹等，出平底和圜底器，与普安铜鼓山战国时期遗存文化面貌相似。[2]2010年，在阿红遗址以南的老坟山清理墓葬60座，有土坑墓和石板墓两类，石板墓58座，形制与贞丰浪更燃山长方形石板墓相似，墓内随葬陶器较少，以玉石器居多，包括玦、璜和串珠等，墓中可见有用牛、猪和狗等家畜随葬的习俗，应为有别于汉文化的地方土著民族墓葬，时代在东汉中晚期。[3]

2013年3月，兴仁交乐墓群保护区长箐鲍家屯因村民建房破坏抢救性清理1座砖室墓，出陶罐和环首铁刀各1件，时代为东汉晚期。[4]2019年为落实该汉墓群保护区的规划利用，贵州省文物考古研究所对其进行复查，在交乐黄泥堡至水井边新发现1处汉代居住址，于地层中采集到较多的绳纹瓦片，结合其周边分布较多的汉墓，推测其为城址的可能性较大，即以兴仁交乐汉墓群和居住址为代表的这片小区域内可能是汉代在地的一个政治中心。[5]

---

[1] 贵州省文物考古研究所：《安龙纳万遗址》，载贵州省文物考古研究所编著《贵州基建考古重要发现（2003~2013）》，北京：科学出版社，2015年，第128—131页。

[2] 贵州省文物考古研究所：《兴义阿红遗址》，载贵州省文物考古研究所编著《贵州基建考古重要发现（2003~2013）》，北京：科学出版社，2015年，第124—127页。

[3] 贵州省文物考古研究所：《兴义老坟山墓群》，载贵州省文物考古研究所编著《贵州基建考古重要发现（2003~2013）》，北京：科学出版社，2015年，第173—177页。

[4] 贵州省文物考古研究所：《兴仁县交乐二十号汉墓清理简报》，载贵州省文物考古研究所编《贵州田野考古报告集（1993~2013）》，北京：科学出版社，2014年，第174—176页。

[5] 据贵州省文物考古研究所2019年调查资料。

2014—2018年，为推进对宁谷遗址的保护利用，贵州省文物考古研究所对其进行了区域性调查和发掘工作。调查发现以宁谷镇政府为中心的9平方千米内，宁谷河两侧的溶蚀台地内分布有10余处遗址点，时代从战国至魏晋时期，包括遗址、居住址、城址、窑址和墓葬群等，遗存种类丰富，墓葬100余座。其间发掘遗址2处和墓葬10余座。因宁谷星城的建设而抢救性发掘的青母田遗址，面积200平方米，发现有灰坑、灰沟和房址等遗迹，出土陶、石、铁、铜和玉石器等遗物，陶器纹饰包括方格纹、席纹、叶脉纹等，器形以釜、罐和盆为主，另有石坩埚出土，时代在战国时期。[1]与青母田遗址文化面貌相似的还见于安顺城区的娄家坡遗址，[2]而遗址内出土陶盆的质地和器形亦见于六枝老坡底遗址群的台子田遗址。[3]这说明在安顺至六枝一带，可能存在着一种有别于普安铜鼓山、威宁中水银子坛和赫章可乐乙类墓的战国时期地方土著文化遗存。而衙门坡城址点出土数量极多的绳纹筒瓦、板瓦、菱形纹砖和少量瓦当，瓦当有卷云纹瓦当和"长乐未央"瓦当等，另在毁弃堆积中出土2枚"太平百钱"，遗迹包括排水沟、灰沟和夯土墙等。时代上，衙门坡城址始建于东汉中晚期，毁弃于魏晋时期。衙门坡城址发掘为贵州汉代城址的首次发掘，为贵州汉代城址考古提供了重要材料。[4]

作为贵州战国至两汉时期考古重镇之一的赫章可乐，在2012年清理出了2座土坑墓和1处汉代居住址。8月，贵州省文物考古研究所对在农场至妈可公路便道改扩建施工中遭到破坏的2座土坑墓进行抢救性发掘，此二墓为长方形竖穴土坑墓，铜釜套头葬，墓内出陶、铜、铁、骨、漆、串珠、海贝、琉璃和玛瑙饰件等器物，新发现了以往可乐乙类墓未见的铜人面饰、铁叉、大铜铃等

---

[1] 贵州省文物考古研究所、西秀区文物管理所：《贵州安顺宁谷青母田遗址发掘简报》，待刊。
[2] 据贵州省文物考古研究所2019年发掘资料。
[3] 文化厅出版图书《贵州省文化遗产志》。
[4] 贵州省文物考古研究所、西秀区文物管理所：《贵州安顺宁谷衙门坡汉代城址发掘简报》，待刊。

器物，时代在西汉前期至西汉中期。[1]可乐廖家坪居住址于7—9月发掘1000平方米，发现坑、沟、柱洞及灶等遗迹，出土陶器包括罐、碗、纺轮和网坠，以及砺石和铁器等，时代为汉代。[2]

2014年3月，贵州省文物考古研究所在平坝夏云桥上清理长方形竖穴土坑墓5座，出土陶、铜、铁、银、漆木和琉璃器等器物，时代为东汉时期。[3]

为配合夜郎时期遗存的找寻，2012年11月至2013年4月，贵州省文物考古研究所历时6个月对六盘水市所辖的六枝、盘县和水城等区县进行了系统的考古调查工作，发现了旧石器至秦汉时期遗址100余处，遗址包括洞穴、台地和山顶等多种类型，其中战国秦汉时期遗址近30处，主要分布在六枝岩脚、木岗、梭戛，盘县红果、保田、普田、乐民、平关和旧营等地，遗物以夹砂陶为主，纹饰常见方格纹和绳纹。[4]因此，在对夜郎时期遗存的探寻上，六盘水市亦为重要区域之一。

综上，贵州战国至秦汉时期的考古工作，自20世纪50年代始至今，已历70余载，其间按工作内容大致分三阶段，每阶段都有其工作重点：第一阶段以墓葬的发掘为主；第二阶段课题意识增强，主要是对夜郎时期遗存的调查与发掘；第三阶段则是为配合快速发展的基本建设而进行的流域考古，以及主动性课题下的考古工作。总体上，贵州战国秦汉时期遗存包括墓葬、居址、城址和窑址等，多分布在遵义、毕节、贵阳、安顺、六盘水和黔西南地区，即主要在贵州的中西、西北和西南部，文化遗存的多样性和文化内涵的复杂性是该时期的特点，反映了该时期夷汉之间的文化交流与融合。

---

[1] 贵州省文物考古研究所、赫章县文物局：《贵州赫章县可乐墓地两座汉代墓葬的发掘》，《考古》2015年第2期，第19—31页。

[2] 贵州省文物考古研究所：《赫章可乐廖家坪遗址》，载贵州省文物考古研究所编著《贵州基建考古重要发现（2003~2013）》，北京：科学出版社，2015年，第132—133页。

[3] 贵州省文物考古研究所、平坝县文化局：《贵州平坝县夏云镇汉墓的发掘》，《考古》2017年第1期，第61—67页。

[4] 参见贵州省文物局、贵州省文物考古研究所、六盘水市文物局编：《夜郎寻根——六盘水市史前至夜郎时期考古调查新发现》，贵阳：贵州人民出版社，2013年。

二、研究成果

随着考古材料的日渐丰富，特别是新材料的不断出土，学界尤其是贵州考古界学者将考古学理论方法与历史文献资料相结合，对地望考释、墓葬分型断代、青铜冶炼、出土器物、族属与周邻文化关系、套头葬及夜郎等相关问题进行了多层面和角度的研究，并取得一定成果，主要体现在以下几方面，现略述如下。

（一）关于夜郎的综合论述

作为战国秦汉时期活跃于南夷地区的一个古老族群，夜郎已消亡 2000 余年，仅在《史记》《汉书》《华阳国志》《后汉书》等文献上有只言片语的记载，且记叙的文字亦较简略。即使如此，从魏晋至唐宋，及至民国时期都有学者对夜郎进行探索和考证，不过多集中在牂牁河道、夜郎地望、庄蹻轶事和夜郎陈迹等方面，囿于考证方法和材料的限制，对其他方面问题则鲜有触及。[1]

新中国成立后，随着考古学科的兴起，通过考古发掘出土的遗迹和遗物不断丰富。因此，学界利用考古材料对夜郎进行综合分析的研究亦逐渐增多。1976 年，宋世坤在《贵阳师院学报》第 3 期发表《试论西汉时期夜郎的社会变革》一文，从清镇、赫章等地汉墓出土带有类似滇文化因素的器物出发，结合文献关于夜郎的记载，认为虽然秦汉时期的中原地区已进入封建社会，但夜郎和滇所在的南夷地区仍处于落后的奴隶社会；进而论证了西汉中叶汉武帝开发西南夷，在夜郎地区推行郡县制的举措，使封建制逐渐取代奴隶制，顺应历史发展潮流，有利于西南边疆的稳定和民族融合。[2] 该文在夜郎研究中，首次运用考古发掘出土的具有南夷土著特征的器物，并结合文献资料中有关夜郎的记载论述了夜郎的社会性质，于夜郎研究具有开创意义。

---

[1] 朱俊明：《古夜郎研究的由来及认识·代前言》，载贵州省社会科学院历史研究所编《夜郎考：讨论文集之二》，贵阳：贵州人民出版社，1981 年，第 2 页。

[2] 宋世坤：《试论西汉时期夜郎的社会变革》，《贵阳师院学报》1976 年第 3 期，第 69—74 页。

1978年在贵阳召开的古夜郎讨论会，集结论文14篇成《夜郎考：讨论文集之一》一书，对夜郎的沿革、疆域四至、都邑和族属等问题进行了探讨。[1]尽管研究多依托文献考证，存在很大的局限性，但作为贵州史学界对夜郎问题的第一次集中探讨，引起了省内学者的极大关注。次年，夜郎学术研讨会再次召开，与会学者就夜郎的族属、葬俗、地望和社会性质等问题进一步展开讨论，有考古学者运用新出的考古材料对夜郎的社会性质进行探讨。宋世坤《从赫章出土文物探讨夜郎社会性质》一文，对1976—1978年在赫章可乐发掘出的战国至西汉中期具有土著特征（即套头葬墓葬）的南夷墓葬进行分析，认为该批墓葬与《史记·西南夷列传》中所载的"魋结，耕田，有邑聚"之族群相同，为古夜郎地区土著民族墓葬，进而再次论证战国晚期至汉武帝置牂柯郡前的古夜郎，已处于奴隶制社会阶段，社会分工已经出现，手工业已从农业中分离出来，形成奴隶主和奴隶两大阶层的对立，至汉武帝开发西南夷，封建制逐渐取代奴隶制。[2]经此两次夜郎学术研讨，学界对夜郎的研究影响逐渐扩大，并引起了省外史学家的关注，遂成《夜郎考：讨论文集之三》。该书探讨了夜郎的族属、政治形态和民族源流等问题，[3]但囿于文献资料的简缺，学界学者众说纷纭，莫衷一是，最后得出结论：欲解决夜郎问题还有待于进一步的考古工作。

　　因之，1988年刊印的《贵州省博物馆开馆三十周年纪念文集》中宋世坤再撰《关于"夜郎考古"的几个问题》一文，以夜郎考古现状为切入点，分析了可乐柳家沟、普安铜鼓山及可乐乙类墓的文化内涵，指出夜郎为定居的农业族群，有文字，已进入青铜时代；但他同时指出夜郎时期的青铜文化存在地域不够广泛、典型遗存较少的问题，下一步的夜郎考古工作要围绕寻找夜郎都邑、

[1]　贵州省哲学社会科学研究所编：《夜郎考：讨论文集之一》，贵阳：贵州人民出版社，1979年。
[2]　宋世坤：《从赫章出土文物探索夜郎社会性质》，载贵州省社会科学院历史研究所编《夜郎考：讨论文集之二》，贵阳：贵州人民出版社，1981年，第17—30页。
[3]　贵州省社会科学院历史研究所编：《夜郎考：讨论文集之三》，贵阳：贵州人民出版社，1983年。

高等级墓葬，并以钻探与试掘为主。[1]

1997年，梁太鹤《夜郎考古思辨与述评》一文在界定夜郎国文化、夜郎文化及夜郎文物的基础上，对贵州近50年来在考古调查和发掘中发现的具有地方土著特色的遗存、遗物及零星出土遗物进行分析与评述，提出夜郎考古的主要目标是寻找并研究夜郎文化和夜郎范围内的其他文化，踏实工作为必要基础。[2]他还在《夜郎文化的考古学定名问题》一文中认为将已发掘的具有土著地域特征的遗存定为贵州古夜郎时期青铜文化为宜。[3]

宋世坤《贵州古夜郎地区青铜文化初论》[4]及《贵州古夜郎地区青铜文化再论》[5]二文，将分布于贵州西部和西北部地区战国秦汉时期具有独特地域特征的古文化遗存定为贵州古夜郎地区青铜文化，以与夜郎文化相区别，并分别对该青铜文化的特征、典型器物、文化性质、分布地域与中心地区、族属及相关问题进行了论述。2000年，宋世坤再撰《夜郎考古综论》一文，从新中国成立50年来贵州夜郎考古所得收获出发，对贵州古夜郎地区青铜文化的发现和分布进行了综合回顾。该文特别介绍了1997年夜郎考古工作正式启动后，在黔西南地区调查所得的战国秦汉时期的遗址和墓葬，并对其文化特征、典型器物和文化性质进行了论述，就以后的工作思路提出建议。[6]同年，熊宗仁亦撰文《贵州研究夜郎五十年述评》，在回顾贵州夜郎研究的重要成果的基础上，从夜郎的时空框架、经济、社会性质、族属、政治中心及与周邻文化关系等方面进行评述，指出在夜郎研究中文献与考古并举、多学科和多区域学者联合研究的重要

---

[1] 宋世坤：《关于"夜郎考古"的几个问题》，《贵州省博物馆馆刊（第五辑）》（贵州省博物馆开馆三十周年纪念专集），内部发行，1988年，第30—37页。

[2] 梁太鹤：《夜郎考古思辨与述评》，《贵州民族研究》1997年第2期，第57—63页。

[3] 梁太鹤：《夜郎文化的考古学定名问题》，《贵州文物工作》2003年1期，第25—29页。

[4] 宋世坤：《贵州古夜郎地区青铜文化初论》，载中国考古学会编《中国考古学会第二次年会论文集（1980）》，北京：文物出版社，1982年，第176—185页。

[5] 宋世坤：《贵州古夜郎地区青铜文化再论》，《贵州文物》1997年1月，第33—41页。

[6] 宋世坤：《夜郎考古综论》，《贵州民族研究》2000年第1期，第22—28页。

性。[1]

当然，除了以上将分布于贵州西部和西北部具有独特地域特征的战国秦汉时期遗存定为"古夜郎地区青铜文化"或"贵州古夜郎时期青铜文化"之外，学界亦有学者通过研究提出不同观点。刘恩元在《贵州夜郎文化综论》一文中，将分布于贵州西部地区，时代在战国秦汉时期，具有独特地域特征的考古遗存皆统称为"夜郎文化"，按其文化面貌分普安铜鼓山、赫章可乐乙类墓和威宁中水汉墓三个区域性文化类型，它们与周邻的滇、巴蜀等文化有密切交流。[2]彭长林分析了中水、可乐和铜鼓山的材料，认为黔西北地区威宁和赫章两地的墓葬不属于夜郎文化，普安铜鼓山在地域上与文献记载相符，但材料太少无法确认其文化特征。[3]席克定在《贵州"夜郎文化"研究中的两个问题》[4]和《"夜郎考古"与夜郎——"考古学文化"在"夜郎考古"中的作用和意义》[5]二文中，认为贵州古夜郎地区青铜文化和贵州古夜郎时期青铜文化的提法皆违背了考古学文化的命名原则，命名不能成立，并指出要正确识别夜郎及旁小邑的文化遗存，赫章可乐墓葬为夜郎民族墓葬。宋先世的《夜郎文化与民族考古》一文提出，夜郎文化是分布于特定时空范围内并具有一定代表性的地方民族主体文化，探索夜郎文化需要立体的视角。[6]2009年，宋先世又撰写《关于夜郎文化的多元性》一文，在回顾贵州考古学界对夜郎文化的多种不同认识的基础上，指出夜郎文化具有多元化本质，要正确区分考古学意义上的夜郎文化和夜郎及旁小邑所构成的族文化的区别。[7]张合荣所撰的《贵州夜郎考古新收

[1] 熊宗仁：《贵州研究夜郎五十年述评》，《贵州民族研究》2000年第1期，第1—8页。

[2] 刘恩元：《贵州夜郎文化综论》，《贵州文物工作》2001年1期，第15—19页。

[3] 彭长林：《关于"夜郎文化"的思考》，《贵州文史丛刊》2006年第4期，第28—31页。

[4] 席克定：《贵州"夜郎文化"研究中的两个问题》，《贵州文物工作》2003年2期，第60—64页。

[5] 席克定：《"夜郎考古"与夜郎——"考古学文化"在"夜郎考古"中的作用和意义》，载《贵州民族考古论丛》，贵阳：贵州民族出版社，2009年，第53—69页。

[6] 宋先世：《夜郎文化与民族考古》，《贵州民族研究》2006年第5期，第151—156页。

[7] 宋先世：《关于夜郎文化的多元性》，《南方文物》2009年4期，第144—148页。

获——考古新发现综述》在论述1996—2006年间夜郎考古调查新发现和发掘新收获基础上，对其阶段性成果作了阐释。[1]他于2014年出版的《夜郎文明的考古学观察——滇东黔西先秦至两汉时期遗存研究》一书则从考古学的角度，系统分析了战国秦汉时期以乌蒙山为核心的滇东黔西地区西南夷中夜郎族群所创造的具有独特地域特征的青铜文化遗存，并结合文献史料在夜郎的地理位置，夜郎文明的形成、地域特征和文化差异，以及夜郎与周边族群的文化交流等方面进行了系统论述。[2]该书为21世纪初较为系统地对夜郎进行综合研究的著作，将夜郎研究提升到了一个新的高度。叶成勇的《贵州西部青铜文化发展的阶段性特征及其格局变迁》将贵州西部青铜文化分为三个阶段，并着重对战国晚期至东汉初期的第三阶段遗存——以威宁中水、赫章可乐、普安铜鼓山为代表——的文化特征和构成要素进行考察，并进一步探讨该时期的文化格局及其变迁。[3]其2019年出版的《战国秦汉时期南夷社会考古学研究》一书详细论述了南夷地区土著文化遗存的类型特征，指出涉及夜郎的有可乐类型、中水类型和铜鼓山类型，并对其发展演变特点、南夷社会文化变迁与文明化进程等进行了探究。[4]孙华的《滇东黔西青铜文化初论——以云南昭通及贵州毕节地区的考古材料为中心》也认为滇东黔西考古文化遗存具有地方性特点，并通过文献比较，提出曲靖盆地的八塔台、横大路等地的土著遗存为夜郎遗留，而曲靖以北和以东的昭鲁盆地、毕节地区等地为且兰、牂牁等族分布区域，[5]即可认为分

[1] 张合荣：《贵州夜郎考古新收获——考古新发现综述》，载贵州省文物局、贵州省文物博物馆学会编《文博与发展——贵州文化遗产保护文集（一）》，贵阳：贵州科技出版社，2010年，第50—63页。

[2] 张合荣：《夜郎文明的考古学观察——滇东黔西先秦至两汉时期遗存研究》，北京：科学出版社，2014年。

[3] 叶成勇：《贵州西部青铜文化发展的阶段性特征及其格局变迁》，《贵州民族研究》2007年第6期，第166—172页。

[4] 叶成勇：《战国秦汉时期南夷社会考古学研究》，北京：文物出版社，2019年。第31—68、96—106、299—315页。

[5] 孙华：《滇东黔西青铜文化初论——以云南昭通及贵州毕节地区的考古材料为中心》，《四川文物》2007年第5期，第12—25页。

布于毕节地区威宁中水和赫章可乐的土著民族墓葬为"夜郎旁小邑"的遗存。

在夜郎时空框架的界定上，亦有观点将夜郎地区的青铜文化上溯至商周时期。段渝的《夜郎国与夜郎地区青铜文化》一文认为滇东北黔西地区属古代西南夷夜郎国和"夜郎旁小邑"的分布地区，夜郎地区的青铜文化多样性演进具有十分明显的时间和地域的非连续性特征。[1]

（二）关于墓葬的研究

分布于贵州地域内的战国秦汉时期墓葬，既包括具有中原汉文化特征的汉式墓葬，又有具有土著特征的民族墓葬。随着考古材料的不断丰富，学界对它们的研究亦渐趋深入，多有涉及汉墓的基础研究、专题研究和综合研究等。基础研究多在墓葬形制、随葬品特征、分期与年代、族属等方面展开探讨；专题研究则多集中在对汉墓个别专题的探索，如对重要土著墓地或墓葬的研究、宗教和交通的研究、郡县设置和地理分布的研究、经济和社会生活的研究、可乐套头葬的研究等；综合性研究则在对基础材料分型断代的基础上，探讨、研究夷汉之间文化交融、文化性质、社会形态等更深层次的方面。现摘要简述如下。

1.基础研究

自20世纪50年代始，随着黔中的清镇、平坝、安顺，黔西北的赫章、威宁，黔北的习水、道真、务川、沿河和黔西南的兴仁、兴义等地发现并发掘出两汉时期墓葬数百座，出土器物数千件，使得对墓葬的研究成为可能。在考古材料的不断累积中，从20世纪80年代开始就有部分学者运用考古出土的材料在墓葬形制、类型、分期、年代等方面对贵州汉代墓葬进行研究。

1982年，唐文元笼统介绍了贵州汉墓年代、形制和随葬品的情况，并就贵州汉墓的分期特点和历史根源进行了论述，特别是结合史料记载着重分析了贵

---

[1] 段渝：《夜郎国与夜郎地区青铜文化》，《社会科学战线》2016年第7期，第118—130页。

州西汉时期土坑墓较少的原因。[1]1986—1988年，宋世坤对贵州汉墓形制特点、分布与演变、分期与年代及随葬器物的类型与演变等方面进行了探讨，他将贵州汉墓分三期，年代分别对应战国晚期至西汉初期、西汉后期和东汉时期，但囿于材料和认识的局限，他并没有将具有不同特征的考古学文化遗存区别开来论述，没有注意到它们在文化性质上的差异。[2]

1998年，赵小帆介绍了贵州自20世纪50年代以来所发掘汉墓的形制和出土器物所体现的文化特征，特别是具有土著特征的民族墓葬的特征，对其与滇文化、巴蜀文化、中原汉文化的关系进行了论述，认为它们之间存在着文化交流。[3]张晓超等人对贵州汉代砖室墓进行了初步研究，认为西汉初期汉武帝对西南夷的经略，使得土著文化与周边地域文化和汉文化进一步交融，从而推动了贵州砖室墓的出现。在新莽至东汉中晚期，砖室墓的发展演变经历了四个阶段，体现了汉文化在文化交融过程中的主导作用。[4]他们还对赫章可乐M20的年代进行了考证，重新梳理了墓葬形制和随葬品，认为其年代为东汉早中期，而非新莽时期。[5]

2.专题研究

（1）对重要土著墓地或墓葬的研究

对重要土著墓地或墓葬的研究，主要集中在贵州威宁中水墓地和赫章可乐墓地2处。

对威宁中水墓地的研究。自1978年和1979年2次发掘共发现墓葬58座，

[1] 唐文元：《贵州汉墓及其分期特点》，《贵州文史丛刊》1982年第4期，第86—90页。

[2] 详见宋世坤：《贵州两汉魏晋南北朝墓葬形制的演变》，《贵州省博物馆馆刊（第三辑）》，内部发行，1986年，第36—41页；宋世坤：《贵州两汉魏晋南北朝随葬器物的演变》，《贵州省博物馆馆刊（第四辑）》，内部发行，1987年，第6—10页；宋世坤：《贵州汉墓的分期》，载中国考古学会编《中国考古学会第五次年会论文集》，北京：文物出版社，1988年，第189—202页。以上三文亦见宋世坤：《贵州考古论文集》，贵阳：贵州人民出版社，2000年，第179—219页。

[3] 赵小帆：《试论贵州汉墓的几个问题》，《贵州民族研究》1998年第4期，第70—76页。

[4] 张晓超、夏保国：《贵州汉代砖室墓的初步研究》，《文博学刊》2019年第3期，第20—33页。

[5] 张晓超、夏保国、袁维玉：《贵州赫章可乐M20年代献疑》，《四川文物》2019年第3期，第60—66页。

出土器物430余件后，即有学者对中水汉墓的类型、年代和族属等进行探讨。何凤桐对1977年在中水梨园和独立树征集的68件遗物及随后2次发掘的主要收获进行了论述，认为墓地内丰富的文化遗物对于古夜郎研究是一个较大的突破。[1]席克定认为《威宁中水汉墓》[2]报告中关于中水汉墓的两个类型、时代与分期、族属和墓主人身份等论述值得商榷，并提出了不同见解。[3]为回应席克定对中水汉墓断代问题的质疑，作为发掘者的李衍垣对威宁中水汉墓报告的断代从层位堆积、年代标志物和梨园工区古墓的年代等方面作出了澄清，提出分歧的产生是由对考古学基本概念和田野考古的认知不同引起。[4]张定福注意到中水墓地的排葬和乱葬现象，认为此现象为战争所致。[5]张合荣认为，由于2004年对银子坛的发掘中并没有发现排葬、乱葬现象，威宁中水墓地1978、1979年发掘报告中的排葬、乱葬应为田野发掘中未识别多人二次合葬所致。[6]

叶成勇根据中水梨园、独立树和张狗儿老包的发掘材料对汉代"中水类型"文化土著墓葬的时代、特征及其文化变迁进行了探讨，认为其时代在西汉中期至东汉初期，在文化交流上表现出了主动选择性。[7]赵小帆结合对中水墓地的三次考古发掘，[8]特别是银子坛墓地的发掘情况和随葬器物的特点，探讨了墓地的族属和文化渊源，认为银子坛墓地的墓葬形制、葬俗和随葬器物与氐羌

[1] 何凤桐：《威宁中水"西南夷"公共墓地的调查和发掘》，《贵州社会科学》1983年第1期，第75—80页。

[2] 贵州省博物馆考古组、威宁县文化局：《威宁中水汉墓》，《考古学报》1981年第2期，第217—244页。

[3] 席克定：《威宁中水汉墓的时代与分期》，《贵州文物》1983年第1期，第15—25页；席克定：《威宁中水汉墓类型、族属质疑》，《贵州民族研究》1983年第1期，第190—193页。

[4] 李衍垣：《威宁中水古墓的断代》，《贵州文物》1983年第3—4期，第69—73页。

[5] 张定福：《贵州威宁中水战国秦汉墓葬群中的排葬、乱葬研究》，《贵州文史丛刊》2008年第4期，第64—66页。

[6] 张合荣：《夜郎文明的考古学观察——滇东黔西先秦至两汉时期遗存研究》，北京：科学出版社，2014年，第11页。

[7] 叶成勇：《"中水类型"文化墓葬试探——夜郎文化研究之二》，《贵阳学院学报（社会科学版）》，2008年第1期，第46—49页。

[8] 分别为：1978年第一次发掘清理36座墓葬；1979年第二次发掘清理22座墓葬；2004年在银子坛墓地（原梨园工区）和红营盘墓地（原独立树地点）第三次发掘清理108座墓葬。

族群的文化有较大区别，与濮越族群的关系则较紧密；该墓地文化有其独有特点，在发展过程中吸收了鸡公山文化、滇东北昭通营盘甲区墓地和巴蜀地区等不同的文化因素。[1]李飞对银子坛墓地（即中水墓地梨园工区）前后三次发掘的134座墓葬的墓葬形制、葬俗、随葬品类型与组合、器物形态变化进行了综合分析，探讨了墓葬的分期和年代。其将该墓分为四期，时代从战国中期前后至东汉初期，在文化性质上认为银子坛所反映的文化特征可能与文献记载中西南夷某个君长所领的"邑"有关，建议将其定为"西南夷青铜文化的银子坛类型"，其形成受到了红营盘、巴蜀文化和石寨山文化的影响。[2]

对赫章可乐墓地的研究。宋世坤就赫章可乐西南夷墓（后称乙类墓）的形制、葬俗和出土文物，结合史料记载探讨了其族属和社会性质，认为该批墓葬族属以濮僚为主，提出其性质为已出现阶级分化的奴隶制社会，随着汉武帝开发西南夷，大量汉人的迁入和铁器的使用，封建制逐步取代奴隶制。[3]熊水富从可乐墓地的考古特点、墓葬类型、遗址状况及出土器物等方面结合文献论述了可乐墓葬和遗址的关系，认为可乐民族墓为"夜郎旁小邑"的遗存，可乐小墓（乙类墓）与新石器遗址同属当地土著遗存，与濮人关系密切，而大墓（甲类墓）和汉代遗址则与汉代在该地所置的汉阳县有密切关系。[4]

《赫章可乐二〇〇〇年发掘报告》[5]刊布了可乐墓地锅落包和罗德成地2000年清理的111座墓葬，从墓葬概况、形制与葬俗、随葬器物等方面将墓地内乙

[1] 赵小帆：《贵州威宁中水银子坛民族墓葬相关问题的探讨》，《贵州民族研究》2009年第3期，第167—173页。

[2] 李飞：《贵州威宁银子坛墓地分析》，载贵州省文物考古研究所编著《扬帆：贵州青年考古学者论集》，上海：上海古籍出版社，2021年，第220—283页。

[3] 宋世坤：《贵州赫章可乐"西南夷"墓族属试探》，《贵州民族研究》1979年第1期，第26—31页；亦见宋世坤：《贵州赫章可乐乙类墓族属试探》，载《中国考古学会第一次年会论文集》，北京：文物出版社，1980年，第308—314页。后文将西南夷墓改为乙类墓，余皆大体同。宋世坤：《从赫章出土文物探索夜郎社会性质》，载贵州省社会科学院历史研究所编《夜郎考：讨论文集之二》，贵阳：贵州人民出版社，1981年，第17—30页。

[4] 熊水富：《试论可乐墓葬与遗址的关系》，《贵州民族研究》1983年第1期，第180—189页。

[5] 贵州省文物考古研究所：《赫章可乐二〇〇〇年发掘报告》，北京：文物出版社，2008年。

类墓分为三期，年代在战国早中期至西汉前期，年代下限可能至汉武帝元朔年间，并对其地望、族属和形制等进行了探讨。叶成勇探讨了可乐土著墓的时代和随葬品的文化内涵，认为土著墓（乙类墓）的时代应在汉武帝开拓西南夷前后至西汉晚期，甚至少数墓的年代下限至东汉初期，随葬品所反映的文化因素体现了当时的文化交流和多元文化格局。[1]

张合荣依据可乐墓地乙类墓的打破关系，通过对全部乙类墓进行考古类型学分析，从墓葬形制、套头葬式和随葬品组合方面探讨了乙类墓的分期与年代。其将乙类墓分为六期，年代在战国中期或中期偏早至东汉早期，少数墓年代下限可能至东汉中期，部分甲类汉式墓为乙类墓的汉化所致。[2]夏保国等从可乐乙类墓随葬品摆放位置试析其主人身份，认为头部有铜（铁）容器的墓主人身份与仅出土兵器的墓主人身份不同，应为军队有一定军阶或指挥者的墓葬；铁质农具不与兵器伴出，说明已出现兵农分工。[3]邓明洲从可乐墓地的布局、排列和打破关系、墓葬形制、典型器物及葬俗等方面分析，探讨了套头葬、土著和汉式墓葬关系、与周邻文化关系及源流等问题。[4]

杨勇基于对可乐土著墓文化特征、经济与社会生活、分期与年代、分布范围及与其他文化关系的分析，认为可乐土著墓文化面貌与当地汉式墓及同时期周边其他一些土著遗存不同，它们代表了战国秦汉时期西南夷地区一种新的考古学文化类型，建议将其定名为"可乐文化"。[5]

部分学者将中水墓地和可乐墓地进行比较研究，席克定主要从文献上对威

[1] 叶成勇：《贵州赫章可乐汉代土著墓葬试析》，《贵州民族学院学报（哲学社会科学版）》2007年第5期，第120—124页。

[2] 张合荣：《贵州赫章可乐乙类墓的分期与年代》，载中国考古学会编《中国考古学会第十二次年会论文集（2009）》，北京：文物出版社，2010年，第334—348页。

[3] 夏保国、仇敏华、杨林洁、曾小芳：《赫章可乐乙类墓主人身份试析——以随葬品摆放位置为切入》，《邵阳学院学报（社会科学版）》2018年第1期，第99—107页。

[4] 邓明洲：《赫章可乐遗址夜郎民族墓葬研究》，贵阳：贵州大学硕士学位论文，2010年。

[5] 杨勇：《试论可乐文化》，《考古》2010年第9期，第73—86页。

宁、赫章汉墓所处地理方位进行考证，认为其为古夜郎遗存；[1]提出夜郎遗址和墓葬的时间、地点和文化特征三条标准界定，进而比较中水墓地和可乐墓地乙类墓的材料，认为它们都符合夜郎的标准，并从墓葬形制、葬俗、随葬器物等方面分析墓地的文化特征和墓葬反映的社会状况。[2]

（2）对可乐套头葬的研究

在长方形竖穴土坑墓内，墓底一端侧放一釜（铜、铁均有）或一铜鼓，头骨置于其中，躯体放墓底中部；或墓底一端侧放一铜釜，内置头骨，另一端侧放一铁釜，内有脚趾骨。这种特殊的葬式首见于赫章可乐，发掘者称其为"套头葬"，并认为此种葬俗及随葬品皆有浓厚地方特色的墓葬为当地青铜文化时期墓葬，亦可称为"南夷墓"，族属为战国秦汉时期的濮人，时代在战国晚期至西汉晚期，其中尤以西汉早中期墓葬居多，从随葬品多寡推测其已出现阶级分化。[3]这种迄今国内仅见于贵州且有浓厚地域特征的土著墓葬，从被发现后就引起了学界广泛关注，学者们从墓葬形制和随葬品等方面着手探讨，多认为其与原始宗教信仰或祖先崇拜有关。

张合荣通过对赫章可乐1976—1978年两次发掘资料中套头葬墓的时代、数量及随葬品种类与多寡的比较分析，结合民族学资料，认为套头葬这种独特的葬式是夜郎民族祖先崇拜的体现。而将作为母腹象征神器的釜鼓套于死者头部，是后人对祖先保佑其孕育生命的期许。[4]2000年，可乐墓地的第三次较大规模发掘又新发现108座乙类墓，其中套头葬墓除用铜釜、铜鼓或铁釜套死者头或足之外，另新发现了用铜洗垫足、铜洗盖脸盖臂、铜洗垫头和墓坑周边夯筑石块等具有特殊葬俗的墓葬。[5]随着材料的增多，张合荣再次对可乐套头葬

[1] 席克定：《威宁、赫章汉墓为古夜郎墓考》，《考古》1992年第4期，第366—368页。
[2] 席克定：《从考古材料探寻夜郎》，《贵州文史丛刊》1993年第3期，第1—7页。
[3] 贵州省博物馆考古组、贵州省赫章县文化馆：《赫章可乐发掘报告》，《考古学报》1986年第2期，第199—251、275—282页。
[4] 张合荣：《夜郎"套头葬"试探》，《贵州民族研究》1994年第2期，第68—72页。
[5] 贵州省文物考古研究所：《赫章可乐二〇〇〇年发掘报告》，北京：文物出版社，2008年。

进行探讨，认为用铜洗盖头或垫头的墓葬亦应归属于套头葬范畴，且依据套头容器和使用方式，以考古学研究方法对前后三次发掘的33座套头葬中的28座墓葬进行了分组，将其分为洗、釜、鼓三组，并对洗、釜和铜铁质兵器进行类型学考察。参考发掘报告中关于墓地的分期断代，张合荣将乙类墓分为六期，并依套头葬墓出现期别对其演变轨迹作了归纳，认为套头葬墓出现于战国晚期，兴盛于西汉前期，衰落于西汉中后期，直到西汉晚期至东汉早期被汉式墓取代。[1]

此外，张合荣关于套头葬的研究还有《"釜鼓葬"内涵试探》，该文重申了套头葬作为祖先崇拜的内涵。[2]席克定也持灵魂崇拜[3]或祖先崇拜的观点，结合民俗学材料，他认为套头葬是在墓葬中保留下来的一个反映祖先崇拜观念的丧葬活动内容。[4]梁太鹤认为套头葬中使用的铜鼓、铜釜和铁釜并不能称为葬具，它们套于死者的头或脚部，其目的在于沟通人与神灵的世界，使死者灵魂顺利抵达神灵世界并庇佑后人，其使用者疑为中下层巫师类人物。[5]2009年，他在对可乐套头葬墓形式特点、分布数量及随葬器物特点的分析中重申了套头鼓形铜釜的通神功能。[6]吴小华对套头葬墓主人的身份进行了探讨，认为墓主人的身份可能为军官或武士，与宗教似无太大关系。[7]杨淑荣则认为套头而葬和随葬品较丰富的墓葬其主人应为氏族中的头人或奴隶主阶层。[8]

[1]　张合荣：《赫章可乐"套头葬"再探讨》，《考古与文物》2012年第5期，第72—81页。

[2]　张合荣：《"釜鼓葬"内涵试探》，《中国历史博物馆馆刊》1997年第1期，第65—70页。

[3]　席克定：《赫章可乐墓葬中的一种特殊的丧葬习俗》，载席克定《灵魂安息的地方：贵州民族墓葬文化》，贵阳：贵州人民出版社，1990年，第45页。

[4]　席克定：《赫章可乐"套头葬"俗试释》，载席克定著，贵州民族文化宫编《贵州民族考古论丛》，贵阳：贵州民族出版社，2009年，第70—82页。

[5]　梁太鹤：《可乐套头葬研究四题》，载四川大学历史文化学院考古学系编《四川大学考古专业创建四十周年暨冯汉骥教授百年诞辰纪念文集》，成都：四川大学出版社，2001年，第312—321页。

[6]　梁太鹤：《赫章可乐墓地套头葬研究》，《考古》2009年第12期，第56—68页。

[7]　吴小华：《贵州赫章县可乐套头葬墓主人身份试析》，《四川文物》2014年第3期，第52—58页。

[8]　吕大吉、何耀华主编；于锦绣、杨淑荣分主编：《中国原始宗教资料集成：考古卷》，北京：中国社会科学出版社，1996年，第576—578页。

叶成勇结合文化人类学中的文化创新、文化变迁及文化符号学理论，认为套头葬这种文化符号很可能为一种偶然的个人创造及二次创新，并没有形成统一的规制，人们对葬式的选择具有多样性，套头这种葬俗并不是某类人（如宗教首领或巫师）的专属仪式，也很难体现祖先崇拜的普遍社会认知。[1]叶成勇的观点完全跳出了对这种葬俗的预设性认知，亦可认为是对其文化内涵的一种另类解读，为我们认识它的内涵另辟蹊径。

（3）对青铜文化族属的研究

贵州青铜文化的族属研究，主要指关于夜郎族属的问题，目前学界对夜郎的族属多有争论，有濮人说、僚人说、越人说、氐羌族系说、彝族说、苗族说和仡佬族说等。但这些族属的推定多限于考古材料结合文献记载或民族学资料的推测，而没有深入的分析。迄今学界对夜郎时期遗存的界定都还比较模糊，存在争鸣。有观点认为滇东曲靖盆地的八塔台、横大路为夜郎遗存，而毕节的可乐、中水墓地为且兰、牂牁等族遗存[2]，亦有观点认为中水墓地为夜郎遗存[3]或夜郎旁小邑遗存。[4]可乐乙类墓一般被认为是夜郎所在的南夷墓，属濮越系统，[5]也是夜郎墓葬。[6]甚至普安铜鼓山遗址报告中认定其为古夜郎遗址，乃濮人遗存。[7]因此，在哪些遗址属夜郎遗存还没有定论的情况下，探讨夜郎的族

[1] 叶成勇：《战国秦汉时期南夷社会考古研究》，北京：文物出版社，2019年，第33—36页。

[2] 孙华：《滇东黔西青铜文化初论——以云南昭通及贵州毕节地区的考古材料为中心》，《四川文物》2007年第5期，第12—25页。

[3] 席克定：《威宁、赫章汉墓为古夜郎墓考》，《考古》1992年第4期，第366—368页。

[4] 贵州省博物馆考古组、威宁县文化局：《威宁中水汉墓》，《考古学报》1981年第2期，第217—244页；李飞：《贵州威宁银子坛墓地分析》，载贵州省文物考古研究所编著《扬帆：贵州青年考古学者论集》，上海：上海古籍出版社，2021年，第220—283页。

[5] 宋世坤：《贵州赫章可乐"西南夷"墓族属试探》，《贵州民族研究》1979年第1期，第26—31页；贵州省博物馆考古组、贵州省赫章县文化馆：《赫章可乐发掘报告》，《考古学报》1986年第2期，第199—251、275—282页；贵州省文物考古研究所：《赫章可乐二〇〇〇年发掘报告》，北京：文物出版社，2008年。

[6] 席克定：《威宁、赫章汉墓为古夜郎墓考》，《考古》1992年第4期，第366—368页。

[7] 刘恩元、熊水富：《普安铜鼓山遗址发掘报告》，载贵州省博物馆考古研究所编《贵州田野考古四十年（1953—1993）》，贵阳：贵州民族出版社，1993年，第65—87页。

属应持谨慎态度。目前，学界关于夜郎族属的观点主要有如下几点。

濮人说：为迄今较为普遍的看法。通过将赫章可乐乙类墓出土的木梳和发钗等饰品和青铜锄、水稻及大豆等植物果实来与文献所载夜郎"魋结，耕田，有邑聚"比对，认为他们的生活习性相同，其族属应为濮人或僚人。持此观点的有宋世坤、侯绍庄、史继忠、翁家烈和王海平等。[1]

氐羌族系说：中水汉墓报告认为陶器上所刻划的符号，似乎与老彝文有关，墓地死者的族属应与古代的氐羌族有关，并指出其为夜郎旁小邑的墓葬。[2]此种观点得到了部分彝文研究者的支持，[3]但同时也有部分考古工作者提出反对意见，认为墓内出土器物部分有氐羌文化因素，但其族属不应属于氐羌族系，而应是濮僚人。[4]

一直以来，学界对古代百越和百濮的族群划分并不十分清楚，以至部分学者认为夜郎的族属应属于百越族群。[5]有学者指出云贵高原多山多盆地的地理环境滋生了多种古代文化，在文化交融中产生了文化"同也不同，以不同为

[1] 见宋世坤：《贵州赫章可乐"西南夷"墓族属试探》，《贵州民族研究》1979年第1期，第26—31页；侯绍庄、史继忠、翁家烈：《贵州古代民族关系史》，贵阳：贵州民族出版社，1991年；翁家烈：《从可乐考古探索古夜郎及其族属》，《贵州民族研究》2003年第3期，第177—180页；王海平：《从可乐墓葬资料探讨古夜郎国的族属和社会性质》，《贵州大学学报（社会科学版）》1986年第4期，第68—72页。

[2] 贵州省博物馆考古组、威宁县文化局：《威宁中水汉墓》，《考古学报》1981年第2期，第217—244页；贵州省博物馆考古组：《贵州威宁中水汉墓第二次发掘》，载文物编辑委员会编《文物资料丛刊（10）》，北京：文物出版社，1987年，第113—130页。

[3] 王正贤、王子尧：《贵州威宁出土古代刻划陶文研究》，《贵州民族研究》1989年第4期，第107—115页。

[4] 席克定：《威宁中水汉墓类型、族属质疑》，《贵州民族研究》1983年第1期，第190—193页；刘恩元：《贵州威宁中水汉墓出土陶器刻划符号初探》，《贵州社会科学》1984年第5期，第76—81页；赵小帆：《威宁中水刻符之探讨》，载贵州省博物馆编《黔博耕耘录：贵州省博物馆开馆四十周年暨建馆四十五周年文集》，贵阳：贵州人民出版社，1998年，第126—133页。赵小帆：《贵州威宁中水银子坛民族墓葬相关问题的探讨》，《贵州民族研究》2009年第3期，第167—173页。

[5] 江应梁、史继忠：《夜郎是"百越"族属》，载贵州省社会科学院历史研究所编《夜郎考：讨论文集之三》，贵阳：贵州人民出版社，1983年，第95—112页；侯绍庄：《从赫章古墓群看古越人在南夷地区的分布及其变化》，《贵州文物》1983年第2期，第23—28页。

主"的现象。[1]同时，文化的多样性可能也体现在族群的多元性上。[2]

在考古学研究上，对族属的认定较对考古学文化的认识更为困难和抽象，往往在大杂居、小聚居的文化融合形态下，我们只能判定其主体族属，对与其并存的其他少数民族族属的认定则会略显不足。

（4）对地望考释和地理分布的研究

研究集中在对夜郎的位置、分布范围及郡县设置的探讨，考古学者和历史学者都对此进行了有益探索。然因研究者对文献史料和考古资料的认识差异，结论并不一致，学界至今未就夜郎的位置、分布范围形成定论，现择主要几种认识略述。

宋世坤将夜郎分为广义夜郎的范围和狭义的夜郎国，他认为狭义的夜郎国都在今北盘江流域一带，为审慎一些，将中心地区扩大至黔西南的安龙、贞丰、兴仁、兴义、晴隆、普安和六盘水地区的六枝、盘县一带。[3]李衍垣的观点与宋世坤大体相同，认为夜郎侯邑的中心在贵州西南部南北盘江所夹的那块三角形地带，即今黔西南州辖境。[4]同样是依据文献和考古资料，席克定持不同意见，认为古代夜郎的地域在今云南昭通，贵州威宁、赫章一带，并认为"临牂牁江者"是"夜郎旁小邑"而不是夜郎。[5]孙华将云南曲靖盆地的八塔台、

[1] 李飞：《贵州威宁银子坛墓地分析》，载贵州省文物考古研究所编著《扬帆：贵州青年考古学者论集》，上海：上海古籍出版社，2021年，第220—283页。
[2] 彭长林：《云贵高原的青铜时代》，南宁：广西科学技术出版社，2008年，第251页。
[3] 宋世坤：《关于"夜郎考古"的几个问题》，《贵州省博物馆馆刊（第五辑）》（开馆三十周年纪念专刊），内部发行，1988年，第30—37页；宋世坤：《贵州古夜郎地区青铜文化再论》，载《贵州考古论文集》，贵阳：贵州人民出版社，2000年，第168页。
[4] 李衍垣：《贵州高原的古代文明》，广州：广东人民出版社，1990年。
[5] 席克定：《汉代夜郎方位探索》，载贵州省哲学社会科学研究所编《夜郎考：讨论文集之一》，贵阳：贵州人民出版社，1979年，第144—152页；席克定：《汉代夜郎方位的再探索》，载贵州省社会科学院历史研究所编《夜郎考：讨论文集之二》，贵阳：贵州人民出版社，1981年，第288—294页；席克定：《"夜郎临牂牁江说"质疑——对贵州南北盘江的实地考察》，《贵州文史丛刊》1990年第4期，第79—85页；席克定：《威宁、赫章汉墓为古夜郎墓考》，《考古》1992年第4期，第366—368页；席克定：《从考古材料探寻夜郎》，《贵州文史丛刊》1993年第3期，第1—7页；席克定：《"南夷夜郎"两县考》，《贵州文史丛刊》2008年第2期，第20—24页；席克定：《"夜郎考古"与夜郎——"考古学文化"在"夜郎考古"中的作用与意义》，载《贵州民族考古论丛》，贵阳：贵州民族出版社，2009年，第53—69页。

横大路等地土著遗存与文献比对，提出其为夜郎所遗留，夜郎国的中心在曲靖盆地。[1]张合荣也认为曲靖盆地最可能为夜郎的中心。[2]彭长林认为威宁、赫章墓地代表两种不同类型青铜文化，不在古夜郎的主要活动区域内，普安铜鼓山遗址则与史籍中的夜郎更吻合。[3]

历史学者多以史料记载对夜郎方位及地望进行考证，通过考评史书中有关夜郎的记载，提出了多种说法，常见的有：王燕玉认为古夜郎与古牂牁一脉相承，古夜郎国在春秋战国之交取代古牂牁国，占领原牂牁国北部为夜郎国首邑，并占领周边如鳖、同并、漏卧、毋敛等小国成战国时期的大夜郎国，原牂牁国残部作为小邑接受夜郎统领，改称且兰。[4]侯绍庄考证今北盘江和红水河蔗香至八蜡段即古代的牂牁江，据文献载夜郎在牂牁江附近，即今晴隆、普安、盘县、兴仁一带应该就是夜郎的中心所在。[5]颜建华考证今贵州地域在汉代绝大部分属牂牁郡辖境，牂牁郡所领且兰在黔中的安顺、清镇和平坝一带。[6]

除探讨夜郎中心分布区外，也有部分学者关注汉代的郡县设置。张元通过对赫章可乐粮管所遗址所出的"建始""建""四年"和"当"铭瓦当的分析，认为赫章可能为犍为郡属县之汉阳县的县治所在地，[7]此观点还见于可乐墓地的

[1] 孙华：《西南考古的现状与问题——代〈南方文物〉"西南考古"专栏主持辞》，《南方文物》2006年第3期，第76—85页；孙华：《滇东黔西青铜文化初论——以云南昭通及贵州毕节地区的考古材料为中心》，《四川文物》2007年第5期，第12—25页。

[2] 张合荣：《夜郎地理位置解析——以滇东黔西战国秦汉时期考古遗存为主》，载四川大学博物馆、四川大学考古学系、成都文物考古研究所编《南方民族考古（第七辑）》，北京：科学出版社，2011年，第225—254页。

[3] 彭长林：《关于"夜郎文化"的思考》，《贵州文史丛刊》2006年第4期，第28—31页。

[4] 王燕玉：《论古夜郎与古牂牁》，载贵州省社会科学院历史研究所编《夜郎考：讨论文集之二》，贵阳：贵州人民出版社，1981年，第304—314页。

[5] 侯绍庄：《夜郎方位考略》，载贵州省哲学社会科学研究所编《夜郎考：讨论文集之一》，贵阳：贵州人民出版社，1979年，第107—131页。

[6] 颜建华：《论汉王朝在贵州的行政建置》，《贵州民族研究》2012年第1期，第140—144页。

[7] 张元：《贵州赫章可乐出土的西汉纪年铭文瓦当》，《文物》2008年第8期，第63—65页。

发掘者。[1]也有学者对此提出质疑，认为"建始"瓦当已显现东汉风格，不排除其年代在建始年间的可能。[2]张合荣通过对贵州汉墓出土灯具的观察，提出赫章应为汉弃西夷后"独置南夷夜郎两县一都尉"的"都尉"治所在地，牂牁郡大致包括今贵州中西部、云南东部和广西西北部部分地区。[3]席克定对"罢西夷，独置南夷夜郎两县一都尉"进行考证，提出南夷夜郎不是县名，而是在南夷夜郎地域中设置两个县，分别为汉阳县和朱提县，汉阳县即今威宁、赫章县，朱提县为今云南昭通地区。[4]

（5）对宗教和交通的研究

张合荣通过梳理贵州汉代遗存分布，提出在汉代南夷地区和巴蜀地区的通道除文献记载的僰道（宜宾）至今云南昭通、曲靖一带的南夷道之外，还应有一条由巴郡中心经符关，沿赤水河南下进牂为郡鳖县，再南下渡乌江入黔中腹地，进而至黔西南贞丰、兴仁和兴义地区的交通路线，此线路对贵州汉代政治经济和文化的影响力远超南夷道。[5]关于南夷道，侯绍庄从文献记载和考古资料推测其具体线路为：自今宜宾沿南广河谷，经高县、筠连，走云南镇雄，入贵州赫章、威宁，而达于六枝、普安。[6]南夷道作为民间商道与五尺道并存，承载了夜郎与周边族群的文化交流。

对宗教的研究，主要涉及佛教和道教。罗二虎观察清镇11号墓出土铜人像，确认其为贵州地区目前发现年代最早的佛像，并提出至迟在东汉末期前

[1] 贵州省博物馆考古组、贵州省赫章县文化馆：《赫章可乐发掘报告》，《考古学报》1986年第2期，第199—251、275—282页；贵州省文物考古研究所：《赫章可乐二〇〇〇年发掘报告》，北京：文物出版社，2008年，第405页。
[2] 张齐、夏保国：《再论贵州赫章可乐汉代遗址出土"建始"铭瓦当的纪年问题》，《黑龙江社会科学》2017年第3期，第151—155页。
[3] 张合荣：《贵州出土汉代灯具与郡县地理考察》，《中国国家博物馆馆刊》2011年第5期，第19—30页。
[4] 席克定：《"南夷夜郎"两县考》，《贵州文史丛刊》2008年第2期，第20—24页。
[5] 张合荣：《从考古资料论贵州汉代的交通与文化》，《贵州民族研究》1996年第1期，第145—154页。
[6] 侯绍庄、钟莉：《夜郎研究述评》，贵阳：贵州人民出版社，2003年，第47页。

后，佛教已经以某种变相的形式从四川地区传入贵州，传入载体为当时盛行于西南地区的钱树，其传入与升仙思想有密切关系。[1]张莎莎则通过研究贵州汉墓内出土的钱树、羽人、四灵题材的器物，提出受巴蜀文化的影响，道教在汉代贵州出现过并对贵州的发展产生了一定影响。[2]

（6）对族群关系和文化交流的研究

汉时在今云南、贵州、重庆、四川西南和广西西北部的广大地区生活着夜郎、漏卧、滇、邛都、巴蜀、句町、百越和汉等族群，他们在发展过程中有着密切联系。因此，部分学者借助考古材料以探讨他们之间的关系。

宋世坤提出夜郎和巴蜀地域邻近，在政治、经济和文化方面交往密切，特别是汉武帝对西南夷的开发使得他们之间的联系加强，先进政治和经济制度的传入加速了夜郎奴隶制的瓦解。[3]1989年，宋世坤又结合文献分析了贵州古夜郎地区青铜文化与中原汉文化的关系，提出它们的交往以西汉中期为界分两阶段：西汉前期仅局限于简单的器物交流，至西汉后期两种文化的交流依靠进入夜郎地区的豪绅官吏等完成，不仅有器物交流，而且生产技术和制作工艺也出现了往来交融，于是西汉后期汉文化因素占据了主导地位，并出现有两种文化因素的新器物。[4]

夜郎与句町的关系，蒋廷瑜结合文献考证认为夜郎侯邑中心在贵州西南部、南北盘江所夹的三角地带，句町大致在云南广南、富宁和广西西林、隆林、田林、百色及那坡、德保部分地区，夜郎与句町大体以南盘江为界，犬牙相错。通过比较分析可乐套头葬和西林铜鼓葬的葬俗及出土器物中铜鼓、羊角钮铜钟、一字格铜剑和各式铜钺的相似性，其提出二者疆界相邻，文化交融，

[1] 罗二虎：《略论贵州清镇汉墓出土的早期佛像》，《四川文物》2001年第2期，第49—52页。
[2] 张莎莎：《论汉代贵州的道教文化》，《安顺学院学报》2012年第6期，第104—107页。
[3] 宋世坤：《试论夜郎与巴蜀的关系》，《贵州文史丛刊》1982年第1期，第31—39页。
[4] 宋世坤：《试论夜郎与汉文化的关系》，载中国考古学会编《中国考古学会第七次年会论文集（1989）》，北京：文物出版社，1992年，第255—260页。

最终在公元前1世纪融入汉王朝的大一统。[1]李飞从考古材料看贵州战国秦汉时期的文化格局，认为贵州在战国秦汉时期的文化经历了土著—汉化—土著的过程，具体表现在：战国中晚期至西汉中期，以夜郎及其旁小邑为代表的土著文化占据主流；之后随着汉武帝开发西南夷，至东汉晚期汉文化逐渐取代土著文化并占据主体地位；魏晋时期因战乱，汉文化式微，土著文化回流。故战国秦汉时期，贵州的夷汉文化形成了由多元向单一复向多元的文化格局。[2]

当然，文化交流并不仅仅是单向的，还是双向或多向的。一种文化在不断吸收周邻地区文化的同时，因人口迁徙等因素，也在向外传播并影响其他文化。杨勇认为，由于汉武帝经略和开发西南夷地区，使得部分可乐文化人群面临危机和压力，从而南迁中南半岛。因此，在柬埔寨波赫墓地发现的套头葬和覆面葬及越南北部出土的镂空牌形首剑等可乐文化因素，可能与南迁的夜郎部族有关。[3]

（7）对出土器物的研究

主要为对青铜器、铁器和陶器的研究，其中以对青铜器的研究涉及更广，现分述如下。

青铜器研究包括综述性研究和对兵器、饰品、鼓、镜、印、灯具及青铜冶铸技术等方面的研究。综述性研究并不局限于某类青铜器的专门化研究，而是基于对某区域或某种青铜文化的整体考察进行多类青铜器概述。

宋世坤通过论述"贵州古夜郎地区青铜文化"中的生产工具、兵器、生活用具、乐器和饰品，认为青铜器在该时期已广泛应用于生活的各方面，虽受到滇文化和巴蜀文化的影响，但有相当一部分器具仍有浓厚的地方文化特征，且

---

[1] 蒋廷瑜：《夜郎句町比较研究》，载广西博物馆编《广西博物馆文集（第4辑）》，南宁：广西人民出版社，2007年，第111—116页。

[2] 李飞：《夷汉之间——从考古材料看贵州战国秦汉时代的文化格局》，《贵州民族研究》2009年第6期，第64—71页。

[3] 杨勇：《可乐文化因素在中南半岛的发现及初步认识》，《考古》2013年第9期，第76—86页。

青铜冶铸业已产生并出现明显分工，已具备构成一种文化的基本条件。[1]李飞对贵州安龙新安一处铜器窖藏所出釜、洗、盆、钲和羊角钮钟进行形制分析，梳理贵州西南部历年出土的青铜器并与周邻材料比对后提出：黔西南、桂西北、滇东南地区存在以南北盘江流域为中心的文化圈，代表遗存为普安铜鼓山遗址，年代在战国至西汉时期。[2]程学忠结合文献考证，针对务川大坪出土的蒜头壶、鍪和甬钟等具有中原秦文化因素的器物，提出这些器物在该地的出现可能与战国晚期秦楚争霸黔中郡有关；[3]同时，基于对天柱清水江畔淘金所得青铜器（包括靴形钺、铲形钺、矛、柳叶形剑和箭镞）形态的比较分析，提出在战国至西汉之际黔东南清水江流域出现巴蜀文化、楚文化、古夜郎文化等文化因素，可能与文献记载中的"庄蹻王滇"有关。[4]张合荣对贵州战国秦汉时期青铜器作系统研究，按容器、兵器、乐器、生产工具、模型器和杂器等类别对其进行了型式划分。研究从夜郎系统青铜器的形成及与周邻青铜文化的关系出发，进而探讨了夜郎历史的发展和演变及夷汉之间的文化交融，[5]为迄今通过综合研究贵州出土青铜器探寻贵州战国秦汉时期历史的集大成者。

除以贵州出土青铜器探寻贵州战国秦汉时期历史的研究外，部分学者在研究云贵高原或西南地区的青铜器时亦有涉及贵州青铜器。彭长林对黔西北和黔西南青铜时代文化遗存进行了年代分期并建立年代序列：中水墓地分五期，可乐墓地分四期，铜鼓山遗址分三期，构建起贵州西部地区青铜文化的时空框架和年代序列。[6]杨勇也探讨了贵州西部辅处、可乐、铜鼓山及中水出土的青铜

[1] 宋世坤：《贵州古夜郎地区青铜文化初论》，载中国考古学会编《中国考古学会第二次年会论文集（1980）》，北京：文物出版社，1982年，第176—185页；宋世坤：《贵州古夜郎地区青铜文化再论》，《贵州文物》1997年1月，第33—41页。

[2] 李飞：《贵州安龙新出铜器——兼论贵州西南地区的青铜文化》，《四川文物》2009年第3期，第62—69页。

[3] 程学忠：《务川出土青铜器与贵州先秦遗风》，《贵州文史丛刊》2003年第3期，第64—67页。

[4] 程学忠：《天柱出水青铜器探源》，《贵州文史丛刊》2006年第3期，第96—99页。

[5] 张合荣：《夜郎青铜文明探微——贵州战国秦汉时期青铜器研究》，上海：上海古籍出版社，2018年。

[6] 彭长林：《云贵高原的青铜时代》，南宁：广西科学技术出版社，2008年，第98—120页。

时代土著遗存的埋葬制度、出土器物和年代，并对其文化特征、社会经济形态和文化关系等展开研究。[1]

对青铜兵器（包括剑、戈和铜柄铁剑等）的研究。宋世坤对1977—1985年贵州出土和征集的8件青铜戈和14件青铜剑进行型式划分和断代，并将其与周邻滇文化和巴蜀文化同类器比对，提出这些器物为战国秦汉时期贵州西部分布的一种具有浓厚地方特色的青铜文化遗存。[2]他还结合四川和云南出土的同类器，对赫章可乐1977—1979年出土的12件铜柄铁剑进行型式划分和时代判定，认为其年代在战国晚期至东汉初期；进而探讨汉代西南夷地区使用铁器的时代，其中古夜郎地区至少在西汉前期已使用铁器。

梁太鹤研究了可乐墓地出土的11件巴蜀式柳叶形铜剑的形制及其演进，提出至迟在战国早期柳叶形铜剑通过南夷道从巴蜀地区传到赫章可乐，非常稳定地融入当地文化中，其形制随时间推移在后期发生了演变。[3]李飞对贵州出土青铜兵器的类型、年代及与周邻滇文化和巴蜀文化的关系展开了综述性研究，认为虽受到周邻文化影响，但仍有部分兵器有自身风格特征，具备贵州古夜郎地区青铜文化成立的基本条件，为夜郎青铜兵器的主体。[4]带"∨"形符号的铜钺被认为是具有夜郎土著特征的青铜器，吴晓秋研究了普安铜鼓山遗址和兴义等地带"∨"形符号的铜钺，提出"∨"符号铸于铜钺上，是夜郎民族带有巫色彩的图像符号，其产生与阶级斗争和对外征战有关。[5]何钰婧划分了贵州出土战国秦汉时期青铜剑的型式和年代，并探讨了其与周边滇文化和巴蜀文

[1] 杨勇：《战国秦汉时期云贵高原考古学文化研究》，北京：科学出版社，2011年，第30—55、60—72页。

[2] 宋世坤：《贵州青铜戈、剑的分类与断代》，载中国考古学会编《中国考古学会第四次年会论文集》，北京：文物出版社，1985年，第236—243页。

[3] 梁太鹤：《贵州夜郎地区出土的巴蜀式铜兵器》，《中华文化论坛》2008年增刊第2期，第121—126页。

[4] 李飞：《贵州夜郎时期青铜兵器综述》，载'99夜郎学术研讨会论文集编辑委员会编《夜郎研究》，贵阳：贵州民族出版社，2000年，第73—96页。

[5] 吴晓秋：《初探铸"∨"符号的铜钺》，载'99夜郎学术研讨会论文集编辑委员会编《夜郎研究》，贵阳：贵州民族出版社，2000年，第125—131页。

化的关系，提出贵州青铜剑虽受滇和巴蜀文化影响，但仍发展有具有本地特色的铜剑。[1]

童恩正对我国西南地区青铜剑和青铜戈的研究，涉及清镇18号墓出土的一件青铜剑[2]（原报告定为铜矛[3]）及在赫章威宁调查所得的两件戈。他认为威宁出土的戈带有蜀戈的特点，可能是蜀文化影响下的产物；[4]青铜剑虽出于汉族的墓葬，但这柄剑却是当地少数民族的用品，也许为夜郎文化的孑遗。[5]王海平基于对贵州西部晴隆、赫章、安龙、普安和兴义等地出土兵器、农具及乐器的探讨，提出应将滇文化和夜郎文化的青铜器区分开，一字格曲刃短剑属夜郎遗物。[6]

除青铜兵器外，还有对青铜饰品（主要有铜铃和铜带钩）的研究。张元对贵州秦汉时期铜铃进行了型式划分，并结合相关材料探讨了铜铃的功能，提出其多是佩戴在人、动物身上或物件上的饰品，实用功能为发出清脆悦耳的声响。[7]赵小帆通过划分贵州出土战国至西晋时期铜带钩的型式，结合其在墓中的位置、与共存器物的关系，推测带钩的功能主要包括作为束带、佩器和祥瑞之物或显示身份地位。[8]

作为南方铜鼓主要分布区的贵州，至迟在战国晚期即出现了铜鼓。年代最早的两具分别为1957年在赫章辅处罗戈寨和1978年在赫章可乐祖家老包M153出土的铜鼓。宋世坤和席克定等学者就类型、年代、造型和装饰艺术等方面对其进行了探讨，提出可乐辅处出土的铜鼓系战国晚期前后由滇池地区传入贵

[1] 何钰婧：《贵州战国秦汉时期青铜剑研究》，合肥：安徽大学硕士学位论文，2013年。
[2] 童恩正：《我国西南地区青铜剑的研究》，《考古学报》1977年第2期，第35—55页。
[3] 贵州省博物馆：《贵州清镇平坝汉墓发掘报告》，《考古学报》1959年第1期，第85—103、139—144页。
[4] 童恩正：《我国西南地区青铜戈的研究》，《考古学报》1979年第4期，第441—457页。
[5] 童恩正：《我国西南地区青铜剑的研究》，《考古学报》1977年第2期，第35—55页。
[6] 王海平：《贵州西部地区出土的青铜器》，《考古》1989年第10期，第948—951页。
[7] 张元：《贵州秦汉时期的铜铃》，《贵州文史丛刊》1998年第5期，第54—57页。
[8] 赵小帆：《试论贵州出土的铜带钩》，载重庆中国三峡博物馆、重庆博物馆编《长江文明》第17辑，重庆：重庆出版社，2014年，第11—20页。

州，来源于石寨山铜鼓。[1]

铜镜作为贵州汉墓中的随葬品之一，最早出现于西汉中期前后。刘明琼分析贵州出土铜镜的年代、纹饰和使用民族，提出最早在西汉中期前后贵州就已出现铜镜，西汉晚期之后开始盛行，不仅在汉式墓中有出土，而且在可乐土著民族墓中也有随葬。[2]

兴仁汉墓中的M14和M10分别出土"巴郡守丞"印和"巨王千万"印各1枚。宋先世从这一官一私2枚印章的形制出发，结合文献记载，探讨了汉代贵州与四川政治、经济上的密切联系。[3]杨勇研究贵州兴义、清镇、赫章和威宁等地出土的"巴郡守丞""谢买""郭顺之印""毕赣印""毕宗私印""张光私印"等官私印及"樊千万""赵千万""巨王千万""敬事"印等汉代吉语印和戒语印，提出汉代云贵高原的汉式墓遗存中存在着家族墓地，且贵州西部地区在汉代与周邻地区在文化、习俗及观念上保持着密切联系。[4]

对汉代灯具的研究，刘明琼将贵州出土的11件灯具分为连枝灯、提梁灯、铜龟灯、跪人灯、三足带柄灯和豆形灯，提出使用铜灯的人群应为外来的汉族官吏，而不是地方土著族群。[5]张合荣综合考察贵州汉墓分布与灯具出土地域，分析陶、铜、铁等灯具的类型，提出青铜灯非普通民众日用器，应为郡县一级统治阶层所用，且他们的墓葬与郡县治所相距应不远。[6]

[1] 宋世坤：《贵州铜鼓的分布、类型和断代》，《贵州文史丛刊》1980年第1期，第111—121页；宋世坤：《贵州出土的铜鼓及其断代》，《考古》1983年第11期，第992—996页；葛镇亚、宋世坤：《遵义县刀靶水出土的铜鼓——兼论遵义县铜鼓在贵州铜鼓中的地位》，《贵州民族研究》1983年第1期，第211—215页；席克定：《贵州省博物馆馆藏铜鼓研究》，《贵州文史丛刊》1989年第4期，第36—43页。

[2] 刘明琼：《贵州铜镜研究》，《贵州民族研究》1997年第4期，第114—119页。

[3] 宋先世：《贵州兴仁汉墓出土"巨王千万"与"巴郡守丞"印》，《四川文物》1991年第6期，第29—33页。

[4] 杨勇：《云贵高原出土汉代印章述论》，《考古》2016年第10期，第92—103页。

[5] 刘明琼：《贵州出土的古代灯具》，《贵州文史丛刊》1998年第1期，第75—78页。

[6] 张合荣：《贵州出土汉代灯具与郡县地理考察》，《中国国家博物馆馆刊》2011年第5期，第19—30页。

虎钮錞于被认为是巴文化的器物。贵州省博物馆于1962年在松桃征集到錞于5件、钲和甬钟各1件。李衍垣对这7件器物进行了介绍，提出錞于的年代可分战国和西汉中期之后两组，并提出松桃为古代"五溪蛮"聚居地，其出土的錞于与川鄂一带崇拜白虎的巴族"廪君"种有关。[1]刘恩元提出松桃出土的铜钲可能为巴人祭祀窖藏下来的遗物，錞于的出土则表明巴人的活动范围已达贵州东北部一带。[2]

三、结语

本文将贵州战国秦汉时期的考古遗存以时间为序，大致梳理其发现与发掘资料，以对贵州自1954年至今70余年的战国秦汉时期考古工作及发掘成果有大致了解。在此基础上，结合学界现有研究成果，从关于夜郎的综合论述和墓葬研究两大方面进行成果梳理，其中墓葬研究部分进一步细分为重要土著墓地或墓葬研究、可乐套头葬研究、青铜文化族属研究、地望考释和地理分布研究、宗教和交通研究、族群关系和文化交流研究及出土器物研究等七个方面进行详述。通过以上对贵州战国秦汉时期考古资料和研究成果的梳理，可大致了解贵州战国秦汉时期考古遗存的分布和特征，及基于此的考古学文化研究方面的成果。本文具有索引作用，有助于厘清贵州该时段的文化面貌。

---

[1]　贵州省博物馆考古组：《贵州省松桃出土的虎钮錞于》，《文物》1984年第8期，第67—68页。
[2]　刘恩元：《贵州松桃出土錞于与巴文化的关系》，《贵州民族研究》1982年第2期，第167—169页。

平坝棺材洞出土鹭鸟纹彩色蜡染裙年代刍议

王吉才

（贵州民族大学）

　　摘　要　鹭鸟纹彩色蜡染裙在1987年出土于平坝棺材洞，裙腰为麻质，裙身为棉土布，发掘者判断它制作于宋代。本文通过对平坝棺材洞葬具进行类型学分析，并以该裙棉麻结合的材质特征为切入点，结合明代贵州设立平坝卫后"夷"汉交汇地带的历史背景，指出：屯民与土著因自身生存需求在生产技术、贸易活动中频繁互动，苗人习得棉花种植与纺织技术，由此制作出了鹭鸟纹彩色蜡染裙。再从贵州棉花种植历史、纺织工艺的产生与发展等方面加以验证，初步判断该裙制作于明代。

　　关键词　平坝棺材洞；鹭鸟纹彩色蜡染裙；棉花种植；明代

　　鹭鸟纹彩色蜡染裙的生产技术为蜡染工艺，贵州蜡染作为一门极具独特民族魅力的传统手工技艺，是物质生产与艺术审美相结合的产物。蜡染工艺起源于秦汉时期，宋代以后便在西北、中原失传了；然由于西南地域的封闭性，仍在少数民族地区世世代代薪火相传，形成了独特的艺术风格，至今散发着历史沉淀下的魅力。[1]裙身有鹭鸟等纹饰图案，发掘者认为该裙的主要图案是模取了早期铜鼓上的鹭鸟纹。

　　鹭鸟纹主要出现于冷水冲型和灵山型铜鼓。铜鼓是我国南方古代少数民

---

[1]　李欣：《贵州蜡染发展源流及文化内涵》，广东教育学会教育现代化专业委员会2020年第一次学术研讨会（会议论文），2020年。

图一　鹭鸟纹彩色蜡染裙

族的神圣器物。古代骆越族是使用铜鼓的民族，因而他们自然要把自己的图腾——鹭鸟的形象装饰于铜鼓之上，认为这样图腾神就会附入铜鼓之中，使铜鼓也具有图腾的神力，这就是铜鼓上饰鹭鸟纹的最初含义。[1]冷水冲型铜鼓的年代多为东汉至南朝。[2]灵山型铜鼓的流行年代为东汉至唐代。由此可以看出鹭鸟纹出现的年代早，时间跨度长。

平坝棺材洞的发掘者对两具棺木进行了碳十四测定，其年代分别为：516船棺距今1110±80年（唐肃宗至德年间至五代前蜀王建时期），509船棺距今

[1]　玉永琏：《古代铜鼓鸟纹研究》，《民族艺术》1997年增刊"铜鼓和青铜文化的再探索——中国南方及东南亚地区古代铜鼓和青铜文化第三次国际学术讨论会论文集"，第179页。

[2]　邱明：《论冷水冲型早期铜鼓》，《经济与社会发展》2003年第5期，第146—151页。

985±72年（晚唐昭宗李晔景福年间至北宋仁宗赵祯景祐年间）。[1]因此结合贵州蜡染生产工艺的发展和铜鼓鹭鸟纹饰出现的年代来看，鹭鸟纹彩色蜡染裙的年代定为宋代似乎合理。但是从平坝棺材洞的棺木类型学、贵州棉花的种植及棉花纺织工艺的发展情况来看，平坝棺材洞415棺出土的鹭鸟纹彩色蜡染裙的年代为宋代是十分存疑的。下文将对其制作年代作进一步分析和研究。

一、平坝棺材洞葬具类型学分析

根据平坝棺材洞的发掘报告来看，鹭鸟纹彩色蜡染裙出土于棺材洞415号棺。此次总共发掘5棺，分别为棺393、415、423、474、508。发掘者认为棺415、423、508为宋代，棺393、474为明代，因此棺415出土的鹭鸟纹彩色蜡染裙年代为宋代。并且发掘者对平坝棺材洞的葬具进行了类型学分析，发现其演变规律为船棺→圆木棺→方棺→普棺。[2]

表一　平坝棺材洞棺木发掘情况

棺木编号	棺木造型	棺木年代（源自发掘报告）	随葬品（件）	葬式	性别
393	方棺	明代	12	仰身直肢	老年男性
415	方棺	宋代	10	仰身直肢	成年女性
423	方棺	宋代	16	仰身直肢	成年女性
474	普棺	明代	12	仰身直肢	成年女性
508	圆木棺	宋代	3	不清	儿童

---

[1]　熊水富：《平坝"棺材洞"清理简报》，载贵州省博物馆考古研究所编《贵州田野考古四十年（1953—1993）》，贵阳：贵州民族出版社，1993年，第404页。

[2]　熊水富：《平坝"棺材洞"清理简报》，载贵州省博物馆考古研究所编《贵州田野考古四十年（1953—1993）》，贵阳：贵州民族出版社，1993年，第404页。

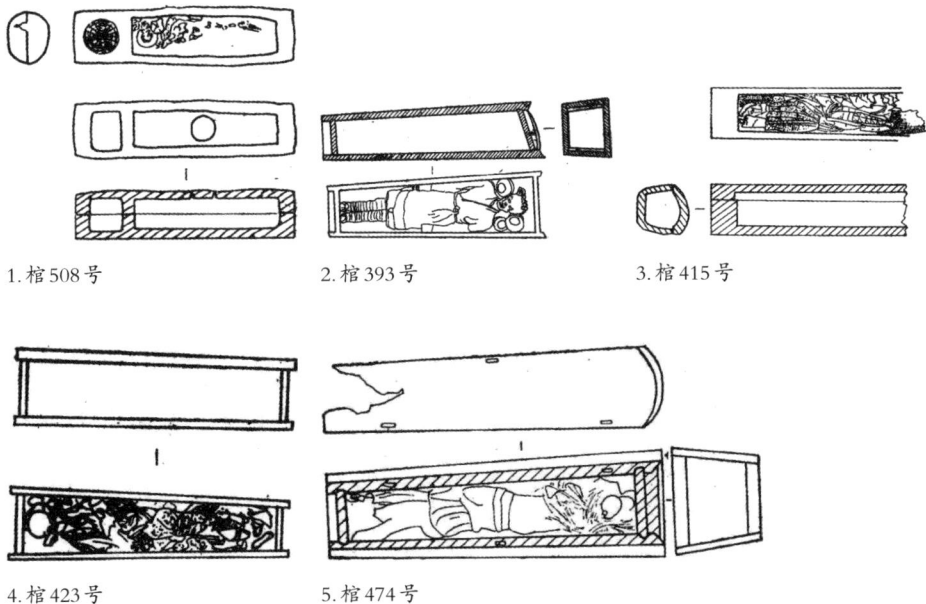

1. 棺508号　　　　　2. 棺393号　　　　　3. 棺415号

4. 棺423号　　　　　5. 棺474号

图二　平坝棺材洞部分木棺平剖面图[1]

　　棺393造型为方棺，长194厘米，宽46—60厘米，高50厘米，死者为老年男性，仰身直肢葬，随葬品12件。棺415造型为方棺，长180厘米。死者为成年女性，葬式为仰身直肢葬，且尸体下垫有人字形竹席，随葬品10件。发掘者对509、516两具船棺进行碳十四测定，测得其年代为唐宋时期；而棺木形制的发展变化中又经历了船棺、圆棺、方棺与普棺，船棺与方棺之间的变化还经历了圆棺的形态。棺木作为葬具并非日常生活用品，其形态的变化应该是较为缓慢的，所以方棺的年代更可能为宋代之后的元明时期。[2]

　　在发掘报告中，棺393、棺415、棺423葬具造型都为方棺，棺393的年代

[1][2]　熊水富：《平坝"棺材洞"清理简报》，载贵州省博物馆考古研究所编《贵州田野考古四十年（1953—1993）》，贵阳：贵州民族出版社，1993年，第401—403页。

被定为明代，但是棺415的年代却判定为宋代，这里存在一定矛盾。从葬具类型来看，棺415造型与棺393相同，都为方棺，棺415的年代也应为明代。因此棺415中的随葬品鹭鸟纹彩色蜡染裙的年代更可能为明代。

二、鹭鸟纹彩色蜡染裙在过程主义考古学视野下的年代分析

平坝棺材洞位于贵州省安顺市平坝区城北21公里处的桃花村（图三），离三岔河（又名思腊河）约7公里。从明代贵州地图来看，平坝桃花村棺材洞与平坝卫相距不远。探究平坝棺材洞出土鹭鸟纹彩色蜡染裙的相对年代，应重点

图三　平坝棺材洞所在位置示意图

分析其制作年代的自然与社会环境。过程主义考古学者宾福德的"系统方法"认为，考古学文化是为适应自然和社会环境变迁的多个"亚系统"的总和。他的理论更加注重人与环境的互动，认为正是在这种互动中才形成了考古学文化。而制作鹭鸟纹彩色蜡染裙所需的棉花种植与纺织技术，也是当地苗人在与自然环境和社会环境变迁的互动中所产生的文化产物，故这种棉花种植与纺织技术也可以作为一种"考古学文化"来看待。

鹭鸟纹彩色蜡染裙的材质由棉麻组合而成，制作工艺除纺织技术外还有蜡染技术。从其蜡染的技术工艺来看，制作这条彩色蜡染裙的人是当地居民，即居住在此的苗人。但最开始当地居民并不种植棉花，也不会棉花纺织技术。因此，当地居民棉花种植技术及棉花纺织工艺的习得时间是值得关注的，需从自然环境和社会环境变迁两个维度来看。

自然环境方面，贵州安顺平坝地区从宋代至明代变化不大，自然环境的变迁对平坝地区桃花村棉花种植和纺织技术的出现影响较小。贵州安顺平坝地区属亚热带湿润型季风气候，最高海拔1645.6米，最低海拔963米，年均气温13.3℃，冬无严寒，夏无酷暑，四季分明，降雨充沛。[1]并且棉花属于喜温作物，具有喜温怕寒的特性，在整个全生育期内的适宜温度范围在25~30℃。[2]棉花喜爱阳光，阳光越多其产量越大、品质越高；棉花还具有耐旱的特质，但不耐涝，所以对水分的需求量较低。从气候条件来看，安顺平坝区并不适宜棉花生长，特别其平均气温只有13.3℃，并不在棉花生长的适宜温度区间。由此可知，棉花在当地种植的收益是极低的，即使种植规模也不会太大。棉花在当地自行生长繁殖并被人工栽培的可能性极低，棉花的种子由其他地区流入的可能性较高。

在社会环境方面，明朝时期开始推广卫所制度。在安顺平坝棺材洞附近就

---

[1]　平坝区人民政府：《平坝简介》，https://www.pingba.gov.cn/qzpb/pbgk/pbjj/。

[2]　王雨思：《阿拉尔垦区棉花种植气候条件分析及优质高产措施探析》，《农业灾害研究》2022年第10期，第72—74页。

设立有平坝卫。卫所人员是外来的军户屯民，他们从外地迁移至此，除了参与军事活动外，还开垦土地，种植粮食，兼具兵农属性。在战争需要时，他们是作战的士兵，而非军事活动时期则需要屯田为农。明代卫所制度以5600人为一卫，洪武十五年（1382），贵州因卫所设置所带来的移民就有12万人之多。[1]而平坝卫正是贵州明代22处卫所中的一处，其人口至少为5600人，且卫所允许家属随军，那么一卫的人口数量将是十分庞大的。在每名士兵都携带家属的情况下，一户假设为4人，一处卫所的人口约为16800人，由此可知平坝卫的人口在5600~16800人之间。大量汉人的迁入使当地粮食、服装的需求大增，而汉人不会种植葛根且习惯穿着棉质衣服，在当地种植棉花、纺织棉花并制作成衣穿着实乃必然。

由于卫所制度的建立和推广，明朝时期平坝桃花村外来人口增多，人口流动频繁，也由此产生了移民与当地居民的交流互动，在这种互动过程中移民给当地苗人带来了棉花种子和棉花种植技术。为了加强对少数民族区域的统治和管理，明朝政府通过扩张"熟苗"聚居区、缩减"生苗"聚居区的方式，对"生苗"进行管控。[2]平坝桃花村位于平坝卫附近，平坝卫人口的增长导致粮食等生活需求激增，加之政府对边疆地区管理的需要，平坝桃花村必然会随之扩张。在这种扩张所带来的交流互动中，本地苗人也实现了"生苗"到"熟苗"的转变。成为"熟苗"后，桃花村苗人的生产生活方式自然也受到平坝卫所居民的影响。在长期的互动过程中，桃花村本地苗人学会了棉花种植和纺织技术，并结合本民族的蜡染工艺，纺织制作出了鹭鸟纹彩色蜡染裙。

《瓦寨开场契约》中也记载了明崇祯四年（1631）在"夷"汉交汇地带，"熟苗"在地方官府的支持下，与周边"生苗"自发商议规则，设置场市售卖

[1] 钟会：《浅析明代贵州卫所制度及其移民影响》，《炎黄地理》2022年第10期，第13—15页。
[2] 李哲、吴佳德：《湘西"生苗"与"熟苗"传统民居构架对比研究》，《室内设计与装修》2021年第5期，第118—119页。

米、猪、牛等商品，方便经济往来。[1]在明代贵州其他地区，尤其是卫所和驿道附近，也多设有场集。《黔记》则对卫所周边集市进行了更细致的记载："即城市所贸易者，有米谷、菜果、绵（棉）花、油布之类，盖仅仅也。"[2]由此可见，明代平坝卫"夷"汉相交地带也可能设有市集，卫所内的军民与周边苗人通过贸易互通有无，在此情形下，完成了棉花种植纺织技术的传播交流。

《贵州通志》中详细记述了明代巡抚刘大直通过卫所内的机匠教授周边居民棉花种植和纺织技术的情况。"独桑绵织纴之业，未行督训。访得贵州织布地方，府惟都匀、思南、程番，卫惟普定而已。其树艺桑麻化治丝枲之习，概未之闻。……又经案行布政司转行守巡等道，督责各府卫所州县掌印等官，悉行开谕军民人等，俱要多方植桑养蚕、种花纺绵，仍顾募织绢、织布机匠，以一教十，以十教百，尽习织纴之业，自享衣被之休。……通晓之日，机匠、保约长通行犒赏，机匠即发回卫，仍原行多方植桑养蚕，次第举行，务期成效，均体教训军民，以图富庶之意。"[3]该处记载印证了桃花村居民极可能是通过平坝卫内的机匠逐步学会了棉花种植和纺织技术。

蜡染工艺中常见的一些图案，如蝙蝠、石榴、鸟纹、云雷纹、寿字纹、"卐"字纹等，是汉文化中传统的图案纹样。而这件鹭鸟纹彩色蜡染裙中的鹭鸟纹丰富了蜡染鸟纹的样式，该元素的出现既从侧面展现了汉族移民与本地居民在文化上的交流互动，也表明少数民族传统文化是中华民族文化的重要组成部分。鹭鸟纹彩色蜡染裙的出现，正是中华民族交往交流交融的结果。

---

[1] 叶成勇：《贵州沿河县万历时期〈军门禁约〉碑文考论——兼论贵州明代中晚期"夷"汉关系》，《民族研究》2014年第5期，第92—99页。
[2] （明）郭子章著，赵平略点校：《黔记（上）》，成都：西南交通大学出版社，2016年，第349页。
[3] （明）谢东山删正，（明）张道编集，张祥光、林建曾、王尧礼点校：[嘉靖]《贵州通志（第二册）》，贵阳：贵州人民出版社，2019年，第599—600页。

三、贵州棉花种植史与鹭鸟纹彩色蜡染裙年代分析

贵州省从明清时期开始大力推广棉花种植，推行的主要原因是本土的野生纤维已经无法满足大量外地移民的需求。俞智法基于历史文献，梳理了贵州棉业的历史，指出明代以来，棉花传入贵州，贵州开始片区种植棉花。从气候、土壤、光照等自然条件来看，贵州温暖湿润，并不适宜棉花的规模种植。[1]

在明朝时期，贵州棉花种植范围有限，广大山区更是没有种植，各族人民的衣料材质仍然是野生纤维。驻军和家属都有自己的土地，植葛并未受到过多影响，棉花种植也只是开始推行。到清代，大量汉族移民涌入贵州后，棉花、棉布的需求量大大增加，棉花种植才达到了一定的规模。贵州同期人口的增长速度大大超过全国人口的增长速度，移民的增加是一个极为重要的因素。这样大规模的移民，使贵州出现了"谋衣艰于谋食"之困境，政府开始鼓励棉花种植。[2]

从以上论述可以看出，贵州的棉花种植应是从明代开始，并且种植区域有限，山区更是未曾种植；而到了清代，人口的大量增长，特别是外地汉族人口大量来到贵州生活，对贵州本地居民的生产生活产生了巨大影响，这种影响在服装材质的选用上格外突出。由于汉人不会种植葛类植物，更不熟悉葛类植物纤维的纺织技术，短时间内难以适应穿着葛类纤维制作成的衣物，因此更加青睐棉布制品。在这种情况下，汉族居民在清代贵州地区才开始大量种植棉花。受到汉族人民的影响，贵州土著居民也随之开始大量种植棉花。甚至贵州清代的历史典籍中，还记载了当地百姓将种植棉花较多的山区称为"花山"。民国年间，火烘、磨岭一带种植棉花较多，有"花山"之称。[3]安顺市紫云苗族布

---

[1] 俞智法：《贵州棉业历史文献及研究综述》，《怀化学院学报》2016年第8期，第102—105页。
[2] 马国君、吴合显、代少强：《论贵州植葛产业兴衰的历史经验与教训——兼及〈相际经营原理〉民族文化整体观的价值》，《原生态民族文化学刊》2016年第1期，第9—18页。
[3] 紫云苗族布依族自治县县志编纂委员会编：《紫云苗族布依族自治县志》，贵阳：贵州人民出版社，1991年，第317页。

依族自治县的这些区域至今还在使用"花山"这一称谓。笔者到火烘当地调研期间，当地老者还能指出"花山"的具体位置，只是现在该地早已不再种植棉花，而是改种葡萄等经济作物。

平坝棺材洞位于平坝区西北21公里的齐伯镇桃花新寨附近，地处偏远山沟，是刘姓苗家的家族墓葬。[1]桃花新寨位置较为偏僻，居住的村民也是刘姓苗家，他们世代定居于此，在自然死亡后也都葬于棺材洞，居住相对稳定，与外地居民的交流互动可能较少，所以此地的棉花种植应当是比较晚的，起码在明朝时期该地区种植棉花的人应是寥寥无几。而平坝棺材洞出土的鹭鸟纹彩色蜡染裙的裙身为棉布，裙腰为麻质，裙子采用棉和麻结合的方式制作，从侧面体现出棉花在当地应当是比较稀少的，当地人对棉花也应比较珍视。贵州省台江县岩板村的苗族居民至今还保留着棉花祭祀的习俗——节日当天，苗族居民把棉花挂在树上并祭拜祈福。这种风俗表达了苗人在得到棉花种子后的感恩之情，其对棉花的珍视程度可见一斑。

四、贵州棉花纺织工艺与鹭鸟纹彩色蜡染裙年代分析

《黔记》中记载了一些明代贵州少数民族的纺织水平和纺织情况。"刘大直，华阳人。嘉靖乙未进士。三十二年以佥都巡抚。光明俊伟，有大节，具文武才，极力整顿百务……土人不知纺织，为颁式制具，延工师教之。"[2]这里明确指出了"土人不知纺织"。关于土人的定义有很多，《百苗图》中对土人的描述为"土人各处有之，在贵阳广顺二处"，[3]这里的土人主要是指散居在贵阳各处的土家族，而平坝棺材洞的刘姓苗家明显不属于《百苗图》中的土人。李

[1]　段禄高：《平坝棺材洞——举世罕见的苗族葬俗博物馆》，《西南民兵》1999年第6期，第39页。

[2]　（明）郭子章著，赵平略点校：《黔记（下）》，成都：西南交通大学出版社，2016年，第827页。

[3]　杨庭硕、潘盛之编著：《百苗图抄本汇编（上）》，贵阳：贵州人民出版社，2004年，第191页。

建胜对"土人"进行了考释，认为"土人"主要是指土著、当地人。[1] 所以刘大直所说的"土人不知纺织"主要是说在他到任时，贵州的土著居民还不会纺织。

从中我们可以看到刘大直在贵州任巡抚期间，贵州少数民族还不会纺织，他请来纺织工匠教授少数民族纺织技艺，在他的引导下，少数民族开始制作纺织品。从明代开始，贵州大力推广棉花种植和纺织工艺，在这种背景下，刘姓苗家纺织出了棉麻结合的鹭鸟纹彩色蜡染裙。

五、结语

平坝棺材洞棺415出土的鹭鸟纹彩色蜡染裙此前的年代判定，主要是由于发掘者将葬具棺415判定为宋代，基于这种情况将该蜡染裙的年代同样断定为同一时期。但是从平坝棺材洞的葬具棺木类型学分析来看，棺415的年代应为明代。鹭鸟纹彩色蜡染裙的图案纹饰具有十分明显的当地文化特色，该裙不是通过贸易从外地流入当地的产品，更可能是平坝桃花村居民自行纺织棉布和麻布，再进行蜡染加工制作而成的。在平坝桃花村的自然地理环境和所处位置较为偏远的客观条件下，结合贵州棉花种植的历史，可以推断贵州各民族的棉花纺织工艺皆是从明代起逐渐出现和发展的。明代平坝卫建立后，屯民带来了棉花种子和棉纺织技术，平坝桃花村本地居民与平坝卫屯民在长期的交流互动中，逐步掌握了棉花种植与纺织技术。综上可知，平坝棺材洞所在的桃花村，当地人种植棉花最早的年代为明代，平坝棺材洞出土的鹭鸟纹彩色蜡染裙的制作年代为明代更加合理可靠。

---

[1] 李建胜：《"土人"考——兼论土族族源问题》，《攀登》2017年第3期，第1—8页。

由大明通行宝钞钞版浅论明代纸币制度

钱星颖

（贵州省博物馆）

摘　要　贵州省博物馆藏大明通行宝钞壹贯钞版，见证了明代的纸币制度。大明通行宝钞作为明代唯一的官方纸币，在发行初期曾对国家统一和军事建设起到积极作用。然而，或因其违背社会经济发展规律，最终失去政府信用和民众信心而崩盘。

关键词　大明宝钞；纸币；经济

中国是世界上最早使用货币的国家之一，货币文化源远流长。中国古代货币的主要形态为铜钱，铜钱的流通贯穿着中国古代皇帝专制历史的始终。随着北宋商品经济高度发展，中国古代货币形态发生了显著变革——世界上最早的纸币"交子"在四川成都诞生。金元明清也都曾推行纸币。清代咸丰年间，发行户部官票（以银两为单位）和大清宝钞（以铜钱为单位），合称"钞票"，这便是今天"钞票"一词的来源。

一、贵州省博物馆藏大明通行宝钞壹贯钞版

历朝历代的纸币虽然不断变化和发展，但是基本离不开"钞版"，即印钞的模版。贵州省博物馆藏有一件大明通行宝钞壹贯钞版，青铜模铸，长320毫米、宽210毫米、厚10毫米，重6660克，保存完好（图一至图三）。

钞版分正面和背面。背面有四个扁足，分别高37毫米、宽31毫米、厚

图一（上）贵州省博物馆藏大明通行宝钞壹贯钞版
图二（左）贵州省博物馆藏大明通行宝钞壹贯钞版（正面）
图三（右）贵州省博物馆藏大明通行宝钞壹贯钞版（背面）

130毫米。背面正中央铸有竖排楷书编码"泉字 叁拾号",这里的"泉"即"钱"。上古时期,泉、钱同义。唐朝贾公彦认为"泉与钱,今古异名"。那么,为何"泉"会成为"钱"的雅称?一方面,"泉"和"钱"的古音发音相近,而且"泉"和"钱"的流动性特点相似;另一方面,在古人的五行理论体系中,水泉主财,希望金"钱"如"泉"水般源源而来。

钞版正面有内外两个长方形边框,外框320毫米×210毫米,内框216毫米×137毫米。内外框之间布满精美雕刻装饰。四边各刻一条四爪蛟龙,与四角缠枝番莲相互衬托,浑然一体。正面顶端横额处,居中铸有六字楷书"大明通行宝钞",阳文反刻。内框等份分上下两段。上段楷书"壹贯",是大明通行宝钞中最大的钞票面额。下方铸有10串铜钱,第一排2串,第二排4串,第三排4串。每串10个铜钱,每个价值10文。所以,一贯=10串×每串10个×每个10文=1000文。据《明会典》记载:"每钞一贯,准钱千文,银一两;四贯准黄金一两。"也就是说,一贯等于一千文,即等于一两白银,四贯或四两白银兑换一两黄金。"壹贯"二字和10串铜钱纹饰的两侧是竖排九叠篆文:"大明宝钞""天下通行"。

内框下段铸有行钞令文,楷书7行,共42字:"户部奏准印造大明宝钞与铜钱通行使用,伪造者斩,告捕者赏银贰佰伍拾两,仍给犯人财产。洪武 年 月 日。"行钞令文详细说明了大明宝钞的印造目的、使用规定及违法行为的惩罚措施。"户部奏准印造大明宝钞与铜钱通行使用"指出户部奏请印造大明宝钞,与铜钱并行流通。"伪造者斩,告捕者赏银贰佰伍拾两,仍给犯人财产"明确伪造宝钞的处罚措施,即:伪造者处斩,告发者不仅获得赏银二百五十两,还可以分得犯人被没收的财产。"洪武 年 月 日"是宝钞的印发信息。

二、明代的纸币制度

明太祖朱元璋在建立明朝之初，为了恢复经济发展，于洪武元年（1368）颁布洪武通宝钱制，并在地方各省设立宝泉局进行铸造。然而，钱制推行并不顺利。洪武七年（1374），朱元璋借鉴元代纸币制度，成立宝钞提举司，负责统筹印行大明通行宝钞。

在明朝近三百年的历史中，大明通行宝钞是官方发行的唯一纸币。洪武八年（1375）到洪武十三年（1380），大明通行宝钞由中书省督造，宝钞面额分一百文、二百文、三百文、四百文、五百文和一贯六种。1380年起，明朝开始废除中书省设立六部，造钞改属户部。钞面上的"中书省"改为"户部"，其他内容不变。后续因为禁用铜钱交易，一百文以下的小额交易变得极为不便。洪武二十二年（1389）新造小钞，自十文至五十文五种。自此，大明通行宝钞总共有十一种面值，分别为一贯、五百文、四百文、三百文、二百文、一百文、五十文、四十文、三十文、二十文和十文。明成祖朱棣即位后，户部尚书夏原吉提出："宝钞提举司钞版岁久篆文销乏，且皆洪武年号。明年改元永乐，宜并更之。"明成祖朱棣认为："版岁久当易则易，不必改洪武为永乐，盖朕所尊用皆太祖成宪，虽永用洪武可也。"意思是，钞版该换就换，但钞版上的"洪武"不必改为"永乐"。于是，继续沿用洪武的名义发钞，终明一朝没有改变。

大明宝钞在发行之初很受欢迎。《明史》记载："明初，钞甚通行。"在国家政治权力强制执行下，大明宝钞曾有一个短暂的稳定期，基本满足了明代早期朱元璋调北填南、屯军开垦、官员俸禄、修建帝陵等的浩繁支出，在国家统一和军事建设上起了积极作用。

然而好景不长，从发行起不到20年的时间，宝钞价值就已经降为原来的大约二成，并且持续贬值。正统元年（1436），明英宗放开用银禁令，推广金花银[1]。万历九年（1581）实行"一条鞭法"[2]，规定杂役等项并入田赋而"计亩征银"，白银最终成为普遍通用的法定货币。白银地位不断提升，宝钞地位一降再降，一度降到了"积之市肆，过者不顾"的地步，一文不值。明中叶前后，宝钞实际上已经废止，纸币制度名存实亡。

三、明代纸币制度崩坏的原因

大明通行宝钞为何崩盘？

其一，大明通行宝钞"先天不足"。明朝初期，国力疲弱，铜钱铸造原料不够、支持铸造资金不足、铜钱携带周转不便……同时，国家统一和经济建设又大量需要用钱，所以发行纸币成为解决国家财政困境的途径。从货币经济学的角度分析，纸币是社会经济发展到一定程度的产物。可以看出，在明朝建国初期，大明宝钞的发行，在很大程度上并不是立足于社会经济与商品经济的总体发展水平，而是出于国家财政的考虑，依靠国家政权强力推行。明朝发行纸币并非"顺势"而为，而是缺钱"强势"而为，从一开始就违背了社会经济发展规律。

其二，大明通行宝钞"后天失调"。明朝缺乏完善的纸币发行管理体系，超发滥发，甚至没有准备金制度，同样违背了社会经济发展规律。宝钞通过皇帝赏赐、政府开支和救济等形式，大肆发行。但是，明朝国库中，却没有足够可用于宝钞兑换的金、银、铜储量。民众无法用手中的宝钞，兑换到相应的钱物，宝钞对他们来说就是废纸一张。通货膨胀日益严峻，宝钞信用每况愈下。明朝虽然做出相应政策调整（户口钞盐法[3]、门摊课税[4]等），但都没有真正起到抑制纸币贬值的作用。纸币的本质是信用货币，这意味着它的价值是基于政

---

[1] 金花银原指足色而有金花的上好银两，明代用于税粮折征。
[2] "一条鞭法"指用银两收税，体现中国古代赋税制度由实物征收向货币征收的变化。
[3] 户口钞盐法规定每年根据户口情况配售食盐，回收宝钞。
[4] 门摊课税是明朝政府向商铺经营者征收的一种营业税，税收以钞交纳。

府信用和公众信任。没有信任，纸币就没有生存的土壤。此外，明初禁止金银流通的政策，促使伪大明宝钞充斥市场，扰乱了正常的农商秩序，更加速破坏了民众对大明宝钞的信心。

作为货币的大明通行宝钞逐渐失去民心。但令人没想到的是，它却用另一种方式赢得民心。大明通行宝钞，是中国也是世界上迄今为止钞票幅面最大的纸币。根据《明史》记载："以桑穰为料，其制方高一尺，广六寸，质青色，外为龙文花栏。"在几十年的持续贬值中，宝钞"高一尺，广六寸"的数据始终保持稳定。所以，大明通行宝钞，最终以尺寸稳定性博得信任，以度量衡的身份重拾"价值"，成为明代营造尺[1]的替代品——明代营造尺尺寸与宝钞钞版的尺寸相同。

贵州省博物馆藏大明通行宝钞壹贯钞版见证了明代的纸币制度。大明通行宝钞作为明代唯一的官方纸币，在发行初期曾对国家统一和军事建设起到积极作用。然而，或因其违背社会经济发展规律，最终失去政府信用和民众信心而崩盘。

[参考文献]

[1] 石俊志.中国古代的信用货币与货币政策[J].清华金融评论，2014（3）.

[2] 工俪阎.大明通行宝钞考[J].中国钱币，2009（3）.

[3] 吴鹏.水运与国运[M].杭州：浙江人民出版社，2022.

[4] 袁炜.贵州省博物馆藏大明通行宝钞一贯钞版流传考[J].中国钱币，2022（6）.

---

[1]　明代营造尺是一种用于营造建筑工程的度量尺，主要用于丈量房屋和土地，一尺约0.32米。

遵义市新蒲绿塘水库水淹区遗存考古工作简报

贵州省文物考古研究所

遵义市新蒲新区管理委员会文化旅游局

摘　要　2023年6月，贵州省文物考古研究所联合遵义市新蒲新区管理委员会文化旅游局等单位组成联合考古队，在新蒲新区、永乐镇等各级政府的支持下对绿塘水库水淹区范围内的遗存点进行资料提取及考古发掘工作，指出此次考古工作共涉及遗存点7处，包括墓葬、夹杆石、土地庙、跳墩、营盘等。上述遗存大致分两期：第一期为明代晚期的徐元坝石室墓群，诸墓葬可能属家族墓葬，但具体如何仍需进一步研究；第二期为汪公亮墓、夹杆石、土地庙、跳墩、营盘及已经不存的汪氏旧宅，这批遗存极可能均与当地汪氏家族有着密切的关系，是汪氏家族生活的立体反映。第一期遗存与第二期遗存相互杂处，并未存在具体的打破或叠压关系，因此要判断二者之间是否有关联仍有待更多的证据。

关键词　绿塘水库水淹区；明代晚期；徐元坝石室墓群；汪氏家族

一、概况

2015年，贵州省文物考古研究所对绿塘水库水淹区开展专项调查，在该水库水淹区范围内共发现遗存点7处（图一、图二）。2023年6月，为配合项目建设，贵州省文物考古研究所联合遵义市新蒲新区管理委员会文化旅游局等单位组成联合考古队，在新蒲新区、永乐镇等各级政府的支持下对绿塘水库水淹区

图一　绿塘水库水淹区遗存点位置

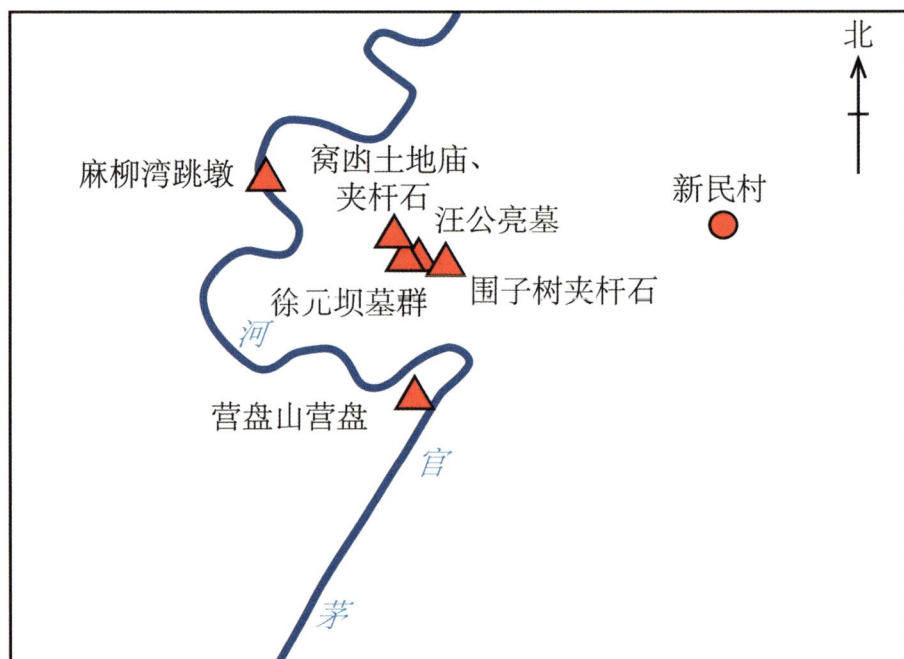

图二　绿塘水库水淹区内遗存点相对位置图

范围内的遗存点进行资料提取及考古发掘工作，[1]简报如下。

二、收获

绿塘水库水淹区范围内的遗存点分布集中，均位于贵州省遵义市新蒲新区永乐镇新民村松园组，小地名徐元坝、窝函、麻柳湾等处，地理坐标为北纬27°47′43.20″，东经107°20′55.61″，海拔高度为820米。遗存点类型丰富，包括墓葬、夹杆石、土地庙、跳墩、营盘等类。

（一）墓葬

1. 徐元坝石室墓群

该墓群共发现墓葬3座，自西向东编号依次为M1、M2、M3（图三）。3座墓葬均系青石砌筑的石室墓，其中双室墓2座，单室墓1座。墓室为长方形、直壁、无棺椁痕迹，在墓底有铺设整块石壁。3座墓葬均遭到了不同程度的破坏，未发现葬具，有少量人骨，无石刻碑文。

（1）M1

位于墓群东部，墓葬坐北向南，墓向187°。墓葬为青石砌筑的双室合葬墓，墓葬整体由封土、八字墙、墓室等部分构成，占地面积约25平方米。

封土，略呈馒头状，前端墓门处并未覆盖封土，墓葬封土直径约6.5米、残高约1米，封土周边以块状青石垒砌包边，所用石块明显较为粗糙，仅经过初步加工（图四至图七）。

八字墙，位于墓室前端左右两侧，右侧八字墙已不存，左侧八字墙系整块条石雕刻成抱鼓石样式，通高1.34米，上窄下宽，上宽0.15米、下宽0.63米。八字墙雕成抱鼓石形制，抱鼓石近墓室内侧雕刻有漩涡纹（图六：1）。

---

[1] 2015年调查时，发现文物点共7处，其中窝函土地庙与窝函夹杆石算作1处。2023年6月，联合考古队到该地开展考古工作时，地面遗存点"汪氏民居"现已不存。在工作推进过程中，考古队将窝函夹杆石与窝函土地庙分开，故此次工作涉及的遗存点仍为7处。

图三　徐元坝墓群正射影像（上为北）

图四　M1正射影像

1. M1清理前

2. M1清理后

图五　M1近景（西南—东北）

←1. 抱鼓石

↓2. 墓室内部结构

图六　M1结构

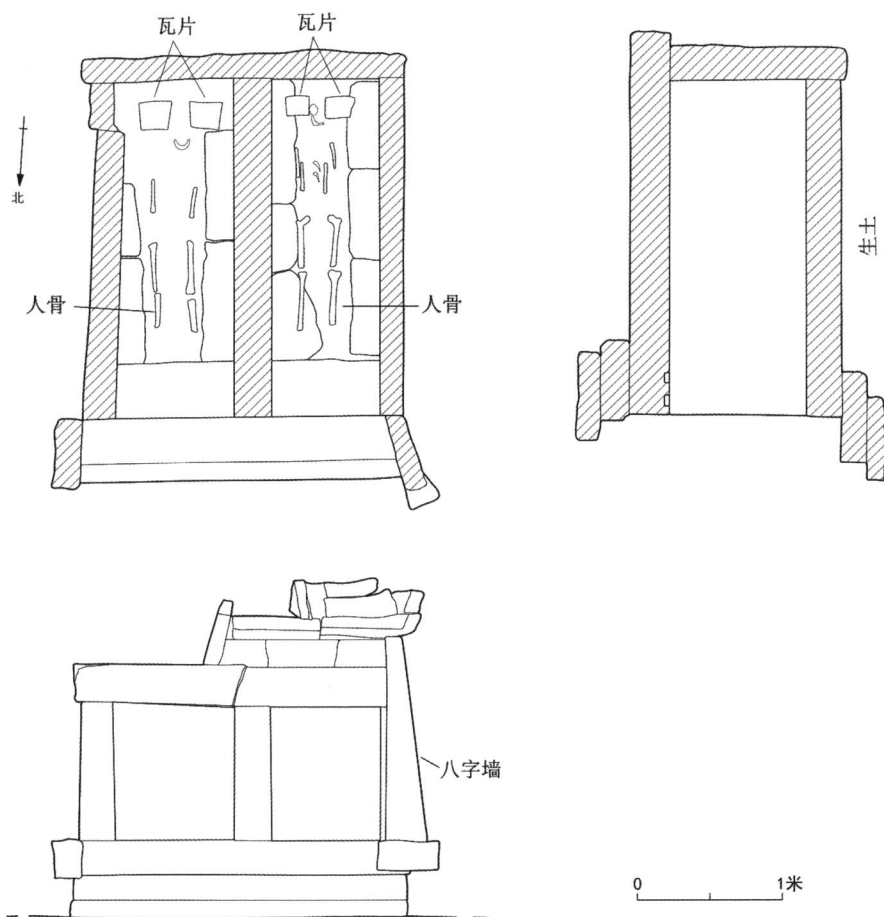

图七　徐元坝M1墓室结构示意图

　　墓室，墓葬双室，墓室前端八字墙及墓门等部分均露出于地表之外，未被封土所覆盖。两墓室形制大小相似，墓室之间共用石板作墓壁，两墓室之间的石板厚约0.22米。墓顶盖板石之上盖一石板，石板出挑成帽檐，帽檐之上部分已残，据黔北地区石室墓葬的演变规律看，该墓前端顶部正中位置应放置有石碑（图六）。

墓室系青石板垒砌成，通进深3.22米、通宽2.68米、残通高2.4米。墓室前端以条石为基础，基础分2级，下级条石高0.24米、上级条石高0.18米，基础条石均为素面，无纹饰。墓室内部左右两侧均铺设条石作为侧壁及后壁基础，基础之间填土，基础及填土之上放置棺木，棺床及前端条石之上垒砌条石及石板作为墓壁，墓壁之上再加盖石板作为墓顶（图六：2）。

墓门位于墓室前端，系石板立砌成，前后两道，均为素面，均呈榫卯样式扣合于墓室顶部盖板石前端，盖板石前端榫口共两道，均宽约0.08米、深约0.04米，长约0.74米（左室[1]）与0.84米（右室），墓室内不见雕刻、壁龛及藻井等。

该墓两墓室形制、大小及布局方式均基本一致。左墓室进深2.36米、宽0.74米、高0.94米，左、右两侧基础石均约3块，间隔0.18~0.4米，墓内残余人骨1副、瓦片3片，人骨残存腿骨、肋骨及下颌骨等部分，残长约1.6米，据人骨看其葬式为单人仰身直肢葬，头北脚南。瓦片出土于人头骨后部，共3片，分左右2份，瓦片均为板瓦，属典型的明代瓦片，质地较坚硬，火候较高，未见其他随葬遗物。

右墓室进深2.36米、宽0.84米、高0.94米。右室左、右两侧基础石各2块，基础石之间间隔0.4~0.5米。该墓室出土人骨1副、瓦片3片，人骨残存腿骨、上肢骨及下颌骨，通长约1.36米，据人骨看其葬式为单人仰身直肢葬，头北脚南。瓦片出土于下颌骨后部，共3片，分为左右2份，在人骨头部的左右两侧。

（2）M2

墓葬坐北朝南，墓向169°，位于M1东约4米处，墓葬为双室石室墓，保存较好，整体形制与M1相似。该墓墓门未被打开，但墓顶存在盗洞，墓葬左室墓顶盖板石有损毁。墓葬整体由封土、八字墙、墓室等部分构成，占地面积约35平方米（图八至图十二）。

---

[1] 本文皆以观者背对墓葬时之左右为左右。

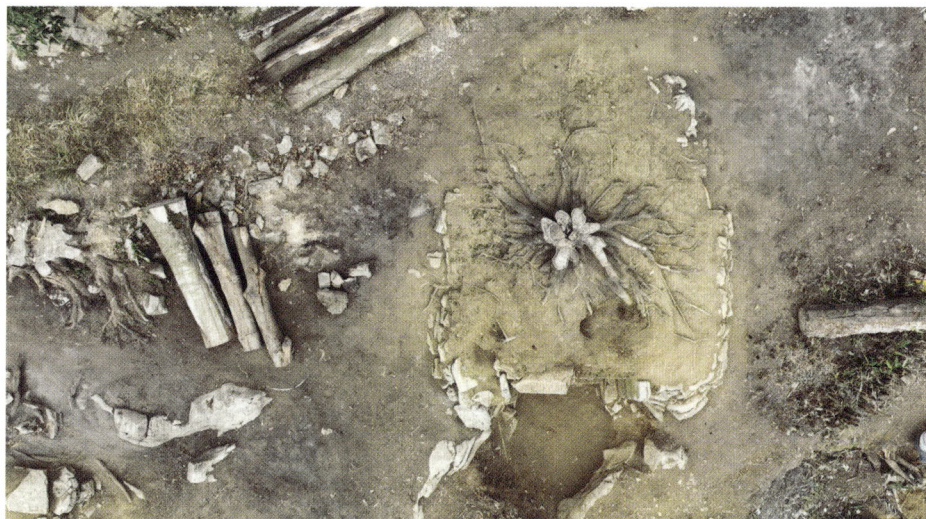

图八　M2正射影像

图九　M2近景（东南—西北）

图十　M2墓室结构

1. 右室

2. 左室

图十一　M2内部概况

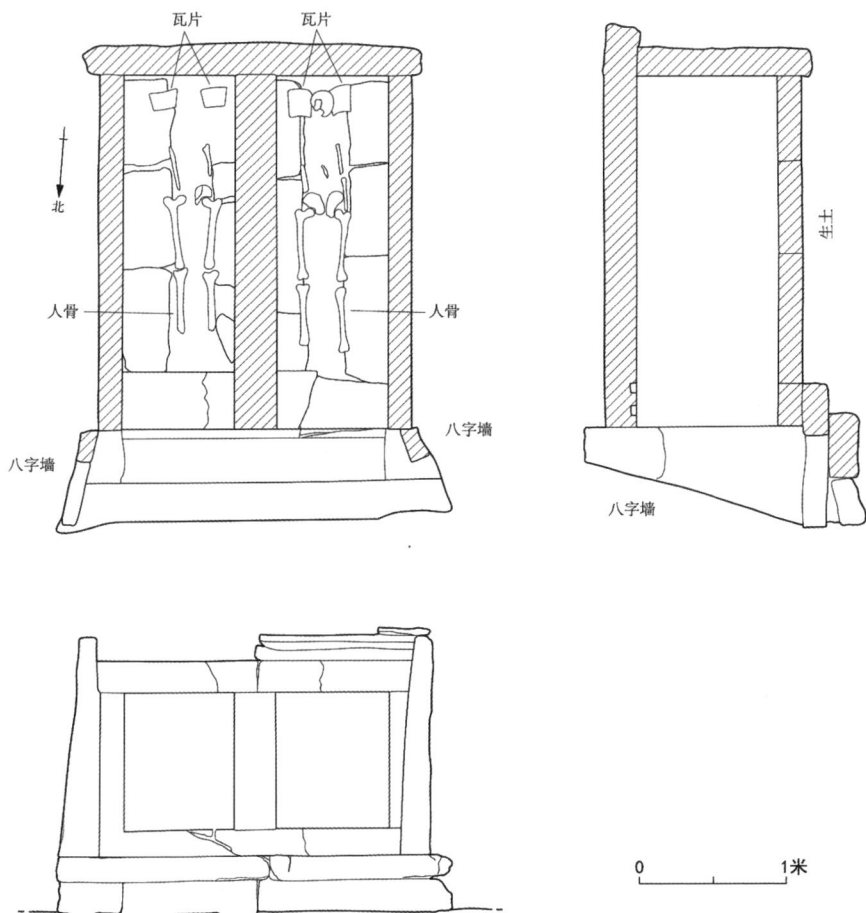

图十二　徐元坝M2墓室结构示意图

　　封土，保存相对完好，整体略呈长方形，前宽后窄，南北长6.5米、东西宽5.4米、残高约1.1米，封土堆周边以条石块垒砌成，所用条石以原生石为主，加工痕迹较少。石块垒砌包边与墓室前端左右两侧八字墙相接，八字墙及墓门均出露于封土之外（图八）。

　　八字墙，位于墓室前端，未被封土所覆盖。八字墙均系整石雕刻成，左右对称，石块高1.53米，上窄下宽，上宽0.24米、下宽0.6米、厚约0.18米。八字墙外侧与封土及包边石相接，左侧抱鼓石保存相对完好，右侧抱鼓石保存较差，离地约三分之一处有断裂的痕迹。二八字墙内侧均被雕成抱鼓石形制，上部为二圆形石鼓状纹饰，下部则雕刻出几案。抱鼓石底部纵置两层条石作为基础，两层基础石与墓室前端的两层基础条石相接（图九）。

墓室，两墓室形制大小相似，墓室之间共用石板作墓壁，两墓室之间的石板厚约0.28米。墓顶盖板石之上或加盖石板，但石板今已不存，原状不详。墓室均以青石板垒砌成，墓室前端以条石为基础，基础分2级，自下而上分别高0.22米、0.19米，下层条石正面雕刻壶门忍冬纹，上层条石无纹饰。墓室内部左右两侧均铺设条石作为侧壁及后壁基础，基础之间填土，基础及填土之上放置棺木，棺床及前端条石之上垒砌条石及石板作为墓壁，墓壁之上再加盖石板作为墓顶。墓葬通长2.97米、宽2.68米、残高1.92米（图十）。

左室，进深2.44米、内宽0.76米、内高0.96米。其构筑方式与M1相似，两侧壁之下分别纵置3块条石作为基础，条石之上立砌前后2块石板作为墓壁，两侧条石间隔0.26~0.38米，填土铺平后作为棺床，墓室内残存人骨1副及瓦片2片。人骨残存头骨、肋骨、上肢骨、腿骨等，残长约1.80米，据人骨看其葬式为单人仰身直肢葬，头北脚南。瓦片位于人头骨左右两侧，各1片，瓦片形制与常见明代晚期瓦片相似，质地坚硬，火候较高，且较薄（图十一：2）。

右室，进深2.44米、内宽0.77米、内高0.95米。其构筑方式与左室相似，墓室内残存人骨1副、瓦片2片。人骨残存下颌骨、肋骨、腿骨等，据人骨看其葬式为单人仰身直肢葬，头北脚南。瓦片位于人下颌骨左右两侧，各1片，瓦片形制与常见明代晚期瓦片相似，质地坚硬，火候较高，且较薄（图十一：1）。

（3）M3

墓葬坐北朝南，墓向173°，位于M2东北约5米处。该墓为青石砌筑的单室墓，保存较差，封土不存，墓前不见八字墙等遗存（图十三）。

墓室，系青石板相扣合成，墓室内进深2.34米、宽0.70米、高0.88米。墓葬修筑时先于底部铺设前后2块石板作底板石，并于其上雕刻出棺床，底板石

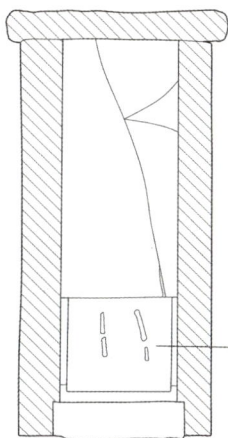

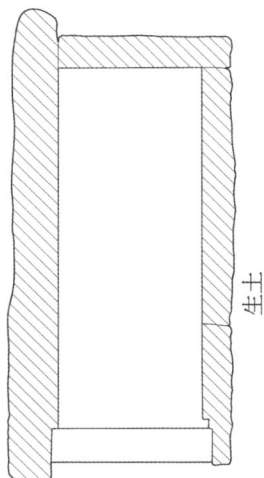

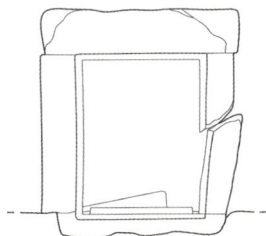

北

人骨

生土

生土

↑ 1. 徐元坝M3近景（东南—西北）

←2. 徐元坝M3墓室结构示意图

0　　　　　　1米

图十三　徐元坝M3

两侧立砌石板作为墓壁及后壁，顶部加盖石板作为墓顶。清理时墓门已打开，墓底棺床亦有破坏，墓内遗物不存，仅见若干人腿骨，结合M1、M2人骨的情况推测，该墓亦应为单人仰身直肢葬，头北脚南。

2.汪公亮墓

该墓位于徐元坝石室墓群M1后约5米处。墓葬整体坐东北向西南，墓向为203°。墓葬整体保存完好，由墓园、封土等两部分构成，其中墓园又可分为拜台、墓碑与垣墙等部分（图十四）。因该墓未有主墓，故此次考古工作仅对该墓进行资料提取。现将该墓情况概述如下。

墓园，整体呈椭圆形，前半部分为墓园拜台。墓园南北长约12米，东西宽约8米，面积约110平方米。拜台系条石块垒砌成，砌筑方式较为规整，所用石块具有明显的加工痕迹。该拜台左、右分别立砌一通石碑，石碑均为青石质地四棱碑，顶部有庑殿顶碑帽，底部有方形碑座。两碑形制大小相似，碑身高2.05米、宽约0.35米，碑座分上下两层，下层宽0.68米、厚0.16米，上层宽0.62米、厚0.18米，两碑四面皆有字。

图十四　汪公亮墓近景（西南—东北）

左碑西面，碑身上部横向刻楷书"癸山"，其下纵向刻楷书7行，满行31字，文曰：

谨将生死殡葬年月志于后。/存原阳命距生于嘉庆十六年辛未岁五月初一日酉时，于贵州遵义府遵义县/东乡乐安里十甲，地名松园坝，生长人氏，享寿六十四岁。大限殁于同治十三年/甲戌岁十月初七日子时，仍在本省西道本府本县本里甲本地名新房子寿终/正寝。择吉于十月十五日出殡于墓之左畔，二十六日布奠。至光绪元年乙亥岁/二月十五日，开穴正葬，扦癸山丁向，庚子庚午分金。志曰：/茔前砌石如半月，左右培成圈椅形。为语孙曾须谨记，癸山丁向是佳城。（图十五：1）

左碑北面，亦刻有楷书文字，共8行，满行39字，文字有漫漶，识读如下：

汪公老大人墓志铭/公讳汉明字公亮幼从学于堂叔祖时端公。颖异过人，曾□大器，目之无何以家计未丰遂□/毛□营什一利权子母计 奇 赢几 与 白 生 等其父□□□□甚举一切家 政 悉以委之□/是家遂小康焉，然其时，公父昆季四人同居家数十口，食费既烦，度支亦夥，公亦一人/供其用度而尤有余蓄，非亿则屡中，曷克致此。已而四分其家，公之致富益若□左券□。/于时遵邑鸦烟甫种，公每于掺刀后屯积居奇，□昂时始出，不数年富遂□于吾乡不□。/咸丰九年己未，号匪入遵，至同治五年始行平定。其间捐饷筹粮，几无虚目，修砦堵贼，未有/穷期。而公周旋竭力，卒以保其身家，挽回气数，其功不亦伟哉。公之元配。（图十五：2）

1. 左碑西面　　　　　　　　　　　　　　2. 左碑北面

图十五　拜台左侧墓碑

右碑东面，上刻"丁向"，下部上首刻墓主后裔，下首刻"大清光绪元年季冬月朔二日榖旦敬立"（图十六：1）。查《中国历史纪年表》《二十四史朔闰表》，"大清光绪元年"为公元1875年，即该墓立碑时间应为1875年，则墓葬年代亦应与此时间相近。右碑南面正中篆刻楷书文字"贻孙谋自远好教螽羽擅鸿名"。

右碑北面，铭刻楷书文字，文曰"志铭题罢细推详，梗概如公孰颉顽。/莫谓浮辞非实行，却教潜德发幽光。/已看桂树翔鸾鹤，定许桐枝引凤凰。/穴占漆灯垂荫远，衣冠千载奉□尝。/即选知县姻弟赵际培拜撰"（图十六：2）。

两通墓碑北侧横砌条石作封土包边，包边墙平直，中部置有2级踏步，均为石质，皆青石块垒砌成，踏步长0.65米、宽0.32米、高0.16米。包边墙两端与墓园垣墙相接。

垣墙，将墓葬封土围合，并与前端拜台相接，整体略呈前方后圆格局。垣墙后半部均系修凿规整的长方形条石错缝垒砌成，上部加盖条石雕凿成弧形墙帽，垣墙左右侧前端分别立砌一块石板，石板扣合于前后两立柱石之间，立柱石之上雕刻有细密的菱形纹路，立柱顶部纵置条石作为墙帽，墙帽前端呈屋檐样式，墙帽之上再分别加盖一块条石，整体形似屋脊。左侧石板分为前后两方框，前部方框内为减地浮雕，刻有大、小两神鸟，大者头部上抬，喙部短且尖，头部有矮冠，神鸟身上遍刻鳞状羽毛，张开双臂作飞翔状，双腿下探，尾部长羽飘然，周边有卷云纹数朵。该神鸟头部延伸出一物，弯曲向上，该物顶部站立一小型神鸟，长喙，无冠，长尾，作回首站立状，望向自身尾部。神鸟之间有一株花卉，形似牡丹，花开五朵，诸花朵旁均有一两片绿叶，该花卉较为神异，枝干似乎可以随意弯曲，四周亦见有云朵。后部方框亦作减地浮雕，其内雕刻分上下两组，下部一组为几案形，几案作双足，足皆为云头足，几案中部下方为忍冬纹，几案上为仰莲，几案之下另浮雕有一兽。上部一组中间为三足几，足部联裆处作壶门形，几上平整放置一深腹大口罐，罐敞口，束腰，略呈圜底，罐口部似有弦纹，弦纹之下分别刻一道波浪纹及忍冬纹，忍冬纹之

1.右碑东面   2.右碑北面

图十六 拜台右侧墓碑

图十七　墓园左侧垣墙石板

下为三枚圆形钱纹，钱纹内部分别装饰有卷云纹，大口罐内插有两枚花枝，前者为牡丹花枝，盛开牡丹花一朵，后者为桃枝，枝上有桃子四个，并有一浑身绒毛的猿猴攀附其上作摘桃状。该几案左右两侧分别站立一人，似为一道一僧，道人居几案左侧[1]，头戴冠，面部表情不详，身着圆领长袍，左手持麈于身左，右手上举，双脚站立。僧人，侧身向右，面部转向左，面对观者，圆脸，光头，颌下似有长须，身着圆领长袍，双手向身右作抱拳状，抱拳高于头顶（图十七）。石板前端立柱石前端刻楷书文字，文曰"吉水环吉穴"。

───────────────

[1]　以观者背对石刻之左右为左右。

右侧石板亦分前后两方框，前部方框下部刻一台阶，台阶共五级踏步，每级踏步之上皆有细密的纵向錾刻痕，两侧有垂带石。台阶之上连接一组建筑，为四柱三间格局，柱下均雕刻出柱础石，正中明间略在前，明间下部为门槛，内站立一人，该人面部漫漶，头裹巾，身着圆领长衫，双手上抬分别持一串圆形物，左手持四枚，右手持三枚。二次间之内分别雕刻有陡板，陡板之上雕刻折枝花与几何纹。台阶之侧亦分别雕刻几何纹。上部浮雕盆栽荷花，盖盆敞口折沿斜腹下收成平底，盆身正中雕刻圆形钱纹，盆底装饰一周仰莲纹。盆内栽种的莲花盛开三朵，另有枝叶蔓出。该石板后框雕刻瓶花，瓶子侈口，尖唇，口沿下饰有一周雷纹，斜直肩，自肩部内折下收成高圈足。瓶身饰连弧卷

图十八　墓园右侧垣墙石板

草纹，圈足饰卷云纹。瓶中所插花卉盛开一朵，两侧各有两片叶子（图十八）。石板前端立柱石前端刻楷书文字，文曰"佳水抱佳城"。

墓葬封土位于墓园后部中间位置，封土下情况不详。

该墓规模较大，形制较复杂，是遵义地区比较少见的大型清代墓葬。

（二）夹杆石[1]

共2处，分别位于围子树及窝凼土地庙前。

1.围子树夹杆石

共1对，位于距离徐元坝石室墓西北方向约30米处。

该夹杆石材质为青石，由上部长方形石块与底部基础石墩组成，长方形石块以榫卯方式被安置于底部石墩上。上部两长方形石块相对而立，形制基本一致，两石与方孔等高处的两侧均雕刻成束颈状，或为方便拴束旗杆，上下有开孔，上部为方孔，边长0.12米，下部为圆孔，直径0.09米。两石均通高1.25米、宽0.52米、厚0.2米。夹杆石底部有基础，基础石亦呈长方形，素面（图十九：1）。

2.窝凼夹杆石

共2对，位于窝凼土地庙前左右两侧。

2对夹杆石，皆为青石质，形制简单，各夹杆石皆为两石板修凿成，石板顶部抹角，无装饰。2对夹杆石均高约0.82米、宽0.4米、厚0.17米，石块有上下两孔，上孔方形，边长为0.07米，下孔圆形，直径约0.06米（图十九：2）。

（三）土地庙

仅1处，即窝凼土地庙。位于遵义市新蒲区永乐镇新民村松园组，小地名为窝凼的山坳处。

---

[1] 2015年，贵州省文物考古研究所编著的《遵义市绿塘水库工程建设用地及淹没区范围内文物考古调查勘探评估暨保护规划报告》将这类遗物称为"拴马石"，当误。夹杆石出现时代较早，至明清之际，凡家族中有族人在朝为官或子弟考取了功名，大多都会在房屋门口或宗祠正门口树立象征荣耀的旗杆，其中安置旗杆的方式就有夹杆和插杆两类，围子树处所见立砌的两块石板即为夹杆之用，故该类遗物应称为"夹杆石"。

1. 围子树夹杆石

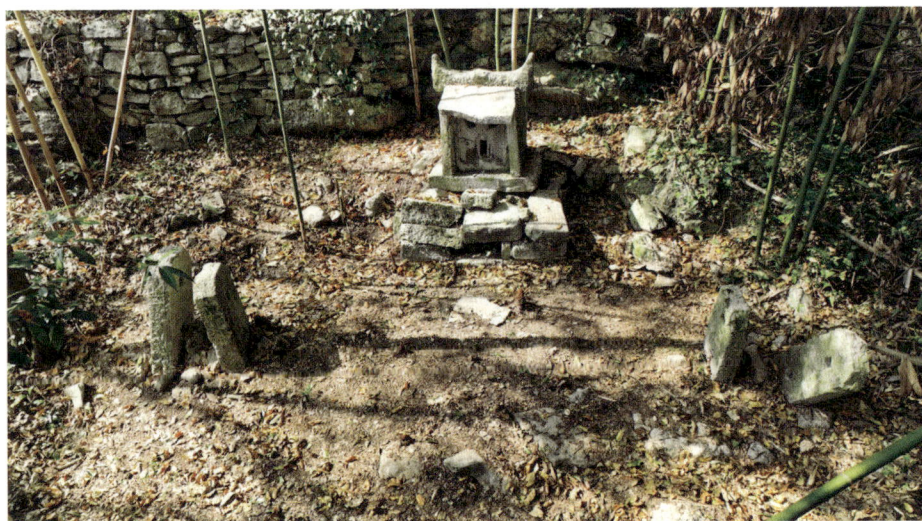

2. 窝凼夹杆石

图十九　夹杆石

窝凼土地庙，系以青石块垒砌成，底部有青石块垒砌成的基础，土地庙整体呈房屋样式，屋顶为歇山，屋脊两端作飞檐，房屋正面石板雕刻人面相，竖长方形口，丹凤眼，人面两眉眼之间雕刻楷书"威灵显应"四字。而在土地庙正面，左眼下侧刻出一方形框，框内似乎阴刻有修建土地庙人的姓名，均楷书，大致为上下两排，下排文字有漫漶，上排可辨者曰"汪明山、汪时德、汪明月、廖时美、汪明亮、汪时清、汪时凤"，下排名字漫漶难辨，依稀可见诸人均姓"汪"，名字则基本不辨。土地庙通高1.06米、宽0.70米、进深0.7米（图二十）。

（四）跳墩

共1处，位于遵义市新蒲新区永乐镇新民村松园组，小地名为麻柳湾处。

跳墩皆为青石质，东西向立砌于茅官河道之内。跳墩残存34步，其中10步倾倒于河道之内。跳墩自东向西逐渐变高，东侧跳墩高约1米，西侧跳墩高约2米，两级跳墩间隔0.4~0.57米。跳墩面向上游处皆凿成楔形分水样式，分水处见有凿痕，凿痕细密。跳墩西侧原有菩萨庙一处，现已被毁，据当地村民所言，庙前曾立有碑刻，但目前暂未发现（图二十一）。

该跳墩为松园往返骊龙的必经之道，直至20世纪仍然是松园的交通要道。

（五）营盘

共1处，即营盘山营盘。该营盘位于遵义市新蒲区骊龙村松园组及骊龙村新站组交界处。营盘整体略呈椭圆形，依地势建成，北窄南宽（图二十二：1）。其中北端部分位于水库淹没线之下。

该营盘垣墙皆以石块砌筑而成，石块大小不一，砌筑方式也较为随意，所用石块似乎为山上就近开采所得，营盘北侧外墙内另修两道石墙。外墙及内墙厚、高相似，皆厚约1.9米、残高约2.1米。部分围墙之上存有射击孔（图二十二：2）。

营盘南、北两端各辟一门，皆石质，门宽2米、高2.1米，损毁严重。营门均系以石块垒砌成，工艺简单（图二十二：3）。

1. 远景　　　　　　　　　　　　　　2. 近景

3. 中部文字

4. 左侧文字

图二十　窝凼土地庙

1. 近景（东北—西南）

2. 航拍（北—南）

图二十一　麻柳湾跳墩

1. 营盘高空正射影像

2. 营盘东北角垣墙

3. 营盘北门

4. 营盘内采集到的钱币

图二十二　营盘山营盘

营盘内原有耕地，当地居民曾于耕地之内挖出银锭、钱币等，钱币有"乾隆通宝""道光通宝""咸丰重宝"等样式（图二十二：4），更有磨盘、青花瓷、瓦片及部分金属器等物，说明该营盘曾有人居住过。

从营盘的砌筑方式结合贵州地区其他地方所见的营盘来看，该营盘的年代上限约在清代乾隆年间，结合汪公亮墓碑所载，极可能是汪氏家族为抵抗号军所建。

三、相关研究

（一）遗存年代

墓葬方面，徐元坝墓群三座石室墓中M1、M2两墓形制、大小、砌筑方式及出土遗物等方面均较相似，因此两座墓葬的年代应该相似。具体而言，据墓葬现状看，徐元坝M1、M2均系青石砌筑，由封土、八字墙、墓室等部分构成，封土四周有青石块垒砌的包边，八字墙均系石板雕刻成抱鼓石样式，其内侧均雕刻漩涡纹，墓室双室，墓室共用相邻墓壁。实际上，从残存的遗迹看，徐元坝M1与M2墓顶前端尚存有其他构件，结合黔北地区该类石室墓的情况看，墓顶前部应该有长方形墓碑或匾额等物，匾额之类多刻"某某佳城"。同时墓葬之内随葬有瓦片，瓦片被放置于墓主头顶之下。

类似墓葬形制在黔北地区较为常见，如遵义市播州区桂花街道安山石室墓，该墓系青石砌筑，墓葬亦由封土、八字墙、墓室等部分构成，墓葬八字墙亦雕刻成抱鼓石样式。墓葬双室，墓室共用一壁，墓室前端左右两侧分别雕刻楹联，上联"地脉荫灵龙"，下联"佳城藏玉骨"，中间立柱雕刻瓶花，墓顶门额石正中刻"福"，左刻"山青"，右刻"水秀"，上加盖条石作檐枋，檐枋前端刻仰莲及卷云纹，檐枋之上正中存一石碑，碑四周镌刻卷云纹，碑中刻"万古佳城"，右侧刻楷书曰"大明万历壬子岁春月吉日"，该碑之上再覆以雕刻屋檐样式的石刻（图二十三）。查《中国历史纪年表》《二十四史朔闰表》，"大明万历壬子岁"为明万历四十年（1612），即该墓修筑于1612年。类似的墓葬形制还见于播州区尚嵇镇大树子明墓，该墓形制相对复杂，但总体上依然是由封土、八字墙、墓室等部分构成，相邻墓室共用一道墓壁，墓顶或亦立砌匾额，匾额曰"万氏佳城"；据该墓出土碑文知墓葬修筑于"崇祯辛巳年季秋月穀旦"，崇祯辛巳年，即崇祯十四年（1641）。又播州区石板镇陈家寨亦有该类墓葬，共三座，墓前有抱鼓石类八字墙，墓顶有匾额，陈家寨M2墓顶匾额正中曰"周氏佳城"，下首刻"太岁四十六年戊午仲冬吉旦"（图二十四）。该匾额虽未注明具体的年号，但结合墓葬形制及干支纪年等信息，查阅《中国历史纪年表》《二十四史朔闰表》即可发现"太岁四十六年戊午仲冬吉旦"应指明万历四十六年（1618），该年干支正是"戊午"。类似形制的墓葬在遵义境内广泛出现，东至乌江下游西岸的湄潭、凤冈等地，西至仁怀、习水、赤水，北至桐

1. 墓葬近景　　　　　　　　　　　　　　2. 墓顶匾额

图二十三　播州区安山石室墓

1. 墓葬近景　　　　　　　　　　　　　　2. 墓顶匾额

图二十四　播州区陈家寨M2

1. M6　　　　　　　　　　　2. M9、M10
　　　　　　　　　　　（采自《贵州基建考古重要发现（2003~2013）》，第244页）

图二十五　沿河县温塘明墓群部分墓葬

样、道真，南至播州等地均有发现。遵义境外，在乌江下游的铜仁市沿河、德江、思南等地同样有所发现。如沿河县温塘明墓群，该墓群共计21座石室墓，墓葬形制与徐元坝M1、M2相似，部分墓葬八字墙呈抱鼓石状，墓葬为双室或多室墓，相邻墓室共用一道墓壁，墓顶设置有石碑或匾额等物（图二十五）。该墓群发现的纪年信息之一为万历八年（1580）。[1]川渝地区同样发现有此类石室墓，作为明代石室墓向清代牌坊式墓葬过渡的重要一环，此类石室墓是墓内装饰向墓外转变的重要体现。

徐元坝M1、M2人头骨两侧或下面发现有瓦片，或二三片，此应为枕瓦习俗。枕瓦之俗广泛见于贵州乌江以北地区及乌江下游两岸，另在川渝地区亦有发现。墓葬之内随葬瓦片的习俗流行于明清时期，如河南卫辉大司马墓地明清墓葬中就发现6件瓦片，[2]均为板瓦，类似葬俗在山东[3]、天津、河北、北京、山西、安徽等地均有发现。[4]这些地区墓葬内随葬瓦片的做法与黔北地区略有差异，首先是瓦片在墓内的位置，以墓门、墓主头端的填土中、棺椁之上居多，同时也发现有在墓主头部之下的情况，而黔北地区瓦件出土位置相对统一，即位于墓主头部或脚部，多为三片；其次是河南、山东等地的瓦件多绘制有各类镇墓符箓或文字，而黔北地区随葬的瓦件基本为素面，不见相应的符号。若上述推测无误，黔北地区墓葬枕瓦习俗出现的年代也应该是明清时期，这与黔北墓葬形制、雕刻等方面的演变规律基本相符。因此，综合推测徐元坝M1、M2的年代上限应为明代万历年以后，大致在明代晚期至清代初期。

徐元坝M3，墓室形制简单，墓内可供断代的信息较少。黔北石室墓自宋

[1] 杨洪：《沿河洪渡温塘明墓》，载贵州省文物考古研究所编著《贵州基建考古重要发现（2003~2013）》，北京：科学出版社，2015年，第243—245页。
[2] 李金凤、白彬：《河南卫辉县大司马明清墓葬出土朱书板瓦初探》，《四川文物》2012年第1期，第58—65页。
[3] 杨爱国：《明清墓随葬陶瓦与古代镇墓传统》，《中原文物》2022年第5期，第137—144页。
[4] 李金凤、白彬：《河南卫辉县大司马明清墓葬出土朱书板瓦初探》，《四川文物》2012年第1期，第58—65页。

至明末大致存在由小型石块垒砌到整石砌筑的发展变化过程，此外还有墓室内部壁龛、藻井由繁复到不存，墓葬雕刻由多到少、由墓内到墓外的发展趋势。若以此看，则徐元坝M3年代上限应在明代晚期。这类石板扣合的墓葬广泛分布于整个川渝黔地区，而在播州区同类石室墓后部曾发现随葬有瓦片，即存在枕瓦习俗，则此类墓葬其年代亦应在明清时期。综上，推测徐元坝M3年代亦应在明代晚期之后。

汪公亮墓，因为存有四棱碑等，知该墓修筑于清光绪元年（1875），墓葬整体由青石砌筑成，前部为拜台，后部为墓园、封土，布局与常见的清代墓园结构相似。

夹杆石，该区域内共发现夹杆石3对。所谓夹杆石，宋代时又称"幡竿颊"，宋人李诫《营造法式》卷三载"造幡竿颊之制，两颊各长一丈五寸，广二尺，厚一尺二寸。笋在内，下埋四尺五寸。其石颊下出笋，以穿锭脚，其锭脚长四尺，广二尺，厚六寸"。[1]其功能或与古代行科举之制有关：凡一个家族中有族人在朝为官或子弟考取了功名，即可在房屋门口或宗祠正门口树立象征荣耀的旗杆，以供瞻仰，并以此激励后学。安置旗杆的方式有夹杆和插杆两类。夹杆即相对立石两块，石相对凿上、下二孔，孔内置横木，随后将旗杆捆缚于横木上；插杆即于石墩上凿孔，随后将旗杆插于石墩上，为示尊荣，石墩上雕龙刻凤。故而夹杆石愈多，说明某一家族获取功名的子弟也愈多，社会地位愈加尊崇。类似夹杆石在贵州地区亦多有发现，部分夹杆石上刻有设立夹杆石的相关信息，如某年某处某人获何种功名等。岑巩县注溪村发现有三对夹杆石，其中一对夹杆石上部中间刻有盛放莲花一朵，两侧刻束腰状，莲花下刻长方形孔，孔下刻四角葵形池子，池子内阴刻楷书铭文，铭文竖排，共三行，文曰"咸丰三年，壬子科，乡试。/贵州巡抚部院□中□元，/田玉字昆山，号德

---

[1]　梁思成：《〈营造法式〉注释》，上海：生活·读书·新知三联书店，2013年，第88、91页。

□□□□", 铭文下刻圆形孔。[1] 岑巩注溪村夹杆石整体更为复杂, 但形制、材质等均与松园处两对夹杆石相似, 类似夹杆石在川渝黔地区及广东、福建、江西等地多有发现,[2] 且多为清代晚期之物, 因此推测松园处二夹杆石亦应为清代晚期之物。

土地庙, 整体均由青石砌筑成, 青石上存在细密的錾刻痕, 并由糯米石灰浆填缝。土地庙形制简单, 顶部呈两面坡式, 顶部正中有翘角飞檐, 庙正面雕刻楷书"威灵显应"四字。整体而言, 该土地庙的石材、形制等均表明该庙年代应该不会太早, 年代上限应该在清代。同时据该庙铭刻的姓名等信息看, 该庙捐助者以汪姓居多, 表明当地为汪氏聚居地, 这些汪氏或与汪公亮为同族。带有"威灵显应"字样的土地庙同样发现于湖北省宜昌市长阳县龙舟坪镇, 该土地庙坐西南朝东北, 青石质。基座长1.4米, 主体由四块石板砌筑成, 四方形, 正面设门, 楷书"威灵显应", 两边书对联, 顶部饰"太极图", 款书"民国十四年二月立"(图二十六),[3] 表明该庙修筑于1925年。综上, 推测土地庙的年代上限应为清代, 结合石刻技法及房屋样式推测该庙年代应该在清代中期以后。

跳墩, 该类遗存在黔北地区地方河流或溪流中较为常见, 成为地方交通的重要组成部分, 据传该跳墩另一端的茅官河右岸原有庙宇及碑刻, 惜之不存。类似的跳墩与庙宇的组合在遵义市新蒲新区新场亦有发现, 新场处的跳墩位于仁江河上, 连接新蒲新区新蒲村官堰组与汇川区团泽镇桂花组, 南距溪脑壳遗址50米, 距弘源寺150米。跳墩共计65步, 被洪水毁掉6步, 间隔0.4~0.6米。跳墩的大小规格有几种, 长0.83~1.12米、厚0.31~0.37米、高1.25~1.4米, 跳墩迎水面剖面呈梯形, 两侧修成三角斜边, 斜边长0.4米。跳墩东侧25米处有石碑两通, 两通石碑为补修跳墩的碑记, 两块石碑相距3.2米, 一通为方碑,

[1] 据贵州省文物考古研究所2022年调查资料。

[2] 刘炼:《东莞旗杆夹略考》,《科举学论丛》2010年第2期, 第88—90页。

[3] 罗健平、罗钰主编:《长阳石刻》, 武汉: 崇文书局, 2014年, 第88页。

图二十六　湖北长阳"咸灵显应"土地庙石刻

边长0.32米、高1.53米，道光二十二年（1842）；一通是圆头形石碑，高1.68米、宽0.81米、厚0.24米，清光绪二十三年（1897），记载了跳墩修建、古地名等相关历史信息。[1]结合麻柳湾跳墩的石材、形制等推测，其年代应为清代晚期之物。

营盘，该营盘随山而建，整体呈长条形，所用石材亦为当地所常见，属于较为典型的清代晚期营盘样式，且据当地居民所获的钱币看，年代最晚的是咸丰重宝，该钱币铸造于清咸丰年间（1851—1861），表明该营盘极可能是咸同

---

[1]　贵州省文物考古研究所等：《贵州遵义市新蒲播州杨氏土司墓地及周边相关遗存调查勘探报告》（待刊）。

年间当地村民为了抵抗号军所修。

综上，若上述推测无误，则绿塘水库水淹区范围内的诸类遗存年代上基本以明清时期为主，大致可分为两期：第一期为明代晚期，主要包括徐元坝石室墓群，墓葬均青石质，由圆形、方形封土与八字墙、墓室构成，八字墙多呈抱鼓石状，墓室为双室或多室，相邻墓室共用一道墓壁。墓内随葬品较少，有枕瓦习俗；第二期为清代中晚期以降，主要包括汪公亮墓、夹杆石、土地庙、跳墩、营盘等类遗存，诸类遗存相互独立又相互关联，结合汪公亮墓碑、土地庙石刻等内容，似乎可以窥见诸遗存均与当地汪氏家族具有重要的关联。

（二）价值与认识

徐元坝石室墓群为黔北地区典型的明代晚期石室墓类型，为构建黔北地区石室墓发展序列提供了确切的实物资料。墓群中的三座墓葬一字排开，相互间间距4~5米，朝向相似，考虑到明清时期南方社会宗族观念的进一步加强，推测三座墓葬或许存在某种关联。至于墓群是否为家族墓地，甚至是否与当地的汪氏家族有关仍需要作更多的梳理。

汪公亮墓，存有两通保存相对完好的四棱碑，碑之四面均铭刻有相对完整的墓志铭等信息，可为进一步探讨地方行政制度的演变、地名变化等问题提供诸多信息，如左碑西面详细记载了当地地名为"贵州遵义府遵义县东乡乐安里十甲，地名松园坝"，表明遵义地区的"府、县、乡、里、甲"制度极为清晰，这可与道光《遵义府志》所记载的遵义区划相印证，"松园坝"一名至迟在清嘉庆十六年（1811）就已开始使用，并沿用至今。该墓碑又载"择吉于十月十五日出殡于墓之左畔，二十六日布奠。至光绪元年乙亥岁二月十五日，开穴正葬，扞癸山丁向，庚子庚午分金。志曰：茔前砌石如半月，左右培成圈椅形。为语孙曾须谨记，癸山丁向是佳城"。据此可推测该墓在丧葬选择上深受堪舆风水观念的影响，存在"择吉"思想，择日之吉，汪公亮亡故于同治十三年（1874），至光绪元年（1875）开穴正葬，停丧时间为1年。此外，亦择地之吉并重视墓葬朝向，同时在墓葬营建上也有讲究，即在墓葬营建上刻意追求茔前如半月，左右如圈椅。在形势风水中讲究"藏风聚气、得水为上"的格局，其中对于墓穴的要求就是前有照、后有靠，左、右有护，具体而言即要求墓穴形如圈椅。因此，该碑文应该是该墓受形势风水影响的具体体现。又，该墓垣墙前端左右分别镌刻铭文曰"吉水环吉穴""佳水抱佳城"，表明该处墓穴并非汪氏后人随意而为，而是有意选择的佳穴吉地。左碑西侧、右碑东侧上部分别镌刻"癸山""丁向"，正与碑文内容一致。清代以降，黔北墓葬常见将墓穴朝向标注于墓碑之上，风水罗盘中常以天干、地支、八卦共同构成24个方位，各方位约占15°，故知"癸山丁向"大致为坐东北向西南，朝向在187.5°~202.5°之间，该朝向与今时所测朝向基本一致，而此朝向被汪氏后人与堪舆师认为对汪公亮及其后裔有利，故称为"佳城"。

该墓左碑北面载有汪公亮墓志铭，铭文载有汪公亮生平事迹，据该墓志可知汪公亮在持家及经商之事上颇有才能，其中曾于遵义府甫种鸦烟时就囤积居奇，收获颇丰，在号军入遵后，多次捐饷筹粮、修砦堵贼，使得家族得以存活。考虑到营盘山营盘与汪公亮墓隔河相望，营盘的年代为清代晚期的可能性极大，因此推测汪公亮"修砦"一事或与营盘山营盘关系匪浅，营盘山营盘极可能是汪公亮主持修筑。

结合该地土地庙的铭刻信息知，该地应为汪氏家族的世居之地，汪姓族人极多。2015年调查时发现汪公亮墓前约8米处曾有一座旧宅，该宅"主体为木构建筑，部分厢房及大堂东部损毁严重，但房屋基础尚存，房屋内现在仍然住着汪氏后人。整体来看，该民居以房子朝门中线为轴左右对称分布，房屋整体东西面阔约20米，南北长约21.1米，面积约400平方米。房屋基础皆以石砌，房屋主体为木构建筑。房屋朝门位于房屋中轴线前端，朝门两侧有门板作成'八字'形，门额上有门簪，门额上有楼。朝门两侧各有一门房对称分布，门房宽4.15米、进深4.4米，两侧门房保存较好，皆为木质结构。朝门及门房以北为天井，天井东西宽14.3米、南北进深7.7米，天井以石板铺地，较为平整。天井以北为房屋大堂，大堂保存较差，大堂东侧已损毁。从所存柱础石来看，大堂为面阔7间、进深6间的格局。大堂前为廊道，大堂的正门位于大堂前端正中，门宽约1.6米，门两侧为格子窗，格子窗分三格，上格镂雕仙鹿衔芝、双凤朝阳等瑞兽。门上为竹骨泥墙，外侧绘制纹饰，并楷书有'吉星高照'"。[1]该旧宅内存有一神主灵位，木质，灵位分两片[2]，神主内侧正中楷书撰文，文字有漫漶，可辨者曰"新故显考讳汉明汪/姒汪母田氏老大/孺人正性神主位"，其上首另有稍小楷书文字曰"父命生于嘉庆辛口年五月初一日酉时，于贵州遵义府首/县东乡乐安里十甲，地名松园坝，生长人氏。享年六十四岁。殁于同治甲戌年十月初七日子时。仍在本省府县里甲地名新房子寿终正寝，下葬于口宅右边，癸山丁向"，神主灵位下首撰文曰"母命生于嘉庆乙亥年十月十一日子时，于贵州遵义府首县东乡乐安里……也……氏口年十五岁。殁于同治四年乙丑岁正月十七日子时，口在本省府县里十甲，地名……"（图二十七），据此知该旧宅或为汪公亮后裔之宅，该牌位供奉的是汪公亮与妻田氏，汪公亮亡故于同治甲戌年（1874），妻田氏亡故于同治四年（1865），牌位称二人为"新故"，因此牌位所撰应在汪公亮亡故后不久。综上，可推测该牌位所在的旧宅亦应为汪公亮所有，撰写牌位的丧家应为汪公亮之子嗣。

若上述推论无误，可以进一步推测，夹杆石、土地庙、跳墩等遗存分布于汪氏旧宅、墓葬等处周围，均应与当地汪氏有着极为密切的联系，松园处诸清代遗存共同反映了清代晚期汪氏家族"生与死"的社会缩影，立体展示了清代晚期地方家族生活的诸多方面。

---

[1] 贵州省文物考古研究所：《遵义市新蒲新区绿塘水库项目工程建设用地范围内文物考古调查勘探评估暨保护规划报告》，内部资料，2015年。
[2] 灵位由两片木板扣合成，形似盖和底（见图二十七右上：神主即神主灵位的底部，另有神主盖一片扣合在底部之上）。

图二十七 汪氏旧宅内窗花及木质牌位

四、结论

此次考古工作共涉及遗存点7处，包括墓葬、夹杆石、土地庙、跳墩、营盘等。上述遗存大致分两期，第一期为明代晚期的徐元坝石室墓群，诸墓葬可能属家族墓葬，但具体如何仍需进一步研究。第二期为汪公亮墓、夹杆石、土地庙、跳墩、营盘及已经不存的汪氏旧宅，这批遗存极可能均与当地汪氏家族有着密切的关系，是汪氏家族生活的立体反映。第一期遗存与第二期遗存相互杂处，并未存在具体的打破或叠压关系，因此要判断二者之间是否有关联仍有待更多的证据。

附记：此次考古工作得以顺利进行必须感谢项目方的大力支持，感谢遵义市新蒲新区政府、永乐镇政府及遵义市新蒲新区管理委员会文化旅游局的鼎力协助，感谢永乐镇新民村村委会的积极配合，最后特别感谢遵义市新蒲新区管理委员会文化旅游局新蒲新区文物保护与研究所梁爽所长多方协调。

本项目负责人为贵州省文物考古研究所韦松恒，参与项目资料提取及清理工作的有：贵州省文物考古研究所韦松恒、熊俊、胡玉兵、左云杰，遵义市新蒲新区管理委员会文化旅游局的梁爽，贵州民族大学硕士研究生曾容等；参与项目调查的有：贵州省文物考古研究所韦松恒、韩东、唐文魁、谢长勇、胡玉兵、左云杰，遵义市新蒲新区管理委员会文化旅游局郑波、梁爽。

本文照片由熊俊、曾容、谢长勇、胡玉兵、韦松恒拍摄；拓片由熊俊、曾容制作；线图由熊俊、谢长勇绘制。

执笔者：韦松恒、曾容、梁爽、左云杰、谢长勇

清代贵州土司承袭文件解析

胡进

（贵州省博物馆）

摘　要　在文物调查征集工作中，发现一批清代咸同时期贵州朗溪长官司的承袭材料，有供状、亲供、印结、甘结等，本文对这些文本的真实性及流传过程等进行梳理，认为其具有重要的历史研究价值。

关键词　清代；土司；承袭

土司制度是中国历史上由朝廷在边远地区推行的较为特殊的行政制度。贵州因其地理及政治、经济等因素，是土司设置最为密集、延续时间最长的省份之一。土司制度的基点是给予土官高度自治权，即所谓"世袭其职，世守其土，世长其民"，其最为显著的特征就是行政权力以血缘关系来袭替。世代承袭是土司制度的一个重要环节，一直受到中央政府高度关注，为此朝廷制定了较为明确的规定，对有关土司承袭的文件管理也非常严格，能够留存下来的文件极少。因此，长期以来，直接印证土司世袭具体过程及相关内容的材料难得一见。

2010年，贵州省博物馆在文物调查征集工作中，笔者于印江土家族苗族自治县木黄镇盘龙村见到20余张清代咸同时期贵州思南府朗溪长官司的承袭资料。由于这些年来一直在与保存人进行征集事宜的沟通，拟待入藏后再作些研究，著文公开。囿于种种原因，征集之事没有进展，又觉得这批资料十分珍贵，所以一直牵挂于心，总是担心在某一时间会不知所终。于是在征得现保存人同意后，先将这些文件披露出来，以作参考。

据《明实录》记载：洪武七年（1374）"置思南宣慰司……厥栅、朗溪二蛮夷[1]官，本部苗民及蛮夷二长官"。[2]这是中央文献记载朗溪长官司较为可靠的设置时间。明初，隶属思南宣慰使司，永乐十一年（1413）后归思南府管辖。据朗溪田氏家谱记载，首任长官田茂能，奉为一世祖，子孙世袭，一直到清末，甚而民国，朗溪田氏在地方都行使一定管理职能。其治所在今印江土家族苗族自治县朗溪镇。[3]

据资料保存人称，他是朗溪长官司嫡系一支后裔，1964年生，这些资料一直由祖上世代相传，到他已传了四五代。计有清代咸丰、同治时有关其家族承袭朗溪长官司长官的内容，时间跨度较大，内容也有些杂乱，其中有印鉴齐全的正式文件及文件草稿、情况说明等。经过初步整理，兹将这些资料分别介绍，并对其社会背景、历史价值等进行初步评判，如有不妥之处，敬请批评指正。

一、材料的基本情况

按时代来分，有咸丰和同治时期材料各一套，大部分都注明具体时间，分别是咸丰二年（1852）及同治元年（1862），另有几份草拟的稿件，没有时间落款，只是根据内容判断应是同治六年（1867）的文本，前后时间相隔10多年。从内容来说，有《贵州思南府朗溪长官司正长官应袭田应朝顶代宗支图册》及供状、亲供、印结、甘结等，应该是清代土司承袭流程中必须具备的文件。以版式来看，可分为正式文件和非正式文件：正式文件不仅行文规范，而

---

[1]　蛮夷，旧时泛称四方的少数民族。后文"蛮彝"，即蛮夷。——编者注

[2]　《明太祖实录》卷九三，台北："中央"研究院历史语言研究所，1962年，第1629页。

[3]　胡进：《贵州省博物馆藏〈黔南田氏宗谱〉述评》，载贵州省博物馆编著《贵博论丛（第三辑）》，桂林：广西师范大学出版社，2023年，第21—35页。

且基本上都钤盖有印鉴，甚至有时任知府的署名；非正式文件与正式文件的内容大致相同，但改动之处较多，大都没有钤盖印鉴，故在文中称之为"文本"。另外还有几张小便条及一份宗支图册等，都是与朗溪长官司长官承袭之事密切相关的材料。

1.咸丰时期文件

共计7份，分别为《思南府朗溪正长官应袭田应朝亲供》《思南府蛮彝正长官安家声印结》《思南府知府左逊印结》《朗溪司族舍甘结》，还有2份《朗溪司邻佑、里民甘结》，这6份都钤盖有官印。另有1份内容较为混乱，与同治时期的文件掺杂在一起，但前后内容又能衔接，前半部分有"思南府印"的公章，行文是公文性质，故定名为《思南府文件》。从内容分析，这批资料是贵州思南府朗溪长官司办理承袭之事的全套申报材料。各本文件分别抄录如下：

（1）田应朝亲供（图一）

　　贵州思南府朗溪正长官司应袭田应朝今于

　　与亲供为年老患病，吁准休致，恳恩援例转详请袭事，供得应袭田应朝，现年二十三[1]岁，实系患病土官田兴德之次胞弟田兴贵嫡亲长男，与例相符，委因伯父田兴德并无子嗣，例应胞侄田应朝，彝众悦服，堪可承袭，其中并无过继挨越冒袭等弊，理合出具亲供是实。

　　　　　　　　咸丰二年　月　日　朗溪正长官应袭田应朝

其左下角有半方印文，应是骑缝章，印文十分模糊，字迹已难辨认，但参考其他文件上的印鉴来识别，应该是"思南府印"的右半部分。内容是准备袭替朗溪长官司正长官一职的承袭人田应朝的申请报告，称为"亲供"，即亲自供述。

---

[1] 文件原文为中文数字大写，为便于研究，本文均录为小写。下同。

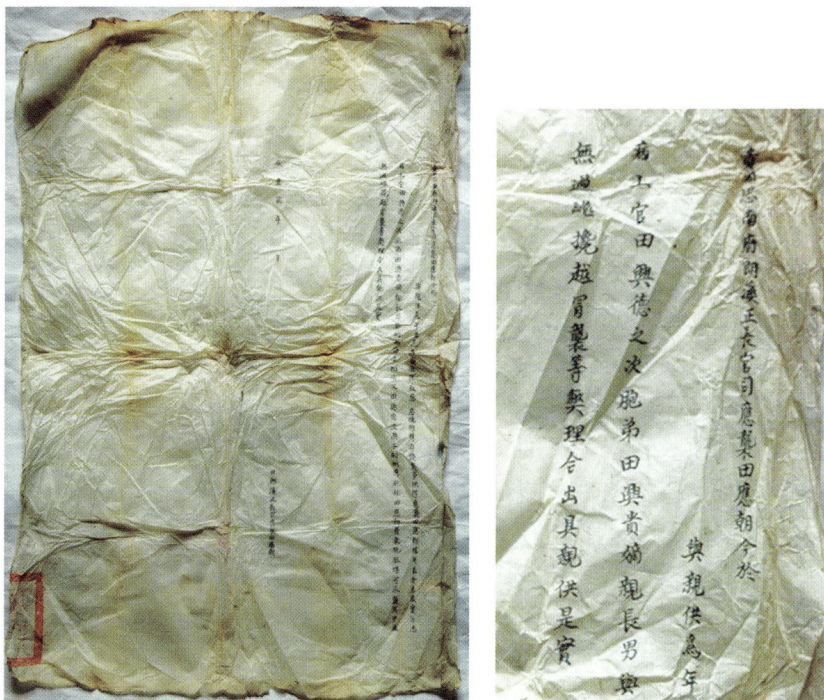

图一　咸丰、田应朝亲供（及局部）

（2）安家声印结（图二）

　　贵州思南府蛮彝正长官司安家声今于

　　与印结为年老患病，吁准休致，恳恩援例转详请袭事，结得朗溪正长官应袭田应朝，现年二十三岁，实系患病土官田兴德之次胞弟田兴贵嫡亲长男，与例相符，委因伯父田兴德并无子嗣，例应胞侄田应朝，彝众悦服，堪可承袭，其中并无过继挽越冒袭等弊，理合出具印结是实。

　　　　　　　　咸丰二年　　月　　日　蛮彝正长官司安家声

在"咸丰"二字下面的年月日处钤盖有一方宽边朱文正方印，印文有满汉文字，平均分为两栏，印文十分清晰，右边汉文为篆书"蛮彝长官司印"，是清代正式官印。其左右下角还钤有骑缝章，印文字迹较为模糊，大致能够认出是"思南府印"。这份文件是与朗溪长官司平级的邻封蛮夷长官司出具的公函，因钤盖印章，故称为"印结"。

据民国《贵州通志·土司志六》载："蛮夷长官司安氏：管碗水坝诸寨，其先有安交泰者，陕西咸宁人，宋代乌蛮王授为义

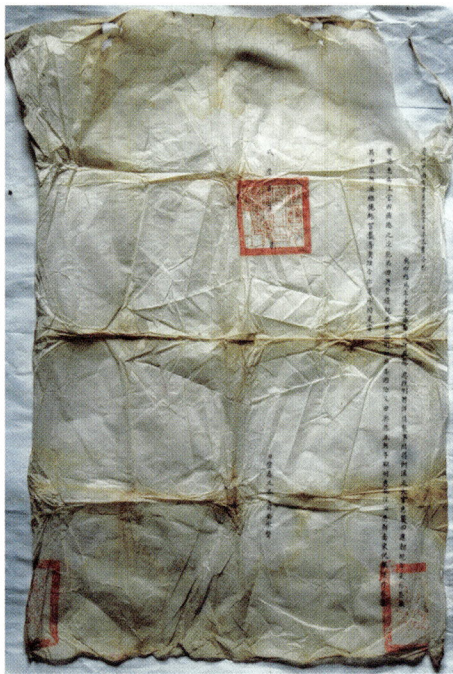

图二　咸丰安家声印结

阳元帅，元代改授沿边溪洞总管。传至辉世，明洪武五年改隶蛮夷长官司，又数传至□明。顺治十七年归附，传子磐，磐传子修敬，修敬传子仁，仁传子交泰，见袭职有印，属思南府。"[1]其与朗溪长官司的政治关系较为密切，因此朗溪长官司在承袭流程中由其出具印结。《明实录》记载洪武七年（1374），该司与朗溪长官司同时设立。该司治所在思南县境，嘉靖《思南府志·地理志·沿革》载"国朝洪武十年始置，隶思南宣慰使司，永乐十一年改府治，今隶属附廓"。[2]据考，治所具体地点在今思南县城内。

---

[1] （民国）《贵州通志·土司志六》，载《中国地方志集成·贵州府县志辑》编委会编《中国地方志集成·贵州府县志辑》第十一册，成都：巴蜀书社，2006年，第281页。
[2] （嘉靖）《思南府志》卷一，载《中国地方志集成·贵州府县志辑》编委会编《中国地方志集成·贵州府县志辑》第四十三册，成都：巴蜀书社，2006年，第489页。此外，地方文献中蛮夷长官司设置时间有多种说法。

（3）思南知府左逊印结
（图三）

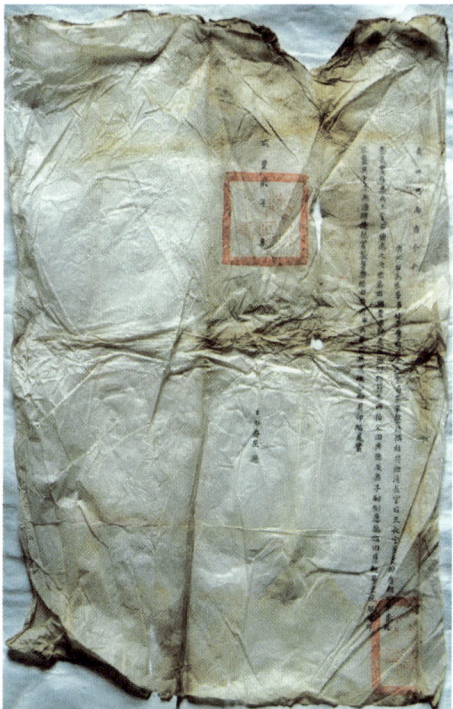

图三　思南知府左逊印结

贵州思南府今于

与印结为承袭事结，据蛮彝司正长官司安家声结称，结得朗溪长官司正长官应袭田应朝现年二十三岁，实系患病土官田兴德之次胞弟田兴贵嫡亲长男，与例相符，委因伯父田兴德并无子嗣，例应胞侄田应朝，彝众悦服，堪可承袭，其中并无过继揽越冒袭等弊。结由到府，卑府复查无异，理合加具印结是实。

咸丰二年　月　日　知府左逊

"咸丰"下面的年月日处钤盖有一朱文方印，印文稍模糊，隐约能够看出有满汉文左右两栏，右边印文为篆字"思南府印"。在右下角还有这方官印的骑缝章。思南府是朗溪长官司的主管部门，由知府左逊署名出具证明，加盖公章，亦称"印结"。

左逊，其事迹在清代文献中基本不见记载，民国《思南县志稿·职官志》"知府栏"中记载："左逊，号仲言，山右人，举人，咸丰元年署事。"[1]

[1] （民国）《思南县志稿》卷五，载《中国地方志集成·贵州府县志辑》编委会编《中国地方志集成·贵州府县志辑》第四十三册，成都：巴蜀书社，2006年，第608页。

两相印证，左逊确实在咸丰初任思南府知府。

（4）族人甘结（图四）

具甘结朗溪司族舍田庆云、田宗玙今于

与甘结为年老患病，吁准休致，恳恩援例转详请袭事，结得朗溪正长官应袭田应朝，现年二十三岁，实系患病土官田兴德之次胞弟田兴贵嫡亲长男，与例相符，委因伯父田兴德并无子嗣，例应胞侄田应朝，彝众悦服，堪可承袭，其中并无过继挽越冒袭等弊，理合出具甘结是实。

咸丰二年　月　日　具甘结族舍田庆云、田宗玙

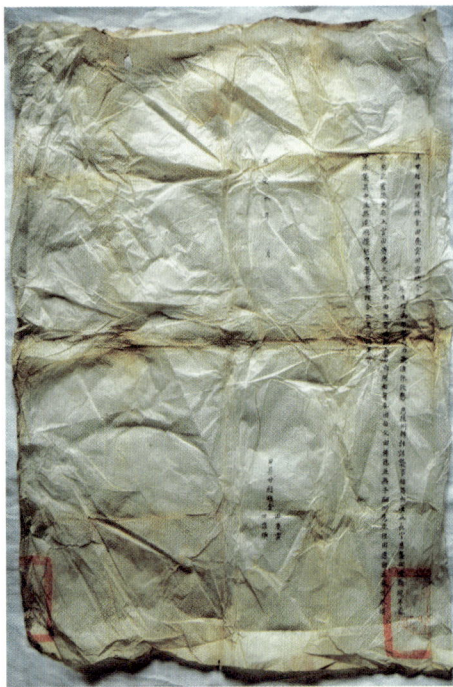

图四　族人甘结

左右下角有骑缝章，印文模糊不清。田庆云、田宗屿应是承袭人田应朝的宗族，故称为"族舍"，他们出具的证明称为"甘结"。

还有两份，是朗溪长官司管辖的平民对承袭一事无异议出具的证明，也称"保证书"，左右下角也都有骑缝章。

（5）邻佑、里民甘结（图五、图六）

具甘结朗溪司邻佑王护光、蒋道传今于

图五　邻佑王护光、蒋道传甘结　　　　　　图六　邻佑罗再荣、喻伯齐甘结

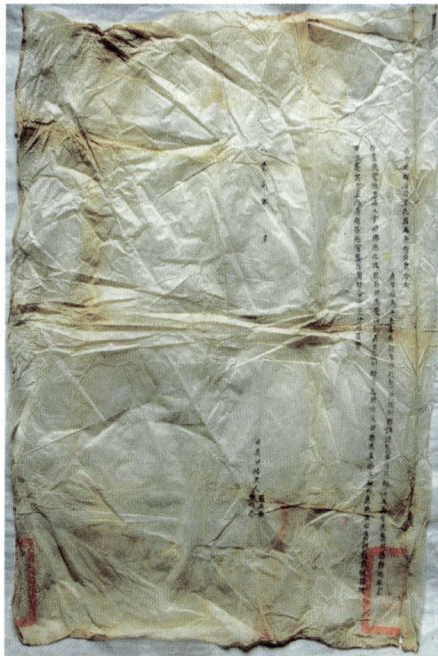

与甘结为年老患病，吁准休致，恳恩援例转详请袭事，结得朗溪正长官应袭田应朝，现年二十三岁，实系患病土官田兴德之次胞弟田兴贵嫡亲长男，与例相符，委因伯父并无子嗣，例应胞侄田应朝，彝众悦服，堪可承袭，其中并无过继换越冒袭等弊，理合出具甘结是实。

　　　　　咸丰二年　月　日　具甘结邻佑王护光、蒋道传

具甘结朗溪司里民罗再荣、喻伯齐今于

与甘结为年老患病，吁准休致，恳恩援例转详请袭事，结得朗溪正长官应袭田应朝，现年二十三岁，实系患病土官田兴德之次胞弟田

兴贵嫡亲长男，与例相符，委因伯父田兴德并无子嗣，例应胞侄田应朝，彝众悦服，堪可承袭，其中并无过继挽越冒袭等弊，理合出具甘结是实。

咸丰二年　月　日　具甘结里民罗再荣、喻伯齐

这2份内容完全一样，只是具结人的名字不同，应是他们代表朗溪长官司平民表示赞同承袭之事出具的证明。

在以上6份文件之外，还有1份思南府文件，共5页纸，是思南府关于朗溪长官司承袭一事经过的情况报告，上面钤盖有思南府的官印，而且有的地方还涂抹修改过。让人有些疑惑的是，这份文件开头写的是"咸丰二年"，但是最后的落款却是"同治元年"，并且署有思南府知府章树勋的名字。仔细核对方知，是将咸丰和同治同一内容的文件装订在一起。

（6）思南府文件前半部分（图七）

贵州思南府为详请承袭事咸丰二年三月十七日奉

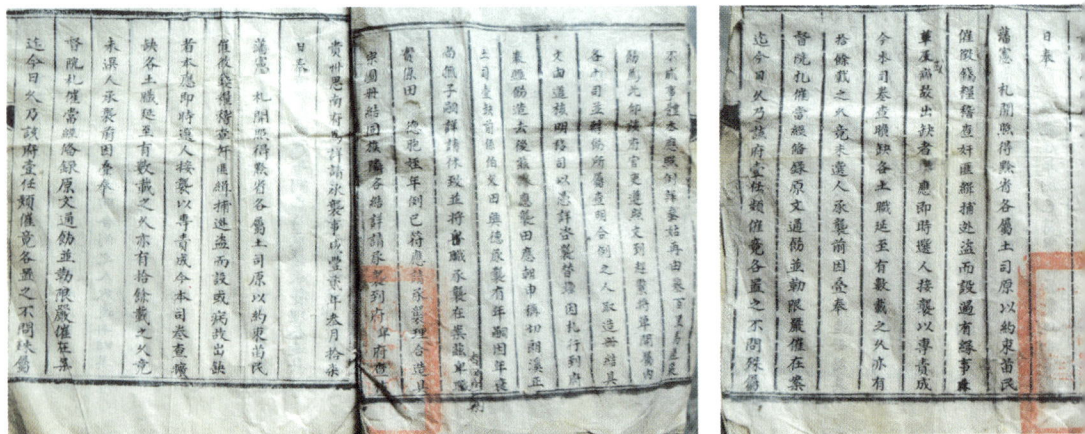

图七　思南府文件前半部分（从右至左）

藩宪札开照得黔省各属土司，原以约束苗民，催征钱粮，稽查奸匪，缉捕逃盗而设，遇有缘事斥革或病故出缺者，本应即时选人接袭，以专责成。今本司卷查旷缺，各土职延至有数载之久，亦有十余载之久，竟未选人承袭，前因叠奉督院札催，当经备录，原文通饬并勒限严催在案，迄今日久，乃该府一任频催，竟各置不问，殊属不成事体，本应照例详参，姑再由三百里马递严饬，为此仰该府官吏遵照，文到赶紧将单开属内各土司，并转饬所属查明合例之人，取造册结，具文由道核明移司，以凭详咨袭替等因，札行到府，奉经饬造去后，兹（据）应袭田应朝申称切朗溪正土司一缺，前系伯父田兴德承袭有年，嗣因年衰，尚无子嗣，详请休致，并将□（卑）职承袭在案，兹查田应朝实系田兴德胞侄，年例已符，应请承袭，理合造具宗图册结，同族邻各结，详请承袭到府，卑府查核……

该文件咸丰部分的内容到此中断，并钤有"思南府印"的骑缝章，下一页又重新开始，为同治时期文件。此件虽然不完整，但其前后都钤有思南府官印的骑缝章，可认定为思南府关于朗溪长官司承袭一事的正式文件。

咸丰时期材料的内容都较清楚，应该属于清代土司承袭流程中具备的基本材料，且都钤有官印，其属性是当时思南府认可的正式文件。

2.同治时期文本

共有10份，内容、格式与咸丰时期文件大致一样，都是有关朗溪长官司长官承袭一事，只是材料更丰富一些，但除了个别文本，都没有印鉴，而且许多文本上面有改动或要求修改的痕迹，应属于草稿。经过整理，较为特别并且很重要的材料有贵州思南府知府章树勋出具的文本和朗溪长官司田应朝重新出具的一份供状，如实抄录。

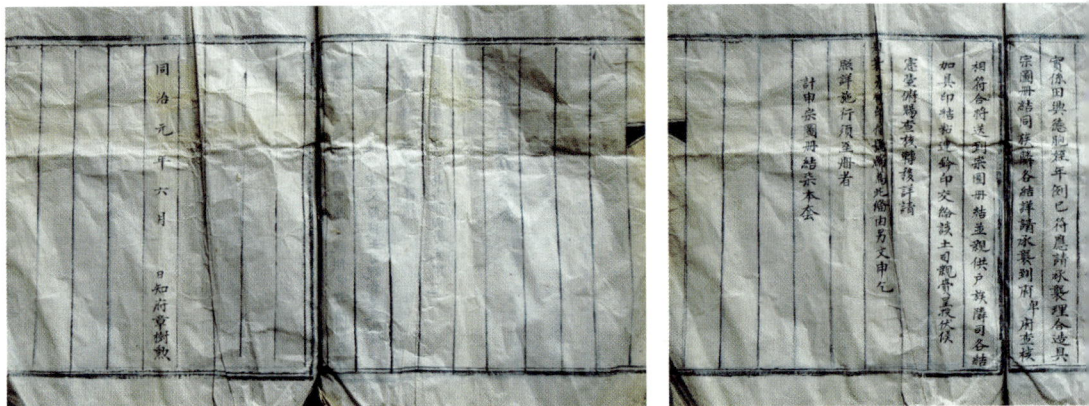

图八　同治思南府章树勋公文（从右至左）

（1）同治思南府文本全文（图八）

贵州思南府为详请承袭事咸丰二年三月十七日奉

藩宪札开照得黔省各属土司，原以约束苗民，催征钱粮，稽查奸匪，缉捕逃盗而设，或病故出缺者，本应即时选人接袭，以专责成。今本司卷查旷缺，各土职延至有数载之久，亦有十余载之久，竟未选人承袭，前因叠奉督院札催，当经备录原文通饬并勒限严催在案，迄今日久，乃该府一任频催，竟各置之不问，殊属不成事体，本应照例详参，姑再由三百里马递严饬。为此，仰该府官吏遵照，文到赶紧将单开属内各土司并转饬所属，查明合例之人，取造册结，具文由道核明移司，以凭详咨袭替等因。札行到府，奉经饬造去后。兹据应袭田应朝申称切朗溪正土司一缺，前系伯父田兴德承袭有年，嗣因年衰，尚无子嗣，详请休致，并将承袭在案。兹查田应朝实系田兴德胞侄，年例已符，应请承袭，理合造具宗图册结，同族邻各结，详请承袭到府，卑府查核相符，合将送到宗图册结并亲供户族邻司各结，加具印

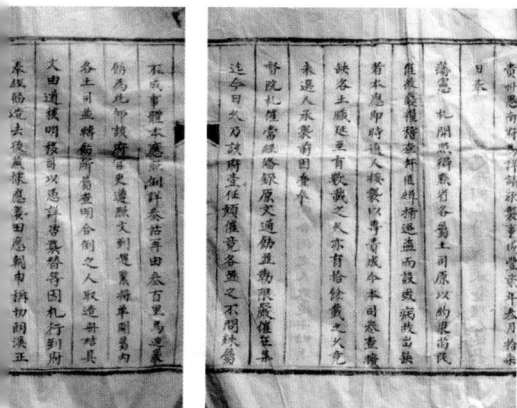

结，粘连钤印，交给该土司亲赍呈投，伏候宪台俯赐查核转移，详请题袭，另领印信号纸。为此备由，另文申乞。

照详施行，须至册者

计申宗图册结七本套

同治元年六月　日　知府章树勋

这个文本与咸丰文件装订为一本，前半部分内容几乎一样，只是将原件中改动之处誊正。最末虽然有知府章树勋的署名，却没有印鉴，但事情经过大致清楚。在咸丰二年（1852），贵州布政使司根据当时省内所属土司混乱的管理状况，尤其袭替之事停滞多年，行文要求各府应该加强管理，把所属土司长官空缺的承袭手续办理清楚。贵州思南府所属朗溪长官司长官田兴德因年老力衰，无力任职，又没有子嗣，便要求让其侄子田应朝袭替，于是思南府将其材料上报。

但是，单看这个文本还是有矛盾的，即抬头写明是"咸丰二年三月十七日奉"，而最末却是同治元年（1862）日期及知府章树勋署名，[1]时间相隔十年。又与咸丰时的文件相核，那时的知府是左逊，让人感到有些混乱。不过，再看看田应朝在同治元年写的供状，事情原委便完全清楚。

---

[1] （民国）《贵州通志·职官表》的"咸丰朝石阡府知府"栏中记有其名。（民国）《石阡县志·职官志》记载，知府章树勋，咸丰十年履任，甘肃宁夏人。又记有其继任者，徐达邦，咸丰十一年履任。说明章树勋在石阡知府任上只有一年，而在《贵州通志·前事志》同治时期镇压思南府农民起义的活动中仅有零星记载，未提及章树勋思南知府的官职。笔者认为，很有可能是当时政局较为混乱，只是让其暂时代理思南府知府职任。朗溪长官司长官承袭的这份文件或可补史阙。

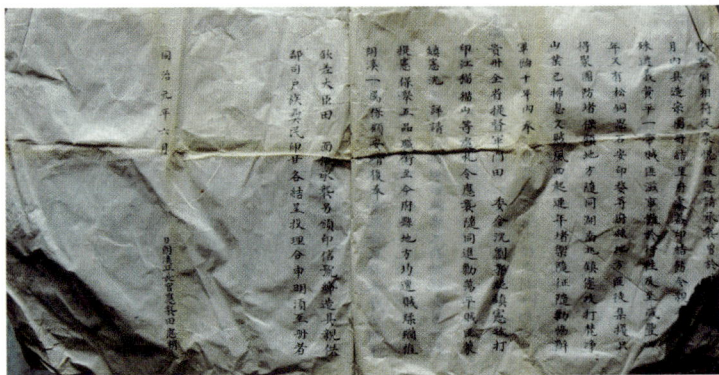

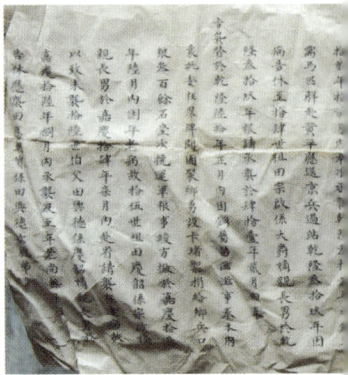

图九　田应朝供状

（2）田应朝供状（图九）

　　供状：朗溪长官司正长官应袭田应朝，现年三十一岁。原籍陕西西安府蓝田县人，始祖田宗显于隋时开辟黔南有功，封定蛮威武将军，至远祖田佑恭于宋时有功，封少师思国公。至祖田穀于元时有功，封抚彝节武将军，遗至一世祖田茂能于明洪武五年随征治古答意有功，授朗溪正长官承直郎六品职衔，颁给印信号纸，管辖苗民，征收钱粮，于洪武三十五年二月内病故。二世祖田仁泰系茂能嫡亲长男，于永乐二年正月内承袭，正统七年五月内病故。三世祖田宏高系仁泰嫡亲长男，于本年十二月内承袭，成化四年十月内病故。四世祖田丰系宏高嫡亲长男，于成化五年二月内承袭，正德三年三月内病故。五世祖田稷系丰嫡亲长男，于弘治三年二月内承袭，本年三月内病故。六世祖田庆嘉系稷嫡亲长男，于本年十二月内承袭，嘉靖元年十月内病故。七世祖田兴邦系庆嘉嫡亲长男，嘉靖二年六月内承袭，嘉靖四十五年九月内病故。八世祖田芃系兴邦嫡亲长男，于隆庆元年八月内承袭，万历二十五年十月内病故。九世祖田儒胜系芃嫡亲

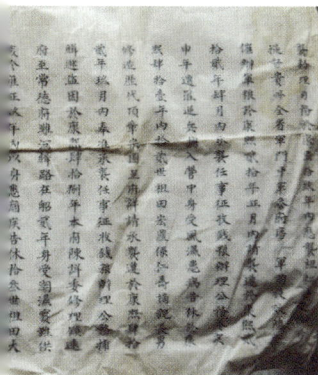

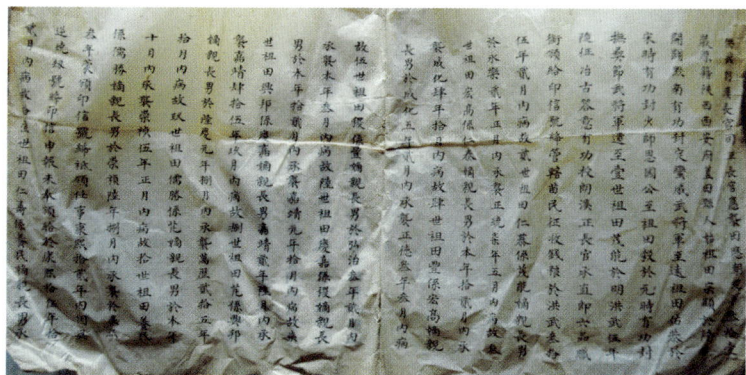

长男，于本年十月内承袭，崇祯五年正月内病故。十世祖田养民系儒胜嫡亲长男，于崇祯六年八月内承袭，于康熙三年蒙颁印信号纸，只领任事。康熙十二年内因吴逆烧劫号纸印信，申报未奉颁给，于康熙十五年十二月内病故。十一世祖田仁寿系养民嫡亲长男，承袭料理司务，于康熙十九年内应袭祖仁寿赴沅州提督贵州全省军门中军参府唐，军前投效，随即催办军粮，于康熙二十年正月内请袭，遵于康熙二十二年四月内承袭，任事征收钱粮，办理公务，于庚申[1]年遭罹逆兵掳入营中，身受风湿患病告休，于康熙四十一年内[2]。十二世祖田宏鼎系仁寿嫡亲长男，修造历代顶辈宗图，呈府详请承袭，遵于康熙四十二年九月内奉准承袭，任事征收钱粮，办理公务，捕缉逃盗，因于康熙四十八年本府陈，详委修理镇远府至常德府滩河纤路，在船二年，身受潮湿，实难供职，于雍正九年内以身患痼疾告休。十三世祖田大爵系宏鼎嫡亲长男，于本年十二月内请袭，于雍正十二年十二

---

[1] 此甲子似有疑问。
[2] 此少"病故"二字。

月内奉准承袭，乾隆三十三年承办军需马匹，解赴黄平，应（运）送京兵过站，乾隆三十九年因病告休。至十四世祖田宗启系大爵嫡亲长男，于乾隆三十九年报请承袭，于四十一年二月内奉旨袭替，于乾隆六十年正月内因铜属"苗匪"滋事，奉本府袁，批委在界牌关团聚乡勇，设卡堵御，捐给乡兵口粮三百余石，叠次挽运军粮，事竣方撤。于嘉庆十三年六月内因年老病故。十五世祖田庆韶系宗启嫡亲长男，于嘉庆十四年七月内赴省请袭，在途病故，以致未袭。十六世伯父田兴德系庆韶嫡亲长男，于嘉庆十六年八月内承袭，及至年老，尚无子嗣，患病告休，应袭田应朝实系田兴德次胞弟田兴贵之[1]嫡亲长男，与例相符，民众悦服，应请承袭，曾于咸丰二年□[2]月内具造宗图册结呈府，蒙盖印结，饬令亲效，随即殊遵义、黄平一带贼匪滋事，难于行往。及至咸丰四年，又有松（桃）铜（仁）思（南）石（阡）安（化）印（江）婺（川）等府县地方匪徒集扰，只得聚团防堵，保顾地方，随同湖南兆镇宪[3]攻打梵净山，业已扫息。又贼风四起，连年堵御，随征随剿，协办军饷。十年，内奉贵州全省提督军门田[4]，委令沈、刘、郭[5]总镇宪攻打印江猫猫山等处，札令应袭随同进剿，荡平贼匪。蒙镇宪沈，详请提宪保举五品职衔。至今府县地方均遭贼蹂躏，惟朗溪一属，保顾安靖，复奉钦差大臣田[6]，面催承袭，另颁印

---

[1] 此四字原件缺失，是据其他资料补上。

[2] 此四字原件缺失，是据其他资料补上。

[3] 指兆琛，湖南布政使，咸丰五年，因贵州农民起义声势不断壮大，被清廷派往贵州进行镇压，因清剿不力，官职几起几落，同治五年曾任贵州布政使，六年被奏劾，交部议处。

[4] 《清史稿》有传，田兴恕，字忠谱，湖南镇筸人，行伍出身。咸丰八年积功至副将，加总兵衔。九年，调派至贵州镇压农民起义，命署贵州提督，督办贵州军务。见《清史稿》卷四百二十《田兴恕传》，北京：中华书局，1977年，第12142—12145页。

[5] 沈，即沈宏富；刘，即刘吉三；郭，即郭启元，三人皆为田兴恕副将。

[6] 《东华续录》载，咸丰十年十二月"命贵州提督田兴恕为钦差大臣督办全省军务"。见王先谦撰《东华续录》咸丰卷九十七，载（清）王先谦、朱寿朋撰《东华录 东华续录》第10册，上海：上海古籍出版社，2008年，第565页。

信号纸，造具亲供邻司户族彝民印、甘各结呈投，理合申明，须至册者。

同治元年六月　日　朗溪正长官应袭田应朝

这是当事人田应朝于同治元年（1862）按朝廷规定土司承袭制度要求撰写的供状。从始祖开始一直到自己父辈承袭的经过都简要说明，并对自己袭替的情况也交代较为明白。他于咸丰二年（1852）时就已准备好土司承袭的所有手续，时年二十三岁，准备袭替朗溪长官司长官，并由自己带上所有文件呈送省里，但因农民起义爆发，道路阻断，此事就此搁置。然而田应朝仍然履行朗溪长官司长官的职责，为官府筹集粮草，帮助官军清剿起义军等，直至咸丰十年。这期间得到清军将领及行政官员的褒奖，并保举五品职衔，又有钦差大臣允诺承袭的指示，所以在同治元年又将材料备齐，准备再次办理承袭手续。所报备的文件与咸丰二年的内容基本一样，这也就解释了那一份思南府的文本为什么抬头是咸丰二年，而最后落款却是同治元年的原因，是因为同治元年思南府知府章树勋基本上套用了咸丰二年的文件，最后落上时间及姓名。时间已过近十年，其中只对个别词语稍加改动，并把田应朝的年龄改为"三十一岁"。大概是具体经办人较为马虎，没有将抬头咸丰二年的日期更改。

同治时的这批材料基本上都没有钤盖印鉴，因此可以推断还是拟订中的稿件。把咸丰文件与同治文本混合装订在一起，应是田氏后裔为保存方便所为。

同治时，思南知府章树勋为朗溪长官司申报的情况说明末尾有"计申宗图册结七本套"，即注明所报的材料共为7份，这与我们见到咸丰二年文件的数目一致，这也说明那一套材料是齐全的。而同治元年的这批材料比较杂乱，写明年款的就有10件之多，有一些文本的上面有改动痕迹，还有几张上面粘了一些很小的方纸块，只写一个正楷字，意思很明白，是嫌原件写得不规范，粘在那里要求改正。另有一些粘了稍大一点的纸条，写了一些要求注意的话，如"粘连，仔细照样，务要公正""要当年日月"等。而且里面有几份是重复的，比如有一张较为宽大的纸上，分别写了3份，有田应朝的亲供、章树勋的印结及王文武、李如珍的甘结，应该都是草稿。总体梳理一下，较为规范的文件份数与咸丰材料一致，即田应朝的亲供、安家声的印结、思南府知府章树勋的印结及田氏族人和朗溪长官司里民的甘结，内容与咸丰材料也基本一样，只是情况有变的地方有改动，如田应朝的岁数改为"三十一岁"，族舍和里民甘结的名字也全部变了，应该是过去了十年，已经物是人非，又换了一批人。这些材料中除了安家声的印结钤有一方"蛮彝长官司印"的印章外，其他都没有印鉴，故而推断应该属于当时准备申报的文件，要等加盖思南府的公章才可生效。不过，事情似乎又有变故，答案就在几张小便条上。

3. 小便条

计有4张，其中3张小长纸条，内容较多，字迹潦草，而且有的语句混乱，乃名副其实的草稿，但大概意思已经明白。兹将3张内容较完整的便条抄录如下。

其一（图十）：

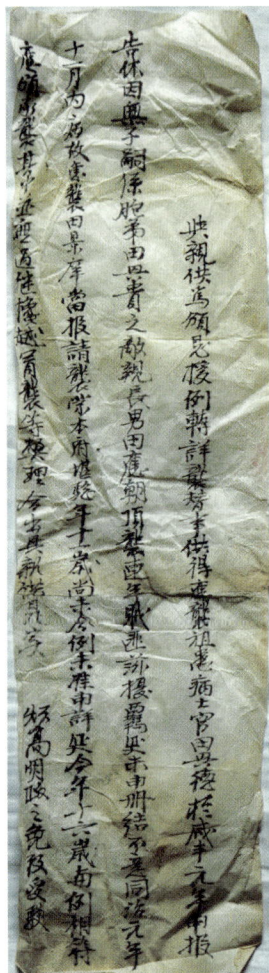

图十　小便条其一

与亲供为颁恩援例转详袭替事，供得应袭祖患病土官田兴德于咸丰元年申报告休，因无子嗣，系胞弟田兴贵之嫡亲长男田应朝顶袭，连年贼匪滋扰，羁□未申册结，不意同治元年十一月内病故。应袭田景庠当报请袭，蒙本府堪（勘）验，年十一岁，尚未合例，未准申详。延今年十六岁，与例相符，应颁承袭，其中并无过继挽越冒袭等弊，理合出具亲供是实。

烦高明□之免□受驳。

这份草稿应该是另一承袭人田景庠的亲供，虽然没有年款，但事情大概说得明白，田景庠是田应朝之子，按其所述拟写的时间推算应该是同治六年（1867）前后。因上一任承袭人田应朝于同治元年十一月病故，这也就解释了同治元年那一批文件没有继续办理完成的原因。当时的承袭人田景庠因未达到法定年龄，所以此事便被搁置下来。过了五六年，田景庠年龄已够，便想重新办理承袭手续，于是拟了这份草稿，但因不懂规矩，没有注明他与田应朝的关系，于是又写了一份。

其二（图十一）：

与印结叩赏，援例转详请袭事，结得朗溪正长官应袭田景庠现年十六岁，实系田应朝嫡亲长男，例应承袭，民众悦服，其中并无过继挽越冒袭等弊，理合出具印结是实。

我年老心昏，字语不清，烦政之是本，此要有印之邻司结。

不知何因，草稿上又写了一些似是而非的词语。不过仔细推敲，所说还是与承袭事体有关。大概是还不全面，又补写了一张需要知府印结的内容。

其三（图十二）：

田景庠现年十六岁，实系已故田应朝嫡亲长男，例应承袭，民众悦服，其中并无过继挽越冒袭等弊，结由到府，卑府覆查无异，理合加具印结是实。

务要此日□式

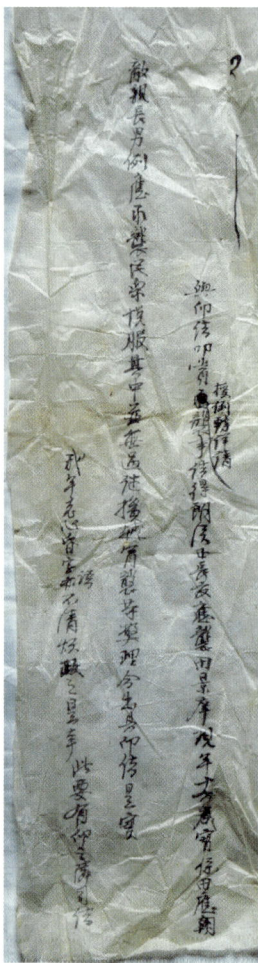

图十一　小便条其二

图十二　小便条其三

　　这张便条完全是官府的口气，因此可推断为思南府印结的草稿。还有一张只写了"名换正大光明之人""词照样"等语句，与其他便条内容联系起来，应该也和承袭之事相关。

　　上面三张小便条书写的时间大约是在同治六年。

除了这些文件之外，还有一份《贵州思南府朗溪长官司正长官应袭田应朝顶代宗支图册》（图十三），是图表格式，没有注明年代。从一世祖田茂能开始，共记了十九代，田应朝是第十七代，下面是十八代田景庠（该宗支图册写作"祥"）、十九代田儒端（端），这两代的字迹与前面完全不同，显然不是原本的内容。该宗支图册注明是以田应朝为第一当事人，时间可推断是在咸丰二年其准备承袭朗溪长官司长官时拟定的，内容是其供状的格式化图表，大概不属于朝廷规定的7件申报材料，因此没有钤盖任何印鉴，而是以家族族谱流传。十七世祖田应朝后面的十八、十九两世，是后人添补上去的。

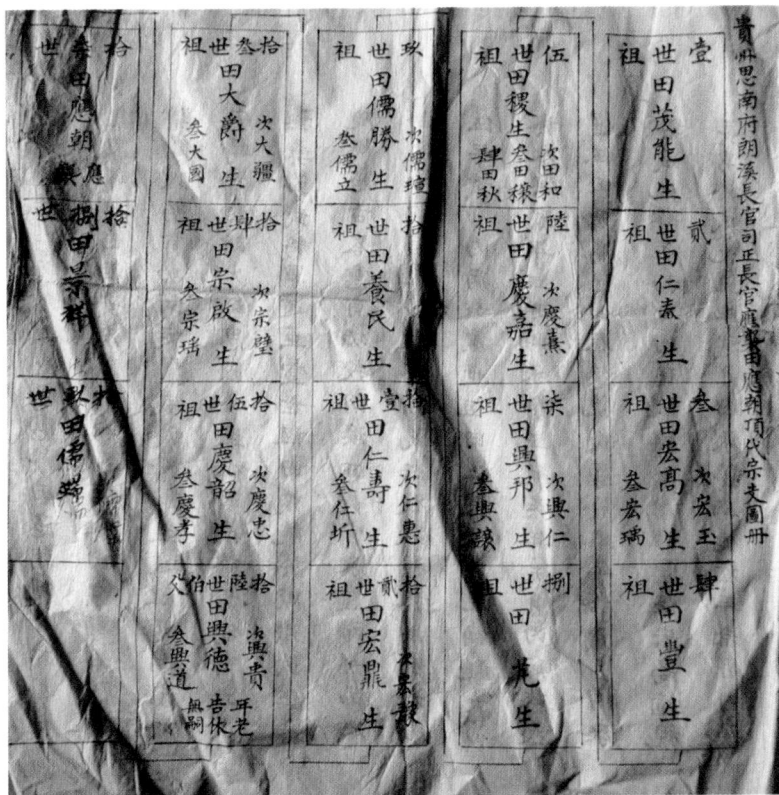

图十三 《贵州思南府朗溪长官司正长官应袭田应朝顶代宗支图册》

二、历史背景梳理

根据所有材料，大致可以知道整个事件的脉络。咸丰初年，因土司承袭制度松弛，贵州布政使进行整顿，要求省内土司完善承袭手续，思南府所属朗溪长官司长官田兴德因年老多病，不能理事，又无子嗣，于是提出让其侄子田应朝承袭，于咸丰二年将自己的申报材料备齐，经知府左逊审核后署名，并钤盖贵州思南府印章，交与田应朝拿到省城去办理。不料此时发生农民起义，道路不通，承袭之事暂时搁置。但田应朝仍然履行朗溪长官司长官职责，积极帮助清军平叛，维护地方稳定，并且立功受奖。过了10年，即同治元年，社会形势稍有平缓，田应朝又重新备齐承袭材料，经当时的代理知府章树勋审理后准备上报。而此时又出意外，田应朝因病去世，其长子田景庠年龄尚幼，不合法定袭职年龄，此事再次中断。过了五六年，田景庠年满16岁，已到土司承袭年龄，于是将其父原来申报的材料翻出，又找到思南府审理，但已物是人非，原来的材料过期，经办人便在一些原件上提出修改意见，比如认为有的字不规范，特地用一小方纸块正楷写出粘在旁边，要求改正。最为明显的是一份田应朝同治元年的亲供，不仅将其名字用毛笔划去，旁边写上田景庠，还要求改正不规范用字，而且还在右上角粘上一张小纸条，上面写有"粘连，仔细照样，务要公正"等。另一张知府章树勋出具的印结，在其年月日的旁边也粘有一张小纸条，上面特意提示"要当年日月"，应该都是思南府当时具体办理此事的官吏所作的修改意见。如此这些，都可看出是田景庠在申报承袭朗溪长官司长官时所遗留的材料，时间应该是同治六年前后。

朗溪长官司长官在咸同时期承袭的曲折经过大致如此，时间长达十余年，经历了三代人。

三、对这批材料性质的认识

土司制度是世袭制，但是历史上土司袭替的过程中，多次发生承袭关系不明而引起社会动荡的情况，因此中央政府对土司承袭管理也较为严格。清代总结明代土司制度的流弊，认为"土司之乱，起于承袭"，因此制定了十分严格的规定。光绪《大清会典》卷十二，"土官亡故或年老有疾请代"条中有若干规定："准以嫡子嫡孙承袭。无嫡子嫡孙，则以庶子庶孙承袭。无子孙，则以弟或其族人承袭。其土官之妻及婿，有为土民所服者，亦准承袭。"[1]光绪《大清会典事例》卷五百八十九载："康熙十一年题准土官子弟年至十五方准承袭。未满十五岁者，督抚报部，将土官印信事务令本族土舍护理，俟承袭之人年满十五，督抚题请承袭。"[2]朗溪长官司留存的这些文件，与清廷规定完全相符。清代在康熙以前，沿用明制，规定土司承袭要亲赴京城授职。随着改土归流的逐步深入，中央集权不断加强，对土司承袭的管理才稍有松懈，审批权下放至行省。但是由于土司承袭的申报及审批属于行政行为，所以其相关手续的档案管理级别较高，一般不会散失在外，按相关规定，土司的行政手续更换时，旧的印信必须全部上交，如果发生丢失，是要严厉惩处的。因此，历史上存留下来的文件极为罕见，朗溪长官司现存的这些清代承袭材料越显珍贵。下面谈谈几点认识。

1.关于这批材料的真实性。从材料的内容分析，事件的过程与历史背景完全吻合，其中涉及的人物及事件基本上都可以找到文献记载相印证。尤其是咸丰二年的文件，不仅资料完整，而且印鉴齐备，应该是一整套当时办理土司承袭的正式文件。而同治元年的文本，虽然除了安家声的印结钤有官印，其他材料都显得较为杂乱，但与咸丰时的文件相核对，仍然可以证实这是一套完备的土司承袭文件。因此可以断定这些材料是真实且可靠的。

2.为什么这些材料会一直保存在个人手中，是否有些违背常态？我们从材料中反映出朗溪长官司长官田应朝的承袭过程较为曲折，中间不断出现变故，

---

[1] （清）昆冈等修：《大清会典事例》卷十二，清光绪二十五年（1899）。
[2] （清）昆冈等修：《大清会典事例》卷五百八十九，清光绪二十五年（1899）。

实际上他直至去世，其两次申报承袭的材料也没有呈送上去。正是这个原因，这批材料才会一直保存在他本人及后人手中。清咸同时期，贵州爆发了各族人民大起义，规模巨大，范围甚广，时间较长，影响深远，是贵州近代历史上的一个重大事件，而这些文件从一定层面反映了当时的社会状况。在政局较为动乱的情景下，这些材料被当事人保存起来也是合乎情理的。

3.这批材料实际上涉及清代贵州土司的三次承袭过程，时间延续长达十五六年，从中亦可了解清代土司承袭的具体要求及所走的程序，比如亲供、印结、甘结等，其中还有一个要点是过去所不清楚的，就是咸同时期土司承袭办理所需的材料几乎都是由其本人准备，更有甚者，手续也是由本人携带送达行省。报批程序则是由知府审核，最后由布政使批准即可。

据民国《贵州通志·土司志》载："朗溪长官司田氏，管四大村诸寨，其先有田谷者，陕西蓝田人，元代以功授大万山长官，传至荣。明洪武元年改授朗溪长官，累传至养民，顺治十五年归附，传子仁寿，仁寿传子洪鼎，洪鼎数传至兴德，见袭职无印，属思南府。"[1]此为有关朗溪长官司较为确切的记载，但较为简略，着重是清代，只记到田兴德为止，而我们现在见到的这批资料，把朗溪长官司明清十九世承袭过程记录得十分清楚，可补文献记载之缺。民国《贵州通志·土司志六》在其按语中专门对朗溪长官司的历史作了一番考证，特别是对田兴德之后的情况有具体描述，其云："按……邛江长官司张氏、朗溪长官司田氏，亘古昭昭，顶支不紊，不过中间小有差讹，代远裔繁，无从稽核。仅就两姓呈报沿革履册以及平时遗老流传掌故，虽非全豹而指掌了如也。张土司……田土司，先世陕西西安府蓝田县人，始祖田宗显，于隋朝奉文帝诏开辟黔中荒服，论功进秩，封定蛮威武将军。远祖田祐恭仕宋有功，晋封少师兼思国公，至田景珍，元时授职为思南宣慰使，其子儒铭即田谷，于明洪武朝

[1] （民国）《贵州通志·土司志六》，载《中国地方志集成：贵州府县志辑》编委会编《中国地方志集成：贵州府县志辑》第十一册，成都：巴蜀书社，2006年，第281页。

创辟朗溪十五洞。事平，晋封敦武侯，又封恭顺大夫。后五子从征以功，俱锡（赐）有爵土，自一世祖田茂能至十世祖田养民，均系儒铭嫡派子孙。爰（爱）逮有清入关，顺治三年投效贵州唐提督麾下，以功奏准承袭勿替，此后代无虚职。其十八世祖田景庠于同治同（四）年承袭，至光绪六年，梵净山贼寇掠，贵州巡抚岑毓英札募乡兵，景庠身先士卒获奖。十九世承袭者田儒端，现存，系光绪二十三年承袭。宣统改革，贼氛四起，幸所率乡兵用命，地方得以安静，皆其族中父老子弟之力也。"[1] 其对田景庠及田儒端的记述与这套朗溪长官司承袭资料基本相符。

总而言之，这批有关清代土司承袭的材料真实而完整，对研究清代土司制度具有重要的历史研究价值。

[1]（民国）《贵州通志·土司志六》，载《中国地方志集成：贵州府县志辑》编委会编《中国地方志集成：贵州府县志辑》第十一册，成都：巴蜀书社，2006年，第282—283页。

"娄山关"石碑考辨

刘雪婷　严晋臣

（贵州省博物馆）（西南民族大学旅游与历史文化学院）

摘　要　文章通过比较分析贵州省博物馆馆藏的两幅"娄山关"拓片，厘清了二者之间的相互关系，发现馆藏1965年朱拓"娄山关"拓片与1984年墨拓"娄山关"拓片应是在同一石碑上拓印，而馆藏1983年拍摄的老照片中的"娄山关"石碑应为这两张拓片的原碑。该碑立于1928年，由黄道彬题写。

关键词　"娄山关"石碑；拓片；黄道彬

娄山关又名娄关、太平关，位于遵义市区与桐梓县交界处，南距遵义市红花岗区50公里，北距桐梓县城13公里。其北拒巴蜀，南扼黔桂，是西南交通要道上的重要关口，也是历史上川黔通道的必经之地。其地理位置优越、地势险峻，具有极为重要的战略意义，是历代兵家必争之地，素有"一夫当关，万夫莫开"之说。《明史》卷二百四十七《刘綎传》中记载了大将刘綎自綦江进娄山关讨伐杨应龙的事迹。"刘綎，字省吾，都督显子。勇敢有父风，用荫为指挥使……遂移师征杨应龙。会四川总兵官万鏊罢，即以綎代之。时兵分八道，川居其四。川东又分为二，以綦江道最要，令綎当之……总督李化龙以平播非綎不可，固留之，力荐于朝。綎乃复受事，逾夜郎旧城，攻克贼滴泪、三坡、瓦窑坪、石虎诸隘，直抵娄山关。娄山万峰插天，丛箐中一径才数尺，贼设木关十三座，排栅置深坑……綎分奇兵为左右路，间道趋关后，而自督大军仰攻，夺其关，追至永安庄，两路军亦会。"[1] 此次平播之役对明廷维护西南疆土具有重大意义，也凸显出了娄山关作为兵家必争之地的重要战略地位。1935年，中国工农红军在遵义会议之前和之后于娄山关进行了两次战斗，取得了长征以来的第一次重大胜利，因此娄山关载入了中国革命史册。娄山关红军战斗遗址现有毛泽东词碑、娄山关红军战斗纪念碑、小尖山红军战斗遗址、娄山关红军战斗陈列馆、摩崖石刻及娄山关古碑等战斗遗址文物和纪念性建筑物，是全国重点文物保护单位、全国青少年爱国主义教育基地等。

图一 "娄山关"石碑照

在娄山关山脚的川黔公路旁竖立有一块"娄山关"题字石碑，因用笔流畅、字体遒劲受到很多文史爱好者的关注（图一）。该碑不仅是川黔公路的重要见证，红军长征时也留下了一段趣闻。据传毛泽东主席随着胜利的中央红军到达十分险要的娄山关时，看到石碑上的"娄山关"刻字写得刚健有力、一气呵成，运笔尽显磅礴之气，他便驻足从书法艺术上给大家讲解"娄山关"三字的笔法和艺术价值。他在欣赏时，还反复揣摩，不断用手在笔画上临摹运笔。同时，他也给大家阐明了要在此处刻石的原因——此处为往来南北的重要通道，即为关口，常以碑柱碑石为界，区分和标志地名。但因石碑上无题写人的

---

[1] 《明史》卷二百四十七《刘綎传》，北京：中华书局，1974年，第6389—6394页。

名字，所以在很长一段时间议论纷纷，甚有传言此碑为毛泽东所题写。另有一说为时任南京国民政府贵州省民政厅长黄道彬所题写。现存石碑上仅有"娄山关"三字，并无题写人等相关信息。此事引起笔者兴趣，经过多方查找，正好见到贵州省博物馆收藏有相关老照片一张及"娄山关"石碑拓片两张等相关资料，故对其进行查考，以补史缺。

贵州省博物馆藏与"娄山关"石碑相关老照片摄于1983年，黑白照，名为《代表在娄山关留影》（图二）。照片中石碑位于几层台阶之上，石碑上除题写

图二　代表在娄山关留影（贵州省博物馆藏）

有"娄山关"三字外，亦无其他信息。但细看石碑左下和右上处，似有字体被划掉的痕迹，但已模糊难辨。

此外，另有"娄山关"石碑相关馆藏拓片两件。这两件石碑拓片，从拓制颜色上区分，一张用墨拓制，下文简称"墨拓"；另一张用红色颜料拓制，下文简称"朱拓"。两件拓片字体皆为行书。

一、墨拓"娄山关"石碑拓片

已装裱，裱后拓片长190厘米，宽78厘米，重207克，宣纸墨拓，中间为行书书写"娄山关"。1984年3月从贵州省拓展会撤展展品中清交入藏贵州省博物馆。

该拓片拓痕不甚明显，拓制手法整体均匀，拓制较为精细。其右上方与裱边连接处似有题款被划掉的痕迹，左下方与裱边连接处无该痕迹，应是整块碑未全拓，抑或是装裱时将两侧裁切。"娄山关"三字字体大小分别为："娄"长57厘米、宽34厘米，"山"长37.5厘米、宽39厘米，"关"长52厘米、宽36厘米（图三）。

图三　墨拓"娄山关"石碑拓片（贵州省博物馆藏）

二、朱拓"娄山关"石碑拓片

未装裱。拓片长167厘米，宽101厘米。拓片右侧题一行小字"遵桐分界线"，中间为行书书写"娄山关"三字，左下方落款为"古珍州丕谟黄道彬书"。该拓片是

1965年入藏贵州省博物馆，是贵州省博物馆工作人员在遵义娄山关垭口拓印。

该拓片由四块较小拓片拼接而成，拓制粗糙，底部有拓虚痕迹，整体拓痕较重。"娄山关"三字字体大小分别为："娄"长56厘米、宽31厘米，"山"长33厘米、宽39厘米，"关"长52厘米、宽34厘米（图四）。

黄道彬，名绍显，字道彬，号丕谟，1884年出生于贵州桐梓。1915年先后任营长、团长、师长，1929年后任贵州省代理省主席、贵州省民政厅长等职务。黄道彬虽从戎多年，但对诗书等很有主见，习书法，作楹联，书法笔力

图四　朱拓"娄山关"石碑拓片（贵州省博物馆藏）

丰劲，作品有在红花园石壁刻的"满园春色"、周西成故居新桥河石桥上书的"楠木桥"等。

朱拓左下方落款古珍州为地名，指今贵州省正安县、道真仡佬族苗族自治县一带。珍州之名一说因县界有降珍山而名，《太平御览》卷一百七十一《州郡部》十七引《十道志》曰："珍州，夜郎郡。古山僚夜郎国之地。晋永嘉五年，分牂牁置夜郎郡，兼置充州。唐贞观十七年，廓辟边夷，置播川镇。后因

川中有降珍山，因以镇为珍州，取山名郡也。"[1]另一说是为纪念东汉尹珍而名。珍州最早建置于唐贞观十六年（642），下辖夜郎、丽皋、乐源三县。天宝元年（742）改珍州为夜郎郡。乾元元年（758）复名珍州，治辖如前。[2]历史上桐梓县属珍州，因此黄道彬把自己的祖籍题写为古珍州。

三、1983年老照片中"娄山关"石碑、墨拓、朱拓的关系

馆藏1983年拍摄有关"娄山关"石碑的老照片与墨拓、朱拓都较为相似。不同的是，1983年老照片与墨拓两者都只有行书书写"娄山关"三字，无题写人或是立碑人相关信息。

就1983年老照片与墨拓比较来看，两者都只有行书书写"娄山关"三字，无题写或是立碑人相关信息。从墨拓的石花和老照片的碑体来看，两者右上方都有较明显且相似的划痕，但墨拓该处靠右侧划痕不全。老照片中碑体左下方有划痕而墨拓中无。从字体书写来看，拓片和老照片中"娄山关"三字的书写方式和运笔方式如出一辙，特别是"娄"和"关"字，1983年老照片与墨拓的书写方式如出一辙。因此笔者认为这件墨拓应是在1983年老照片中石碑上拓印的。虽墨拓中少了1983年老照片石刻碑体左下方的划痕，但这应是装裱过程中裁剪所致。

虽朱拓有"遵桐分界线""古珍州丕谟黄道彬书"题字落款，且宽度较墨拓宽出20余厘米，两者入藏时间前后间隔将近20年。但将两张拓片叠放在一起看，"娄山关"三字基本重合，两者字体大小差别不大。两件拓片拓制的石花纹路基本一致，如"山"和"关"字之间的石花明显相同。另外朱拓"娄山关"三字的字体用笔方式与墨拓几乎一致，特别是"娄"和"山"字的写法是

---

[1] （宋）李昉等撰：《太平御览》卷一百七十一《州郡部》十七，北京：中华书局，1960年，第863页。
[2] 《旧唐书》卷四十《地理三》，北京：中华书局，1975年，第1629页。

一样的。这两幅"娄山关"石碑拓片虽存在有无上下题款、尺寸大小、入藏时间的区别，但从石花、字体书写、用笔方式等方面对比来看，笔者认为墨拓、朱拓"娄山关"拓片应是在同一碑刻上拓印，1983年老照片中的"娄山关"石碑应为这两张拓片的原碑。

推测在1965年至1983年之间，黄道彬书写的"娄山关"石碑因为某种原因，右上和左下题款被故意划掉，仅留中间"娄山关"三字，这也解释了朱拓中有上下题款，而1983年老照片中的"娄山关"石碑及墨拓无上下题款且题款处有刻划痕迹的原因。

再看现存"娄山关"石碑，"娄山关"字体书写方式似与馆藏朱拓、墨拓、1983年老照片中有所不同，特别是"关"字里面部分差别较大。据传曾有车辆经过娄山关关口时，撞在了竖立在关口以南路基外的"娄山关"石碑上，石碑基座以上被损坏。该石碑或是在原碑被撞毁以后根据原有拓片或照片复刻，具体还有待进一步考证。

四、"娄山关"石碑为何人题写？

从馆藏朱拓"娄山关"拓片的题款可以确定，该拓片的原碑题写人确为黄道彬，立碑则是为了区分当时遵义和桐梓的分界。说到黄道彬，就需要提到周西成。周西成（1893—1929），名世杰，号继斌，今桐梓安山区新桥乡人，祖籍江西。1915至1923年先后任连长、营长等职务。1926年4月，调任贵州省长。其在主黔期间，大力发展当地交通、兴办实业，[1]先后修建贵阳环城公路、黔川干线、黔桂干线、黔湘干线和黔滇干线等道路共计862公里，为贵州公路汽车运输事业的发展奠定了基础。[2]在周西成主政期间，其种种举措促进了贵州经

---

[1]　周善菊：《试论周西成与贵州近代化发展》，《长春教育学院学报》2013年第12期，第86—87页。

[2]　何长凤：《周西成与贵州近代化建设》，《贵阳文史》2006年第5期，第24—26页。

济、文化、交通、教育及军事的发展，提升了贵州的综合实力，在一定程度上将贵州经济、教育等带入了近代化的发展进程。

在周西成主黔修路期间，为提高大家对修筑公路的认知，打开时人眼界，1927年春，委托一向被其视为长辈的卢焘从香港购买了一辆小汽车，辗转广州、柳州、榕江、三都等地，历经艰辛，于8月才将这辆汽车运回贵阳，这也是此时贵州的第一辆汽车。尔后，他便坐上这辆汽车在修好的环城公路上绕行。这也或为其修路的原因之一。而"娄山关"石碑也确源于周西成主政贵州期间。1928年，周西成组织修通贵阳至桐梓公路，其属下黄道彬时任民政厅长，主管修筑工程，在书法方面也有一定的造诣，便题写"娄山关"石碑立在关口。贵阳至桐梓省道竣工通车时，周西成以车为原型，由贵阳南郊虹桥省造币厂铸造发行"贵州壹圆银币"，又称"汽车币"以表纪念。[1]该币有两款，一款为车后轮下有两片草叶，另一款为车后轮下有三片草叶。贵州省博物馆藏有车后轮下有三片草叶的汽车币一枚（图五），是1959年由中国人民银行贵州省分行调拨至贵州省博物馆。省博物馆藏汽车币直径3.9厘米，重26.4克，正面上端铸有"中华民国十七年"。银币中心铸"芙蓉花"，其外铸四字"贵州银币"，字外饰内珠圆环，左右两侧饰有花瓣翘起的四瓣中圆点花饰。下端铸二字"壹圆"。银币背面上端铸"贵州省政府造"。中心图案为一辆在公路上的汽车，公路线下装饰草叶线条；车外饰内珠圆环，左右两侧同样饰花瓣翘起的四瓣中圆点花饰。下端铸"七钱二分"。此汽车币由于流通时间短、流通范围窄等因素，存世量极少。

如果当时毛泽东主席确在这里见到这方石碑，那他看见的应是有黄道彬题款的"娄山关"石碑。如今，这方石碑依然屹立在娄山关，它在这里见证了1935年初中央红军在这里展开的两次激烈战斗。娄山关战斗为新的川黔边新苏区根据地的建立打下了基础，为保证遵义会议的顺利召开做出了重要贡献；娄

---

[1]　钱存浩、张文骏：《也谈贵州汽车银币》，《中国钱币》1988年第3期，第69—70页。

图五　贵州汽车币正、反面（贵州省博物馆藏）

山关大捷揭开了遵义大捷的序幕，红军赢得长征以来的第一次大胜仗。"娄山关"石碑见证了毛泽东主席书写的壮烈文字，"西风烈……从头越，苍山如海，残阳如血"，也见证了"坚定信念、实事求是、依靠群众、敢于超越"的革命精神。

综上所述，贵州省博物馆藏1965年朱拓"娄山关"拓片与1984年墨拓"娄山关"拓片应是在同一石碑上拓印，而馆藏1983年拍摄的老照片中的"娄山关"石碑应为这两张拓片的原碑。该碑立于1928年，由黄道彬题写。

绘画书法

清代游记中的黔贵图画

朱良津

（贵州省博物馆）

摘　要　在清代以贵州为题材的传世作品中，它们的作者无论是本土人物，抑或是外来人士，均有颇具影响者。这些作品已成为贵州文化遗产中的重要部分。本文对《鸿雪因缘图记》《水流云在图记》两书的插图进行介绍，旨在让人们了解文人著作中，据画家手迹刻印的以贵州为题材的版画插图，是传世手迹之外的重要补充部分。

关键词　清代游记；贵州；图画

　　自明代永乐时期贵州建省后，中央集权制在黔不断强化，受派于中央政府兼具文人与官吏双重身份的人士不断进入贵州。从史籍著录和现有的传世作品来看，这些人中有不少精擅绘事，有的艺术造诣之高甚至留名于绘画史中。这一现象改变了古来贵州文化滞后，鲜有词客骚人、丹青妙手踏足的现象。另外，明代贵州教育大兴，为文化艺术的发展夯实了基础。明中央政府强调儒学的教化作用，贵州掀起了一次次办学高潮。明嘉靖十六年（1537），明朝廷于贵州设置科举考场，又改变了贵州学子参考困难，极大不利于政府选贤育才的状况。这些举措使贵州教育得以不断发展，知识分子大量涌现，为元代以来占据画坛主流的文人画在贵州的发展提供了社会基础。如此种种，对明清两代贵州绘画的发展无疑起到了助推作用。自晚明以来，愈来愈多的传世画作流传下来，其中包括一些以贵州山川人物为题材的画卷。

本文所要谈论的，是在那些画家们传世的亲笔画作之外，存于文人游记——道光时期来贵州任职的麟庆所撰《鸿雪因缘图记》，以及光绪时期出任直隶总督、北洋大臣的贵阳人陈夔龙所撰《水流云在图记》中的贵州图画。这两部游记中描绘贵州风光名胜的插图，是先由画家用笔墨色彩绘制画作，再通过工匠依样刻于木板上，最后进行印刷的版画。这些版画在书中与文字相配，使得游记图文并茂，文与画相得益彰。

一、《鸿雪因缘图记》中的贵州山水画

清代道光时期到贵州出任布政使的麟庆，撰有记述其一生游历各处所见的《鸿雪因缘图记》，并请画家创作了与游记文字对应的图画。在黔时期，他还请汪承潮将其在贵州游览过的十四处风光绘成图画。

汪承潮，字小瀛，别号祖龙坑外人，生于贵阳。在绘画题材上多能兼擅。清代，黄向坚、邹一桂、洪亮吉、钱维城、孙清彦曾作过以贵州山水为题材的画卷。不过这些画家都是外来人士，而汪承潮却是本土人物。

在清代入黔江西籍画家桂馥所著的《丁亥烬遗录》卷四中，对汪承潮的学画经历，及受邀为麟庆作画的过程有所记载：

> 年十二私习绘事，师见而青之，先生泣曰："家有幼弟，专赖母以针黹谋食，故欲学画，以易升斗，少代母劳非敢旷功也。"师叹而听之。甫期年所画，人争购之，于是先生设画馆焉。当时文士如李鹿坡、陈云溪、李桂林、龚庆堂见先生画饶书卷气，脱尽俗派，乐与之游。常见先生作画，偶题一二语，颇不俗。……道光壬辰年，长白麟见亭河帅，简放黔藩。旧有《鸿雪因缘图》若干帙，自述一生游历之作，欲请善画者续绘黔中名胜，首府某太守以先生荐延入署，画《黔灵验泉》《甲秀赏秋》《翠屏放牛》《水口参灯》《黔疆阅武》等图。颇

恰方伯意，送多金润笔，并与首府曰："如汪某者，不可以画工目之。"于是先生名声大噪焉。咸丰初年，余与先生对门居，余正学画，欲师先生，先生曰："吾少贱也，无力从师，又无古人手迹临摹，余之学画山水也，每清晨橐笔出城，登高远眺，无非天然图画。若山若水，树木房屋，精心摹仿，久之得若干图。若禽兽、花卉、昆虫之属，亦皆图物写貌，总求与真相似，不差毫末。而后，已其画古人衣冠袍服乃得力于竹庄先生《晚笑画传》也。今年来，得与诸文士游，假得古人山水画轴，始知各家皴法皆造化生成，原有非自古人笔端造出，故与吾所画皴法相同。君欲学画，先求眼高，不难手高，眼高识得古人真迹，以临帖之功临画，不规于形似，贵得神韵，如此学画，用力少而成功易。"[1]

这番介绍，可知汪承潮是师造化又重学养的画家。桂馥与汪承潮的一番交往，感叹其一介布衣，晚年潦倒，死于穷困。将他与同样结识不少文士，为人所重，山水、人物、花鸟俱擅的明代画家仇英相提并论。认为仇英一生能得到他人提携，名盛当时，传扬后世，汪若论其画可与仇英比肩，论学问在仇之上，却没有其幸运，终使"抱绝技不得附青云之士而湮没不彰者"。

翻阅《鸿雪因缘图记》，看到据汪氏所绘印行的图画，依序为《玉屏问俗》《相见叱驭》《云顶踏云》《黔灵验泉》《甲秀赏秋》《翠屏放牛》《水口参灯》《黔疆阅武》《狮岩趺坐》《苗猓[2]献忱》《扶风春饯》《图云卧辙》《牟珠探洞》《飞云揽胜》。[3]其中《黔灵验泉》《甲秀赏秋》《相见叱驭》三幅所指分别是贵阳黔灵山、甲秀楼及镇远施秉交界处的相见坡三处，乾隆时期入黔的邹一

---

[1] （清）桂馥：《丁亥烬遗录》卷四，光绪二十二年（1896）黔垣刻本，贵州省博物馆藏，第13—14页。
[2] 猓，封建统治者对少数民族的蔑称，今已不用。——编者注
[3] （清）完颜麟庆撰，（清）汪春泉等绘：《鸿雪因缘图记》，杭州：浙江人民美术出版社，2019年，第432—487页。

桂也曾描绘。尤其是相见坡，顺治年间来到贵州的黄向坚也画过。三位画家均描写相见坡，大概是缘于其交通位置的重要性。镇远是黔贵门户，古来凡由湘入黔，皆通过这里。邹一桂当年赴任贵州，据其自述，便是从湖南入贵州的。黄向坚到云南寻找双亲，来去皆经此地。麟庆入黔也是从湖南过来的。以三位画家所画相见坡来比较，汪氏所绘《相见叱驭》与另两幅对比，三人画中给予观者的视觉感受大不一样，侧重点各异，完全是不同的风格。汪画相见坡着力于表现崇山峻岭、山道盘旋的气势，其间错落有致的点景人物，或骑马，或挑物，或驱赶奋力向前的车马，行走于山道间，仿佛从这里便进入多山的贵州。构图上，物象集中于画幅左下，右上大面积的空白产生遥远苍茫之感，又给予观者想象的余地，那山道弯弯，转过去，又不知道有关山几重。从技法上看，主要以披麻皴表现山峰，峰峦上点布远树，整幅表现的是中远景，而无对近物的描画。邹一桂对此地的描绘，则更侧重于对这一苗民世居之地的感受，以披麻皴画水边起伏的山峦，以点叶、勾叶的技法画树木高低排布。山中小径蜿蜒而上，屋居小桥错落有致，画面明静，结合他以汉字给苗语注音的款文"偏桥桥东相见坡，行人听我苗子歌。吹芦大踏月皎皎，摇铃暗拍声呜呜。前坡草长苦雅务（难行），后坡石滑愁商讹（放牛）。阿孛（父）阿交（饮酒）在前店，阿蒙（母）歹鸡（坐）方陟巇。回头相见不足奇，去去忽然还对面。山坳固麦（吃饭）趁泉流，山前果瓮（行路）人不休，人不休，鹃啼鹩叫蜑风秋。以苗语为长句，聊志方言一二，以资解颐"来赏画，感觉很有抒情的意味。或许这种山村风情，是他作为一个外来者所从未领略过的。与前幅比较，这是原作，我们可以领略其笔精墨妙之处。至于黄向坚笔下的相见坡，却是渴笔皴擦，取山峦重叠的高远造势构图，营造一片苍茫迷蒙的氛围。在技法上，采用干笔云头皴绘两岸青山，夹一湾河道，山头破笔写松枝，由近及远，似有似无。从透视上看，采用了国画中的高远之法，由下而上，苍茫一片。邹一桂和黄向坚都以款文来增强观者对画面的感受，以款文来拓展观者的遐思。汪承潮以崇山峻岭来表现相见坡；邹一桂以平缓的构图、带苗语的款句，展现了这处苗乡风情；

黄向坚则似乎更感到了贵州山色的迷茫苍润。三人的画意不同，各有千秋。

《鸿雪因缘图记》的其他各图，《玉屏问俗》表现的是今天的玉屏县境，麟庆在附文中写道："壬辰四月，入贵州玉屏县境，本平溪卫，雍正五年改县，以东有玉屏山定今名。山石纯白，磊落参差，宛如卷帙。"图中描绘的玉屏山看起来确实宛如卷帙。《云顶踏云》附文指"云顶关在龙里县东二十里"。《苗猓献忱》没有说明画的是哪里。《牟珠探洞》附文曰："晚宿龙里县，翌晨，谢客早行，闻有牟珠洞，本名冯虚，洞中景最奇丽，决意往游。"《飞云揽胜》表现的自然是黄平县的飞云崖。汪氏图画集中，对于贵阳附近景色的表现在他创作的十四幅画中就占八幅。《黔灵验泉》《甲秀赏秋》所描绘的黔灵山、甲秀楼两处是贵阳至今仍尽人皆知的名胜。据麟庆自述，"贵山为省城主峰，上建书院，城分南北，形如环绕，城皆山，形神各肖，俗传五虎三狮一凤凰……壬辰腊八日，诣扶风山拜佛，啜桃花粥毕，易服携二弁邀山僧慧先同循苗寨，过双狮山，见大小对峙，中隔溪桥"，《狮岩趺坐》所绘也是贵阳附近的景色。《扶风春饯》画的是贵阳扶风山。《水口参灯》《图云卧辙》顾名便知，描绘的是贵阳附近的水口寺、图云关两处景致。麟庆在附文中写道："贵州大校场在城西南里许，即前明傅友德狮峰将台也。"可见《黔疆阅武》表现的也是贵阳附近的景色。《翠屏放牛》同据麟文介绍，"贵州布政使司署在翠屏山麓，自门至堂凡七重，因山势为之，愈后愈高"（见《鸿雪因缘图记》文）。以汪承潮当年画的《甲秀赏秋》对比今日的甲秀楼一带，没有太大的区别，浮玉桥与甲秀楼、涵碧潭与附近古建的排布，颇为相似。可见自清中期至今，贵阳此处具标志性意义的古迹，虽历经多次维修，仍然大致保留原来的格局。

以图文并茂的方式记述麟庆一生游历踪迹的《鸿雪因缘图记》一书，收录了依据上述十四幅以汪承潮画作刻印出来的版画。遗憾的是，据笔者了解，这样一位在清代道咸之际贵州画坛上山水、花鸟、人物兼能并擅的画家，迄今在黔地还未发现其流传下来的传世绘画笔迹。

二、《水流云在图记》中的贵州山水图

陈夔龙（1857—1948），字筱石，号庸庵、花近楼主等，贵州贵筑（贵阳）人。他是光绪十二年（1886）进士，历任顺天府尹、河南布政使、河南巡抚、江苏巡抚、四川总督、直隶总督兼北洋大臣，为晚清著名政治人物。曾支持张勋复辟，清朝覆灭后，寓居上海，直至1948年逝世。其著有《梦蕉亭杂记》《庸庵尚书奏议》《花近楼诗存》《水流云在图记》等。陈氏隐退之后，关心桑梓文化，曾在沪上刊印杨龙友《山水移》《洵美堂诗集》，重印郑珍《巢经巢诗集》。

光绪时期刊印的《水流云在图记》记述了其一生所游之地。书分上下两册，书中每幅图画，陈氏皆缀以短文，形成一图一文。后附大量名人题辞。其中有描绘贵州风光的图画十一幅，名曰：《玉屏闻箫》（图一）、《飞云题石》（图二）、《图云立马》（图三）、《黄井表阡》（图四）、《桃园展墓》（图五）、《南明樵唱》（图六）、《扶风探梅》（图七）、《雪洞谒祠》（图八）、《黔灵访僧》（图九）、《栖霞晚眺》（图十）、《宝相观牛》（图十一）。[1]图画的作者是吴瑞汾，据载："吴瑞汾（1873—1945），字子鼎，安徽休宁人。工山水，曾佐陈夔龙幕，陈有水流云在图等，均出其手笔。"[2]

此十一图，通读随附短文，可知所画之地：《玉屏闻箫》为玉屏县，《飞云题石》为黄平飞云崖，《图云立马》为贵阳附近的图云关，《黄井表阡》为贵阳黄家井，《桃园展墓》为贵阳东郊，《南明樵唱》为贵阳南明河甲秀楼一带，《扶风探梅》为贵阳扶风山，《雪洞谒祠》为贵阳雪崖洞，《黔灵访僧》为贵阳黔灵山，《栖霞晚眺》为贵阳东山，《宝相观牛》为贵阳东北照壁山。十一图中，除《玉屏闻箫》《飞云题石》外，其余皆表现贵阳及周边风光。现择两图，

---

[1] （清）陈夔龙著，李立朴、徐君辉、李然编校：《陈夔龙全集》下，贵阳：贵州民族出版社，2013年，第516—525页。

[2] 俞剑华编：《中国美术家人名辞典》，上海：上海人民美术出版社，1981年，第305页。

图一 《玉屏闻箫》版画

图二 《飞云题石》版画

图三 《图云立马》版画

图四 《黄井表阡》版画

图五 《桃园展墓》版画

图六 《南明樵唱》版画

图七 《扶风探梅》版画

图八 《雪洞谒祠》版画

图九 《黔灵访僧》版画

图十 《栖霞晚眺》版画

图十一 《宝相观牛》版画

试作评析。

《南明樵唱》随图附文曰：

> 余既乞假得请，匆卒傥装，岁暮风雪，始抵贵阳。展觐先茔，封树无恙。暇出城之南门，谒诸葛忠武、鄂文端二公祠，渡霁虹桥而左，登甲秀楼，临流铁柱，双矗重霄，则鄂公与勒公保先后戡定苗乱，铸兵器以示威，南服也。虽伏波建柱，武侯渡泸，曷以逾兹？摩挲良久。复至观音寺，升翠微阁，乃童时与二三俦侣钓游嬉戏之地。节同时异，抚旧如新。眷崦嵫于夕阳，怆凋零夫旧雨。数声樵笛，一片炊烟，既愧驷马昼锦之荣，只增游子还乡之感已。

陈夔龙于文中，重点叙述了自己游览甲秀楼周围的过程及心境。图画所绘即贵阳南明河甲秀楼一带之景象。构图开阔，甲秀楼及周边大环境尽在画图中。近处绘山石树木，中景即河面石桥上的甲秀楼，相连着沿河两岸的建筑，在宽阔的河面远处，还有一座石拱桥。视觉上让人感到画面物象由近渐渐推远。清代表现过甲秀楼的画家除汪承潮外，还有邹一桂。邹、汪二人的作品与这幅的相同之处在于，都是以甲秀楼周围的大环境作为表现对象。不过从作品上看，邹、汪二人构图相似，均采取了与《南明樵唱》相反的角度来表现，将《南明樵唱》远处的石拱桥作为近景，朝着甲秀楼眺望。三图皆用从高处朝下望的"深远"透视之法，产生俯视的效果。《南明樵唱》与邹、汪二图虽采用的构图角度不一样，但都把楼、桥、河面组合在一起的宽阔气势表现得淋漓尽致。

《飞云题石》随图附文：

> 飞云岩为吾黔第一洞天，见之记载屡矣，属黄平治，地当孔道，题名甚夥。洞内怪石嵌壁，丹翠璀璨，岩乳积溜，蟠结物状，奇幻百

出。中有千年观世音立像，旁镌"海上飞来"四字，为杨果勇侯芳手笔。丁未十一月，乞假回籍省墓过此，停舆入游。见殿宇堂皇，虹梁虹栋，辉映苍崖碧巘之间，景物绝异。因忆乙亥、壬午北上，瞻眺两次，林莽萧瑟，疏钟残寺，犹存天然风景。题一绝云："奇境辟鸿蒙，此岩何时有。白云自无心，我来迷洞口。"同游者，刘漱云参军及福儿、八侄诸人。

飞云崖景致在陈夔龙笔下被简练而又入木三分地介绍。自清代以来，以飞云崖为绘画题材的作品不止这一幅，邹一桂及抗战时期经过贵州的闻一多都有描写此处的画作。其中或以飞云崖某一局部景物为表现内容，或以状如飞云的崖石为描写主体，或以飞云崖所处的山川大势为图画对象。《飞云题石》既非描写飞云崖的局部景物，也非宏大的全景式构图山水画，而是以人物在崖壁前题字为表现主题，以衬山水树木的图画。

在清代，表现过贵州的文人画家，据现流传下来的原作看，人数不算多，且作品均为山水画。其中非贵州籍人士及他们的画作占比较大，如黄向坚、邹一桂等都是在绘画史上具有一定地位的人物，其艺术风格对后世也有一定的影响。贵州本土的文人画家，亦是贵州文化发展史中可圈可点的人物。他们学术与画艺兼修，如郑珍与姚华，一位终老乡邦，一位客居京华，但在绘画与学术上均取得颇具影响力的成就。在这些画家的传世作品之外，存于文人游记中的版画作品，亦是我们不可不关注的部分，它们是我们了解清代贵州题材的绘画时，在画家传世作品之外的重要补充材料。

扇与扇画

叶敏

（贵州省博物馆）

摘　要　本文简述扇面的发展历史、书画入扇，以及贵州省博物馆与吉林省博物院联合举办的扇面书画专题展"片纸长天——明清扇面书画展"的主要内容。

关键词　扇子；书画入扇；山水；人物；花鸟；书法

扇子在中国的历史源远流长。最早被称为"翣"，与羽毛有关，亦有"箑""萐"等称谓。关于扇子的起源，可上溯至远古虞舜时代，晋代崔豹《古今注·舆服》记载："五明扇，舜所作也。既受尧禅，广开视听，求贤人以自辅，故作五明扇。"由此可知，舜帝时扇就已出现。目前考古发现较早的用扇图像为四川成都出土的战国铜壶刻划纹饰，绘有一仆人手执长柄扇替主人扇风的图案，所见最早的实物扇是湖北沙洋县十里铺镇马山砖厂一号战国墓出土的便面，此类扇由侍者手执，为帝王或王后障尘蔽日所用，故称"便面"，也叫"屏面"。

扇子无论是形态还是作用，都随时代的发展而不断演变。汉代开始出现轻巧简便的竹扇，随着丝织业发展又使用以竹为图框、以绫绢为扇面的"纨扇"，亦被称为"团扇"。从历代散见的咏扇诗赋散文来看，团扇在中国历史上盛行了上千年，深受文人雅士、妃嫔仕女的喜爱。西汉成帝妃嫔班婕妤《团扇歌》便有"裁为合欢扇，团团似明月。出入君怀袖，动摇微风发。常恐秋节至，凉飙夺炎热。弃捐箧笥中，恩情中道绝"，以秋扇之见弃，比君恩之中断。至于折扇，据考证其源于日本，制造灵感来自蝙蝠翅膀的开合，北宋年间作为贡品传入中国，但在当时尚未被广泛使用。至明代，《贤奕编》记载，永乐年间，朝鲜进撒扇为珍宝，上喜其卷舒之便，命工部如式为之。《明宣宗实录》记载，宣德九年（1434）五月五日端午节，明宣宗朱瞻基亲自题扇"赐文武群臣扇及宴"，并乘兴赋诗。群臣见之，争相效仿。皇帝的喜好为折扇的普及奠定了良好的社会基础，折扇一时风靡无比，成为文人雅士掌中物。

扇子从实用品发展成为艺术品，也是一个逐渐演进的漫长历史过程。唐人张彦远的《历代名画记》中有记载，名士杨修为曹操画扇，不小心掉了一个墨点，就顺势画成一只苍蝇。可见，自魏晋时期始，文人们已经开始流行在团扇上书写和绘画。《太平广记》引《图书集粹》记载了一则东晋书法家王羲之画扇助老媪的有趣故事，相传王羲之曾在蕺山见一老妇人坐在路边因扇子滞销而发愁，决定帮助这位老妇人，便即兴在老妇人的扇子上题了字，而后扇子果然一抢而空。南宋何薳《春渚纪闻》中也有关于画家苏轼画扇救急的记载，相传苏轼在杭州就职时，有一个做扇子生意的人因卖不出扇子而无法还债被状告，苏轼便拿了二十把空白的夹绢扇面书写作画后交给那个人卖了还债。孔尚任《桃花扇》中李香君在走投无路之下选择一头撞在栏杆上，血溅在了怀中侯方域赠予她的那把扇子上。杨龙友对此颇为触动，顺势在这一点血迹上画了一朵桃花，"溅血点作桃花扇，比着枝头分外鲜"，一把桃花扇，一世人的悲欢离合，一个朝代如梦方终。这些故事表明，当扇子发展到艺术之扇的时候，也完全从一种实用符号转变成为一种艺术审美符号。

传统团扇和折扇的图式呈现，使书画在空间和线条的变化下产生了独具姿态的美感，闲暇之余，独自欣赏画上所描绘的幽远意境，仿佛置身其间，引人无限遐思。明清时期是扇面书画艺术发展的高峰期，扇子精湛的工艺与书法、诗词、绘画完美结合，相得益彰，浑然一体，妙趣横生。2023年3月1日，由贵州省博物馆与吉林省博物院联合举办的扇面书画专题展"片纸长天——明清扇面书画展"在贵州省博物馆开展。展览名称"片纸长天"取自清人郑绩在《梦幻居画学简明》卷一中所言:"如作雄厚者,尺幅而泰山河岳之势;作淡远者,片纸而有秋水长天之思"。展览按照扇面画的不同题材,分四大板块进行呈现:"咫尺含清晖——扇面山水""怀袖掩物华——扇面花鸟""捕风捉扇影——扇面人物""淡墨云卷舒——扇面书法",以此向观众全面展示明清数百年扇面绘画的独特艺术魅力。

一、咫尺含清晖——扇面山水

古人有云:智者乐水,仁者乐山。古往今来,多少士人画家放浪于山水间,在大自然中寄托思想情怀,探寻人生真谛。明代文学家屠隆有诗云:"何以适志?青山白云。何以娱目?朝霞夕曛。"画家恽寿平有言:"春山如笑,夏山如怒,秋山如妆,冬山如睡。"这些四季的神态、表情,便是"天"与"人"的融合统一,是人化的自然。当扇面成为士人寄寓心性的理想载体时,山川风物四时美景便在咫尺间展开了。画家们遵循着以天地为师的主张,将诸多情感倾注于笔端,把他们游历大江南北饱览的秀丽山川景色浓缩于一堂,为我们留下了许多寄情传意的美好图景。

明清两代的扇面山水多富有人文情怀,形式上多以写意为主,惜墨如金,更加注重文学诗词的修养与笔墨意趣的表达。在意境上追求静谧之美,诗意之美。如沈周的《春水晚山图》(图一),用墨粗简苍朴,恣肆浑厚。画面一隅,一人独坐于山间江边的大石块上,远处山石林立,嫩绿点点;中景流水悠悠留白,起到了弥漫画面的作用;近处的林木新枝层叠,是山的最佳点缀。整幅作品远近层次分明,木石竞秀,布局空灵辽远,造境功底可见一斑。沈周书法遒劲奇崛,与画面的苍劲浑厚相融会。与此同时,沈周也是一个诗人,至晚年更是"踔厉顿挫,浓郁苍老",画面题诗:"春水绿添四五尺,晚山青出两三峰。高人独坐还独啸,白发自知天地容。"整幅画天真平和,诗书画交融,意境无

图一　沈周《春水晚山图》(吉林省博物院藏)

图二　郑珍《待归草堂图》(贵州省博物馆藏)

穷，饱含着画家对于自然、生命的理解与感悟。又如郑珍《待归草堂图》（图二），在郑珍笔下，景致号称"贵阳第一园林"的待归草堂并没有被精雕细琢，整幅画用简逸的笔墨绘就，近处两侧树木、湖石叠磊错落，树木间有房屋隐约可见，呈现出深幽冷寂之境。究其原因，原是斯人已逝，郑珍触景伤情，借笔抒怀，对好友唐树义的深切哀思就这样跃然于纸上。

二、怀袖掩物华——扇面花鸟

花鸟画在明清两代取得了重大突破，宫廷画复兴，工笔设色别开生面，水墨大写意蓬勃发展，出现了真正意义上的文人花鸟。这时文人花鸟画的题材范围较之以往更大，无论是庭院花园的名花异草、珍禽鸟兽，或是郊外山野之草虫果蔬，抑或那些未具名的花草都能成为明清画家的扇上物华。画家在写扇面花鸟时，十分注重"花鸟"本身与整个画面景物及扇面空间的呼应关系，使得画面更加灵活且充满情趣。杨秀深《设色花鸟图》（图三）中，一株花枝从左下角向画面伸出，构图别致。花朵风韵绝俗，设色纯净，画面格调秀逸清新。细细品味，仿佛身临"言有尽而意无穷"的东方诗境。

古人对自然界中花鸟虫鱼等自然物象本真生命的关注，使它们成为人们寄托精神的理想载体，并被赋予了美好、高尚的人格特质。画家在创作具有某种寓意的花鸟时，遣兴娱怀，寓性言志，这既是画家个体精神物化的过程，也是画家"借笔墨写天地万物而陶泳乎我"的精神洗礼过程。郑燮《墨竹图》（图四）便是既抒笔意，又展高节。画面背景是远近错落挺立的淡墨粗竹节，傲气风骨让人肃然起敬。近处浓墨特写细竿三两枝，横斜而出，典型的郑氏"瘦竿肥叶"，其中"瘦竿"得力于书法线条的妙用，富有金石味，"肥叶"以大笔点成，浓淡虚实相照。题款的六分半书，如兰叶飘逸，似竹叶挺劲，"乱石铺街"的章法错落有致，乱而有序，通篇一气呵成，书画合一，墨色浓淡适宜，通过对比展现出了一种层次感，竹节和竹叶各有妙趣，竹声萧萧，风韵超然。

图三　杨秀琛《设色花鸟图》（贵州省博物馆藏）

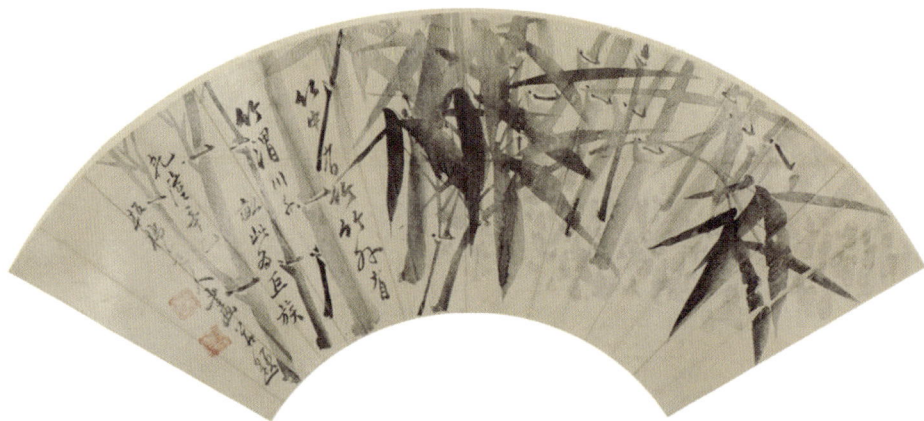

图四　郑燮《墨竹图》（贵州省博物馆藏）

三、捕风捉扇影——扇面人物

　　人物肖像画是中国传统绘画中的一个重要门类，侧重于对人物面部的描写，故古人称之为写真、传神、写照等。由于明清两代商贸繁荣、文艺思想蓬勃发展，人物画也随之多表现世俗的故事性题材，曾为统治阶级服务的人物画真正走向民间。当复杂的人物形象落到小小扇面空间时，画面多以简约纯粹的人物形象表现画中意趣，注重传神与抒情言志。清人郑绩在《梦幻居画学简明·论肖品》中对此作了精妙的论述："写其人不徒写其貌，要肖其品。何谓肖品？绘出古人平素性情品质也。"同时画家也会将农作、打鱼、放牧等生活场景带入画中，呈现多样的人物画场景，用以烘托图中人物的身份、气质、喜好，强调画中人与画中景的呼应融合。透过这些感情真挚、深切的作品，不但可以了解明清之际扇面人物画的面貌与发展脉络，更可以从中感受古人丰富而又强大的精神世界。如明代画家文伯仁《兰亭修禊图》（图五），这幅扇面画得十分精致繁复，山林层叠，构图饱满，境界郁茂。细看又景色疏朗，笔墨细秀。画中画家对于人物的布局安排没有过分讲究，而是通过截取一部分场景内容进行描绘。尤其是图中的小人，用简笔勾画，呈现出简单的轮廓和体态，多

图五　文伯仁《兰亭修禊图》（贵州省博物馆藏）

图六　任薰《骑驴寻梅图》(贵州省博物馆藏)

抒情意趣，衬托画面氛围即可。任薰的《骑驴寻梅图》(图六)，整幅画笔墨
生动，天地苍茫，一片冷清之感。画面的走向被画家预先经营布置，冰天雪地
中，一人骑坐于驴上，只见蓑衣背影，不畏严寒，独自外出寻梅，前方便是傲
骨梅花破雪开，枝头上的花朵如同点点繁星，散发出淡淡幽香。

四、淡墨云卷舒——扇面书法

历代文人均喜吟诗作赋来表达自己对生活的感悟，书法不仅是其载体，也
是艺术化了的诗章，一撇一捺体现的不仅是字体的形态之美，也张扬了书写者
的个性与激情。用书法将蕴含着不同情感的诗文题写于扇面之上，不仅增加了
扇面的内涵和意境，更有一种行云流水的飘逸和挥洒自如的畅意。无论是用以
自赏自聊，或应友人之索，或主动赠予友人品鉴，书法扇面皆是符合文人雅致

气息的佳品。明清书法家们在利用扇面进行书法创作时，十分注重字体的排列与对扇面形状边角的利用，以协调好文字与外框之间的关系。在章法布局、行气转换、书体选择等方面匠心独运，从而展现书法墨色的灵活和布局特殊性的统一平衡感。

对于团扇，书家们一般是在扇面上居中书写、规矩排列，使字与行之间形成呼应关系，显示出一种既开放又宁静的中正之美。而对于折扇上宽下窄的形制，书写创作则更有挑战性和趣味性，书家们依照折扇特有的弧弯形展开书写，创作出行文疏密有致、雅观秀气的观赏品兼实用品。如莫有芝《隶书扇面》（图七），通篇在多边形的扇面上居中书写，规矩排列成方形，文字端正舒展，上下齐平，古朴自然，轻松大气。恽寿平《行书扇面》（图八），用笔如行云流水，畅意自得，舒朗俊逸。段落之间的错落体现出一种虚实对比，提高了扇面韵律感，达到了和谐统一的效果。

图七　莫有芝《隶书扇面》（贵州省博物馆藏）

图八 恽寿平《行书扇面》（贵州省博物馆藏）

　　扇上书画的内容形式丰富多样，是明清士人万千心态的写照，抒写着一段段风花雪月、春华秋实的人生故事。星霜荏苒，岁月如矢，多少楼台烟雨中，转眼俱往。只有这笔底波澜，片纸长天，散发出过往生活的闲情逸致与优雅精美，承载着书画家对艺术创作的探索和追求，如一轮明月，似一缕春风，成为人们心中一道永远抹不掉的风景。这些承载着明清文人画艺术精神的精美扇面是风雅的代名词，在今天依旧为大众所喜爱。鉴赏这些精美的扇面，后人也能从中领会扇面制作的巧思，体悟明清绘画的艺术美感。

［参考文献］

[1] 陈耀卿.中华扇文化漫谈［M］.贵州：贵州民族出版社，2005.

[2] 丰子恺.扇子的艺术［A］.艺术漫谈［C］.上海：人间书屋.1936：49—56.

[3] 潘天寿.中国绘画史［M］.上海：上海人民美术出版社，1983.

[4] 沈从文.扇子史画［M］.沈阳：沈阳万卷出版公司，2005.

[5] 吴鹏.燕闲清赏——晚明士人生活与书法生态［M］.北京：中华书局，2020.

[6] 张伟生.扇面10讲［M］.上海：上海书画出版社，2003.

贵州省博物馆馆藏扬州八怪作品之"梅兰竹菊"赏析

陈若龄

（贵州省博物馆）

摘　要　本文对贵州省博物馆馆藏扬州八怪作品中的梅兰竹菊题材进行赏析，借此探讨扬州八怪的艺术风格，为研究扬州八怪画家的诗书画提供了新的资料。

关键词　扬州八怪；梅兰竹菊；绘画

梅兰竹菊是中国思想观念中的文化象征，其人文意象一直被广大文人画家所喜爱和追捧。梅花的孤傲、兰花的幽然、竹子的刚正、菊花的隐逸，它们因象征着顽强、高洁、谦虚、隐逸的人文精神，而被称为"君子"。四君子既是艺术家展现绘画功力的绝妙题材，也是表现个人精神理想和审美情趣的最佳载体。

梅兰竹菊作为古代绘画艺术的重要题材，从唐宋时期开始萌芽发展，最早的竹形象出现在唐代的壁画中。到了南宋，被称为"四君子"的梅兰竹菊，已基本成为文人画的固定题材，"四君子"题材从衬景独立发展成科，到明清两朝盛行并达到顶峰，直至民国仍旧不衰。现代《中国画学全史》把历代梅兰竹菊的发展史归为一体，提出"四君子画"的概念并且影响至今。拥有着美好的自然属性的"四君子"，凭借独特的风流傲骨和不被"世俗"侵染的品格，成为绘画者借物抒情的重要对象。"四君子画"充满寓意与情感，又极富艺术魅力和审美价值，充分体现了花鸟自然秉性和人文意义相辅相成的关系，在历代文人画家的颂咏描绘下产生了大量艺术价值极高的梅兰竹菊形象作品。

其中，在清代的扬州有这么一个群体，他们乐于表现生活中常见的杂花野草、瓜果蔬菜，更喜爱勾勒高洁傲岸的梅兰竹菊"四君子"。他们是以石涛为宗师的扬州画派，史称"扬州八怪"，包括汪士慎、李鱓、黄慎、金农、高翔、郑燮、李方膺、罗聘、华嵒、高凤翰、边寿民、闵贞、李葂、陈撰、杨法等。这一画家群体以崇尚自然、标新立异的特点而闻名，画风各异、各有所长。他们常以诗文酬唱、以书画会友，并且打破了传统文人"以画为娱则高，以画为业则陋"的观念，改变了自命清高的文人书画家孤芳自赏的状态，将画作卖钱，既维持生计，又怡情娱乐。也因市场的需要和自身的创新风格，他们突破了传统雅俗观，从世俗风情和自身感受出发，强调接近生活和自然的作品，呈现出与前人不同的雅俗共赏风貌，这样的独创风格和个性表现给传统文人画带来颠覆性冲击，也为中国画坛注入了新鲜血液。而四君子画作为文人画精神气象和艺术高度的典范，在扬州独特的地方文化和审美风气下也得到空前的发展。扬州八怪几乎人人都画"四君子"，他们的画不是简单的描摹，而是在传达一种高雅、顽强、隐逸、谦虚的境界和感悟。

扬州八怪中能画梅花的人多不胜数，汪士慎、金农、高翔、李方膺、罗聘等人都擅长画梅花，从风格来看，主要分为疏冷和繁密两种画风。他们之中最负盛名的要数金农，其作的傲骨梅堪为梅之典范。作为扬州八怪之首，金农是具有布衣文人特点的职业书画家。他嗜奇好学，钻研金石之学，精于字画图书鉴赏，在临摹汉隶时融会自己用笔的特点，自创具有浓厚金石韵味的"漆书"。金农把这种天真古拙的书法手法不自觉地运用到梅花的创作中，使其所绘梅图也具有浓厚的金石韵味。枝多花繁、古雅拙朴，追求独辟蹊径而自成一家。与历来画梅者不同，金农的艺术观不求形似，不拘泥于前人套路，追求构图的多元化，以区别于其他画家的梅图，将极具特色且标新立异的精神深深渗透进其作品中。贵州省博物馆藏《金农墨笔梅花折扇面》，构图新颖，梅花枝干铺满整个画面，给人以视觉张力和震撼，甚至具有现代的构成感。画中大片梅枝相互簇拥着，既有花枝繁密、生机勃勃之势，又有韵清神幽、精细古雅之感，似乎还带有冷冷的梅香。画面左上角已残损，字迹依稀可见："路野梅幅　□之赏，金农金记。"（图一）苍古奇拙的画风伴有金石意趣，画作既是为梅写真，更是自身写照。

兰隐于幽谷，清香宜人，象征君子操守高雅质朴。孔子曰："芝兰生于深林，不以无人而不芳。君子修道立德，不为穷困而改节。"兰叶飘逸，蕙蕊幽香，它以"不以无人而不芳"的君子之德，常被历代文人墨客所称颂。古代文人，特别是那些不愿与昏庸统治者同流合污的士大夫们，常常借绘兰竹来表现自己的清高脱俗。据说苏轼曾画过兰花，而且花中还夹杂有荆棘，寓意君子能够同小人共处，这就算是较早的兰花写意了。

扬州画派中李方膺与郑板桥都喜画兰、竹，他们有着做官弃官卖画的经历，以此抒写自己不同流合污的品格，以及表现自己不满世事、孤芳自赏的傲气。郑燮以兰竹知名，在当时极有声誉，对后世影响也很大，他对于竹、兰、石的组织极为严谨，石头往往作为龙脉，有机地将一丛丛分散的兰竹贯通一

图一 《金农墨笔梅花折扇面》
款识：路野梅幅　□之赏，金农金记

图二 《郑燮墨笔兰石图立幅》
款识：郑燮、乾隆东封书画史、所南翁后

气，体貌疏朗，风格劲峭。贵州省博物馆藏《郑燮墨笔兰石图立幅》，以山石为基础，在石缝间长出两株兰草，瘦挺笔法寥寥数笔便将兰花的气韵尽显，画面构图巧妙，气韵生动，带给人一种幽静深远的感觉（图二）。作者将兰草的高洁和自身的品格相联系，以物喻己、借物抒情，充分表达个人的性情与情操。

贵州省博物馆藏《李方膺兰石图册》共13页，画于乾隆十八年（1753）。主要以兰草奇石为基础，描绘兰花的若干个形态。每幅画作构图不同，但都新颖独特，简洁大气——幽兰一丛、小竹一枝，生于坡石之间。清雅且灵动，静谧且脱俗，画面中处处透出画者冷傲孤芳的心境（图三）。画册上有清人的题跋，引用廖景文《书画纪略》和李斗的《扬州画舫录》介绍了李方膺的生平和画风。如下："李方膺，字虬仲，号晴江，江南通州人，善松竹梅兰及诸小品，纵横挑矗，不守矩矱，笔意存青藤、竹憨之间。雍正间，以诸生保举为合肥令，有惠政，去官后穷老无依，益肆力于

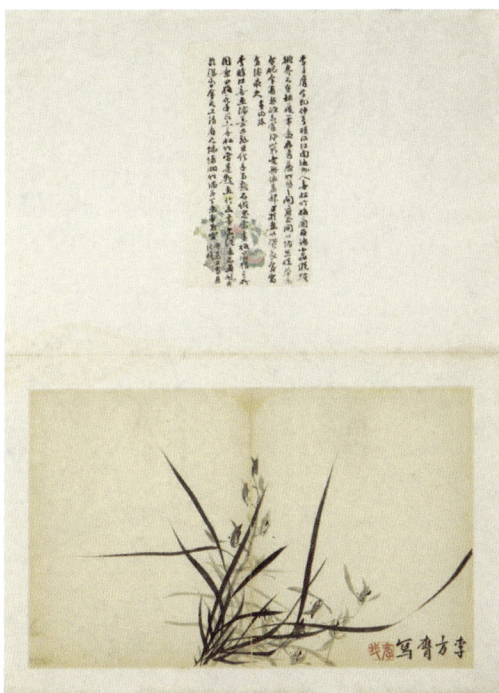

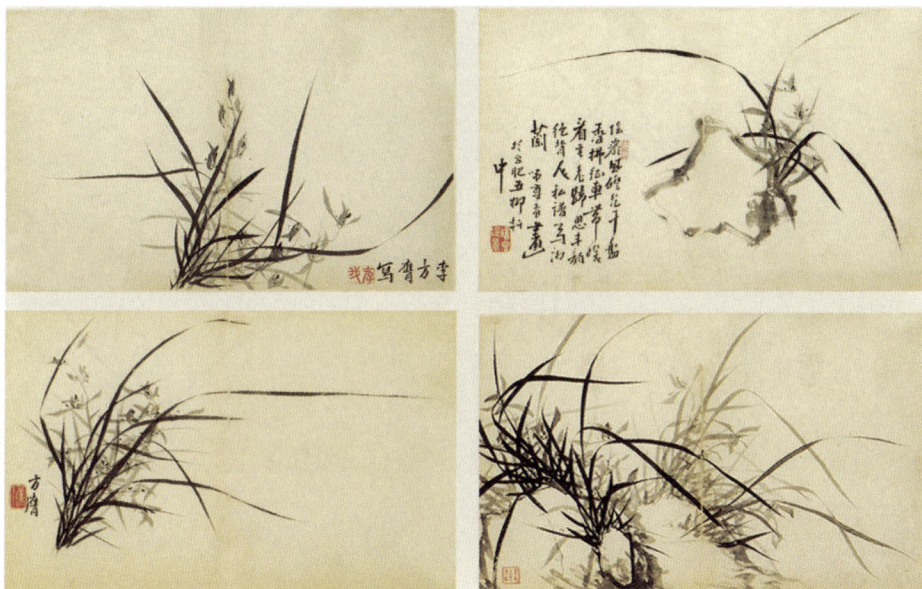

图三（组图1）　清乾隆十八年《李方膺兰石图册》

图三（组图2） 清乾隆十八年《李方膺兰石图册》

画，以资衣食，寓金陵最久。李晴江善画泼墨如飞，且信手为题，不假思索，画梅最精，其所用章曰：梅花手段。亦善松竹，尝是题，画竹云：画史从来不画风，我于难处夺天工，请看尺幅潇湘竹，满耳丁东万玉空。"

李方膺生于清代的官宦世家，过着"半业农田半业儒"的生活，自幼聪明好学，博学强记。李方膺父亲在他幼年时考取功名，步入仕途，在父兄的影响下，李方膺走上了大半生的宦游生涯，善于绘画。早年受二兄李方韩及友人丁有煜等影响，曾画山水、人物及杂花等，后来多画梅、兰、竹、菊及松树。李方膺画的兰花古朴豪放，笔势独特，从险处求奇求新，看似凌乱，实则繁而不乱，花叶的墨色浓淡、层次处理都恰到好处。整本《李方膺兰石图册》，兰叶柔美、清朗俊爽，作者以抒情的笔墨，描绘出兰的野逸、孤傲及无人花自馨的高尚品格，平淡的画面中蕴含着无限的情思，飘逸中流露出力量。

华喦也是扬州画派另一位擅画兰的画家，他笔下的兰石，也是其借绘画以抒情言志的窗口。华喦出身布衣，自幼学画，有着过人的艺术才华，天赋异禀又刻苦好学。作为一名多能画家，他不但擅画花鸟、人物、山水的题材，而且具有诗书画三绝的造诣。华喦善于捕捉大自然的趣味，真切感悟生活的真谛，创造出许多生动多姿的物象。他笔下的兰石图层次丰富，既像写意又像工笔，构图疏朗又不失巧妙，石头作为龙脉，有机地将几簇分散的兰花贯通一气。贵州省博物馆藏《华喦兰石图》，画作气韵生动，色泽淡雅，全力表现出兰花在大自然中的精神面貌，带给人一种幽静深远的感觉，富有清新秀逸的韵致。画中兰花叶态轻盈飘逸，笔墨虽简但风姿绰约（图四）。

竹子虚心、劲节、直竿，象征君子正直谦虚、高风亮节。李方膺和郑燮也都擅长画竹，板桥画竹多细竿劲节，坚韧挺拔，李方膺则擅长绘风中之竹，枝摇叶舞，富有动态感。他们都强调师法自然，也都有写生的经历，回归自然、感受自然、理解自然，从他们的画作中能够看到画家对实际生活的观察入微和对事物内在本质的把握，以及不追求形似却重在神似的艺术效果。

郑燮提出了传世不朽的画竹名论，即"眼中之竹""胸中之竹""手中之

图四 《华嵒兰石图》
款识：吟窗书坐时，抱卷静相对。爱彼王者香，堪为君子佩。新罗山人写并题。
钤印：华嵒

竹"的理论。"眼中之竹"是现实中的竹子，"胸中之竹"是艺术创作时的构思，"手中之竹"是将心中构思运用绘画技巧展示于画面上。他把主观与客观、现象与想象、真实与艺术有机地融为一体，生动地指出了艺术创作不仅要源于生活更要高于生活。竹或浓或淡，或高或矮，错落有致，潇洒舒展。传达出其愉悦闲适、狂傲不羁、坚韧清高的品质。

图五 《郑燮墨竹扇面》
款识：竹中有竹，竹外有竹，渭川千亩，此为巨族。乾隆辛巳，板桥老人书并题。
钤印：郑燮

中国文人画将诗书画印融成一个整体艺术，至扬州八怪时已达到高峰。郑燮诗书画，世称"三绝"。同一时代的李鱓曾以"三绝诗书画，一官归去来"来概括他的一生，他创造了清瘦挺劲、潇洒飘逸的个人绘画风格。自称其书法为"六分半书"，以兰草画法入笔，在兰竹中融入充满阳刚之美的隶书八分，又吸收了草书的机趣天然，极其潇洒自然，穷极变化。贵州省博物馆藏《郑燮墨竹扇面》上题诗："竹中有竹，竹外有竹，渭川千亩，此为巨族。"这种以诗配画的表现手法，在借物抒情间深化了题意（图五）。

李方膺所作竹与郑燮的却有所不同。其特点是在画作中充分表现了不向恶势力屈服的强烈抗争精神。李方膺在形式上创作了独特的风竹造型，带有着浓厚的个人色彩，在构图上也跳脱出常规的全景式构图，而采用截景式构图。李方膺着力于刻画风雨中飘摇的竹子，善于捕捉狂风中竹子的动态，通过夸张的竹干、竹枝、竹叶造型，来表达风力的强劲，仿佛观其画作都能听到树叶"哗哗哗"的声音（图六）。李方膺的画作充分体现了"画如其人"的艺术意蕴，

图六 《李方膺墨竹图》

款识：晴江营邱意。

钤印：苦李

款识：苍龙东海上，千载蜕神窟。忽然凌空飞，鳞甲耀白日。晴江。

钤印：虬仲、臣非老画师

通过表现风竹不惧狂风、坚毅不屈的品格而抒写自己愤世嫉俗的胸臆。

中国文人爱菊，文学作品里不乏赞美菊花的诗歌，"采菊东篱下，悠然见南山"，菊花在传统文化中一直是隐士的代表，象征着一种君子的情怀、隐逸的情结。人淡如菊、与世不争，高洁的品格和隐逸思想使其千百年来在文人士大夫的笔下屡屡入画。菊入画稍晚，大概始于五代，五代是传统花鸟画走向成熟的时期，也是菊画发展的萌芽期。最早关于画菊花的记载是在宋代《宣和画谱》中，而相比于其他花卉题材，早期画菊花的人并不多，明清开始文人墨客多以写菊明志，因而画菊较为普遍。陈淳、徐渭、沈周、石涛、吴昌硕等人都画过菊花，其中最有代表性的是徐渭，其所画菊花皆具独特之处，并开创了大写意法，影响了清代以来的许多大画家。

八怪画家中高凤翰也擅长画菊，贵州省博物馆藏《高凤翰墨菊立幅》是高凤翰的晚年之作，此画以奇石、秀菊为组合，所绘的花卉随意点染，潇洒而凝重，清丽俊逸中更富苍茫质朴的神韵气味。花瓣以淡墨线层层勾勒，花头饱满，极具实感。画面构图饱满，却不觉沉闷，反而别具一格，抓人眼球（图七）。高凤翰的墨菊在绘画技法上独树一帜，而且突破了传统的束缚，形成独特的艺术风格，这与高凤翰本人的经历密不可分。他自幼在诗书画氛围浓郁的家庭中长大，聪明好学、少有奇才。早年做官，辞官后流寓扬州以卖画为生。晚年含冤入狱，右臂被折磨至残疾，55岁左右改用左手书画，更号"尚左生"，刻印"丁巳残人"。病废后的高凤翰书画风格由早年的秀劲淡雅转向奇崛拙厚，用笔浑劲、出人意料。

贵州省博物馆藏《高凤翰平安荣贵如意图堂幅》，整体构图巧妙有趣，将菊花作为点缀，与假山、果盘、如意等元素相组合。画面雅拙朴实，却自有一种脱俗越尘之感，因"瓶"与"平"同音同声，如意插于花瓶中，寓意平安如意。如意是一种象征吉祥的陈设品，常被作为礼品馈赠以示友好。画面左侧画一花瓶，瓶中插入菊花，瓶身处摆有一枚如意，瓶身有字"碧翠云"。画面中部陈列一盘瓜果和贡鸡，一个矮花瓶插入几株茶花。画面右侧画有一座假山，

图七 《高凤翰墨菊立幅》

款识：小范老友，余四十余年旧同学，酉寅之夏，急过西亭，索余作左手画。乃留之作半日谈，凭案观余布笔画成，归之始言别去，盖迩来应索多捉刀人，亦所以为其考耳。南阜凤翰并识。

钤印：背匙人、老作航头尚左生

款识：淡怀写同襟，阜道人同日左手标目。

钤印：师造物、左手髯高

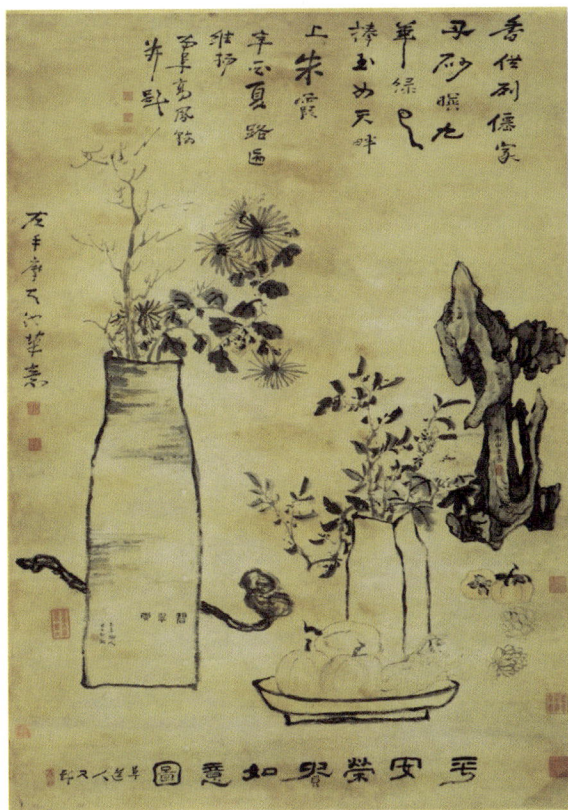

图八 《高凤翰平安荣贵如意图堂幅》
款识：香供列仙家，丹砂映九华，绿巳捧玉如，天畔上朱霞。辛酉夏路送维扬，南阜高凤翰并识。左手摩天池华意。
款识：平安荣贵如意图，阜道人又题。
钤印：高凤翰、翰

题字"如南山之高"，应是贺寿之物，假山前摆放柿子，寓意事事如意。画笔以淡墨干笔勾勒花瓶，设色淡雅，颇具文人雅趣（图八）。

与高凤翰同期的恽寿平也同样喜爱画菊，恽寿平所作菊花与高凤翰笔下的菊花大有不同，高凤翰所作的菊花以墨菊为主，绘画风格古朴俊逸，笔法豪纵。恽寿平画菊则擅画彩菊，兼工带写，所绘菊花鲜艳、热烈、生动且笔致清逸，富有鲜活的生命力。二者皆画菊，不同的手法和风格却都能把菊花的高雅、清逸描绘出来，绘画功力实则让人赞叹。

梅兰竹菊"四君子"的形象在历代文人画家笔下都有不同的诠释，都具有极强的形式美感，但都往往寄寓清高、孤傲的品格，其特有的自然形态能准确而完整地表达画家心中所想、所盼。"四君子"绘画题材映照出当时士大夫文人们对于"君子"精神的追求，以及当时社会的审美意向。"扬州八怪"作为中国书画史上一个标新立异的艺术群体，他们继承、批判与创新，在前人传统的基础上进行个性化的表达。他们在创作这类作品的时候，几乎都参以新意，有强烈的表现意图，在表现自己的思想、追求、情感的同时也赋予花草艺术生命力，也使这一传统题材绽放新的光彩。扬州八怪的"四君子"画作无论是在构局上，还是在笔墨渲染上，都显露出扬州八怪画家们扎实娴熟的绘画功底，他们所创作的梅兰竹菊也一直流露着本真、自然的美，是直抒胸臆的窗口，也承载着许多耐人寻味的人生哲理。

至今"四君子"绘画依旧长盛不衰，其形态被广泛运用于各方面，以满足人们的精神追求，在中国艺术界也有着不可取代的重要地位。甚至在现代设计中，也常看到有将"四君子"与现代设计相结合的创意，它们的结合在全面诠释"四君子"寓意的同时，也使观赏者能够体会到很强的意境感受。"四君子"画，是再现"四君子"精神内涵的最好载体，胸襟开阔、不屈向上、恬淡自然的君子内涵已渗入我们生活的各个层面。

[参考文献]

[1] 陈治华.国画中梅兰竹菊的审美探析［J］.美与时代（中），2019（2）.

[2] 胡春涛.李方膺绘画图式中的"三绝"［J］.艺海，2021（9）.

[3]（清）李斗.扬州画舫录［M］.北京：中华书局，1960.

[4] 李晓松.中国花鸟画的审美移情——以梅兰竹菊绘画题材为例［J］.文物鉴定与鉴赏，2020（11）.

[5] 潘平平.笔情墨韵，物化同心："四君子"在传统绘画中的人格美研究［D］.曲阜：曲阜师

范大学，2013.

[6]王琼.明清墨菊研究［D］.金华：浙江师范大学，2022.

[7]谢九生.狂风傲骨：析李方膺的"风竹"艺术［J］.邢台学院学报，2017（3）.

[8]薛永年，薛锋.扬州八怪的艺术世界［M］.杭州：浙江大学出版社，2021.

[9]祝思远.论文人画中想见的真实［D］.中央美术学院，2021.

[10]卓悦.以画为娱　不拘成法——"扬州八怪"的艺术［J］.艺术市场，2022（1）.

陶瓷鉴赏

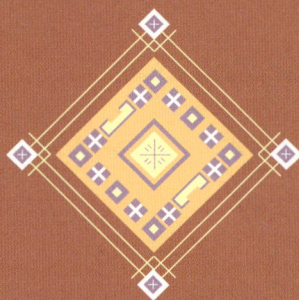

好观一跃化神龙

——寻见古陶瓷上的鱼文化，以贵州省博物馆藏品为例

唐艳

（贵州省博物馆）

摘　要　本文以贵州省博物馆藏品为例，探寻古陶瓷上的鱼文化。指出中国陶瓷器上几千年来的传统鱼文化情愫，从远古文明中的原始神秘崇拜经由漫长的历史进程，最终成为世俗象征意义的大众文化元素，根植于人们的思想和内心。其深厚而丰富的文化内涵，体现出人们生死转化、慰藉心灵、祈望祝愿、寄寓美好的情感传达。深刻广泛的陶瓷鱼文化基因，是中华民族传统文化的重要内容，将生生不息，源远流长。

关键词　鱼文化；古陶瓷；贵州省博物馆；藏品

《说文解字》载："（鱼）水虫也。象形。鱼尾与燕尾相似。凡鱼之属皆从鱼。"[1] 鱼这种水中生物，其尾部与燕尾相似，这是古人对鱼外形特征的基本认识。而对鱼最初的原始动机理解，以及后来与之相关联的不同文化内涵，则是几千年来人们在思想领域不断产生、变迁、发展所形成的。这些鱼文化寓意和精神追求，以不同的载体被记录传承，并最终以艺术的形式呈现出来，向世人表达着、延伸着。当中，陶瓷器上的鱼纹装饰，无疑既是承载鱼文化的重要方式，亦是实现不同时期、不同信仰、不同因素影响下，人类璀璨多元的精神意识和审美意趣的良好途径。

---

[1]　（汉）许慎撰：《说文解字》，北京：中华书局，1963年，第242页。

以鱼这种生活中常见的水生动物为题材，作为在陶瓷器上进行表现的内容，可追溯到新石器时代长江流域的河姆渡文化、黄河流域的仰韶文化彩陶中。早期的鱼纹装饰，不仅是远古人类对于陶器艺术的直接表达，更是被赋予某种神秘意义的珍贵遗存。至此，在漫长的岁月沉淀中，随着时代的更迭和人们在精神需求上改变，陶瓷器上的鱼纹装饰呈现出特殊的、显著的、复杂的传统文化意象。

一、原始神秘崇拜

远古时期，生存和繁衍是人类最为重要的基本需求。在原始社会悠长的发展过程中，从采集、渔猎过渡到以农业为基础的生产生活，在各方面都发生了深刻的变化。在相当长一段时间内，渔猎是生存的重要方式，陶器上的鱼纹装饰直接反映出人类对这种自然法则的把握和依赖，映射出思想意识上的崇拜情感，展现出原始的审美素质。河姆渡文化中的刻划鱼藻纹陶盆，腹壁上刻划着简洁精美的鱼纹，不仅是对陶盆本身美感的修饰，更是记录且表达着人们内心对现实生活的美好期许。仰韶文化中的彩陶鱼纹则更为丰富、直观地展示出鱼文化神秘的宗教色彩。

《古今注》载："鱼子曰鲲，亦曰鲲，亦曰鲰，言如散稻米也。"[1]鱼卵生多子的自然特性，恰好满足了原始母系社会，在恶劣的生存环境下，人类祈盼强大繁衍能力、人丁兴旺的生殖崇拜。"人口问题在原始社会生活中成了关系到人类社会能否延续的根本大事。社会这种迫切的需要，导致原始人类产生了炽盛的生殖崇拜以及生殖崇拜文化。"[2]人类在对大自然充满恐惧与敬畏，同时物质资料与思想认识受限的状况下，形成鱼的原始崇拜文化，并在陶器上以刻

---

[1] （晋）崔豹撰，王根林校点：《古今注》，载（晋）张华等撰，王根林等校点《博物志（外七种）》，上海：上海古籍出版社，2012年，第128页。

[2] 赵国华：《生殖崇拜文化略论》，《中国社会科学》1988年第1期，第131—156页。

划、彩绘的技法记录表达。

仰韶文化彩陶上的人面鱼纹装饰，是半坡彩陶的典型代表。鱼纹以抽象的方式在红色泥质陶上被绘制。人面鱼纹的组合，对称且简练概括，人面两侧的双耳和口部以鱼来表现，体现出一种超出自然鱼形的神秘色彩。旁侧两条单体鱼纹形象逼真生动，与人面纹配合。整体画面以鱼为主题，又被赋予了不同于简单鱼纹的复杂含义。学术界有"图腾说""生殖崇拜说""氏族标识说""巫术说"等等。[1]人面鱼纹彩陶上鱼崇拜的强烈象征意味凸显，与祭祀、丧葬和生死观念密切联系。《山海经·大荒西经》中记载："有鱼偏枯，名曰鱼妇。颛顼死即复苏。风道北来，天及大水泉，蛇乃化为鱼，是为鱼妇。颛顼死即复苏。"[2]古人认为鱼对生死复苏起到超乎自然的转化作用。而半坡人面鱼纹彩陶盆"大多覆盖于瓮棺之上，瓮棺中埋葬有婴儿，且出土此类陶盆的瓮棺数量不多，可知这一图案应当与逝去的部分婴儿有关"。[3]《淮南子·地形训》中也提及："后稷垄在建木西，其人死复苏，其半鱼，在其间。"[4]这种半人半鱼的形象即是古人对死亡与转生的原始认知，对鱼的神秘生死崇拜体现出古人的原始生命意识。

二、祥瑞象征崇拜

夏商周及秦汉时期，由于社会形态的发展变化，陶瓷鱼纹装饰的含义也更加倾向于宗教信仰，人们对长生、富贵的渴望和厚葬之风的兴盛，都赋予了鱼纹不同的寓意。[5]鱼纹装饰随着社会形态的改变，逐渐褪去神秘的原始宗教色

[1]　王嫚：《新石器时代彩陶鱼纹装饰特征探析》，《湛江师范学院学报》2008年第1期，第141—144页。

[2]　袁珂校注：《山海经校注》，上海：上海古籍出版社，1980年，第416页。

[3]　李默然：《半坡"人面衔鱼"图案再分析》，《江汉考古》2020年第1期，第39、48—54页。

[4]　（汉）刘安著，陈广忠译注：《淮南子译注》，上海：上海古籍出版社，2017年，第166页。

[5]　苗诗钰：《陶瓷鱼纹的传承和发展对策研究》，《文物鉴定与鉴赏》2020年第7期，第86—87页。

彩，更多趋向于吉祥寓意的象征符号。在万物有灵的思想意识下，人们想象鱼既是可被神话的祥瑞之物，也是富贵圆满、生活幸福，甚至爱情甜蜜的象征。

早在《史记·周本纪》中就记载了有关鱼的祥瑞典故，"武王渡河，中流，白鱼跃入王舟中，武王俯取以祭"。[1]白鱼被视作上天异象，是大吉的征兆，祭祀的祥瑞圣物，具有特殊含义。这种对鱼瑞之祥所产生的思想精神上的需求，渗透到生产生活的各个层面，并以不同的形式呈现，包括陶瓷器上。

随着汉代全国大一统局面的形成，汉代的制陶手工业也得到了很大的发展，迅速在南北各地蓬勃兴盛。整体来看，全国各地的日用陶器和墓葬陶明器在品种和形式上大部分趋于相同，主要表现为泥料的选择和配制更加精细，无论是泥质陶还是夹砂陶，都成型更加规整，做工更加细致，便于实用。器物上或刻或划，或施彩或上釉，装饰相当美观。"各类日常用具多为硬质陶，软陶虽然制作精致，装饰讲究，但因不够实用，往往作为陪葬冥器使用。"[2]汉代陶器上的鱼纹亦屡见不鲜，多以刻划或彩绘单体鱼形式表现，也有双鱼纹的。如贵州省博物馆所藏西汉时期的双鱼纹陶豆，即在腹部刻有两组鱼纹，双鱼对向而游，鱼头、鱼身、鱼尾、鱼眼、鱼鳞均用工具刻划而成，形象写实生动。该器出土于贵州赫章可乐甲类中原汉式墓，甲类墓的墓葬形制、葬俗与两汉时期汉族的埋葬习俗基本相同，出土的随葬品风格也与中原汉墓所出同类器物无殊。[3]这件鱼纹陶豆从侧面展示出，中原汉文化以鱼象征追求长寿、荣华、富裕的美好寓意，对地处西南的贵州产生了影响，并提供了融入契机。

在《搜神记》中载录了关于赤鲤神鱼之说，"琴高，赵人也。能鼓琴。为宋康王舍人。行涓、彭之术，浮游冀州涿郡间二百余年。后辞入涿水中取龙子，与诸弟子期之曰：'明日皆洁斋，候于水旁，设祠屋。'果乘赤鲤鱼出，来

---

[1]《史记》卷四《周本纪》，北京：中华书局，1963年，第120页。

[2] 冯先铭主编：《中国古陶瓷图典》，北京：文物出版社，1998年，第91页。

[3] 贵州省博物馆考古组、贵州省赫章县文化馆：《赫章可乐发掘报告》，《考古学报》1986年第2期，第241页。

坐祠中"。[1]红鲤被化为神
仙出入水中所骑圣物，自
然具有不同寻常的祥瑞神
力，是人们膜拜的对象。
这个时期具有象征意义的
鱼纹图像，抽象地表达着
人们丰富的精神世界。而
直接反映现实生活幸福状
态的朴素鱼纹，亦鲜活地
展示着生产生活的内容，
显示着古人希求美好的
夙愿。

贵州省博物馆珍藏的
一件汉代庖厨俑，是馆藏
此题材少有之物。该器用
夹砂陶手工捏塑而成，俑
头部断残，双腿弯曲呈踞
坐状，俑前置一长条形几
案，俑双手抚于几案之上，

图一　汉代庖厨俑

略向右边歪斜，双臂微弯，富有动感地正在刨宰一条微微张着嘴的鱼。鱼只捏
塑其基本轮廓，但仅是微张的鱼嘴便起到了"画龙点睛"的作用，表现出鱼的
真实状态，体现出制作者对生活的细微观察和高度凝练。陶俑的衣着服饰没有
被塑造刻划，仅见后面下摆处衣襟因被双脚抵垫而微微翘起（图一）。这些细

[1] （晋）干宝撰，曹光甫点校：《搜神记》，载（晋）干宝、陶潜撰，曹光甫、王根林点校《搜神
记　搜神后记》，上海：上海古籍出版社，2012年，第19页。

微的处理，使得一件制作简朴的陶俑，有了质感和灵魂，活灵活现地表现出庖厨刹那间的状态。在贵州兴仁交乐19号汉墓中发现的一件庖厨俑，与贵州省博物馆收藏的这件相比较，在制作上明显具体细腻得多——不仅人物的帽饰、服饰、手腕和耳部的配饰都有细致的刻划，连几案上鱼的鱼鳞、鱼鳍也有所表现。此类庖厨题材中的鱼纹，以捏塑的技法制作，是一种特殊的鱼纹塑造手法，具有活泼有趣的视觉感染力。

放眼全国范围来看，像这种表现庖厨题材的陶制品在许多墓葬中都有出土，如河南济源、濮阳，四川成都、彭山，重庆丰都、忠县等地，尤其在川渝地区汉墓中屡有发现。而表现庖厨题材的画像砖和画像石，则更是多角度地表现了汉代丰富的饮食文化。如山东诸城前凉台汉墓出土的庖厨图画像石、四川汉代画像砖、江苏徐州画像石及甘肃嘉峪关画像砖等，为我们生动地展现了剖鱼宰羊、汲水切菜、添柴烤肉的情景。鱼纹以此主题在汉代陶器上大量出现，阐扬了当时社会生活的富足美满——鱼不仅是人们常备喜爱的食物，更是生活中物质与精神的统一示意，是墓主人"事死如事生"的期望。

水塘稻田模型是一种表现古代农耕水利生态环境的陶塑，是当时农业发展水平的缩影，为研究汉代传统社会经济生活、农田水利建设、生产养殖技术提供了具象参考。贵州省博物馆藏兴义万屯汉墓出土的水塘模型，以泥质灰陶制作，做工讲究细致。模型为圆盆形、宽边、平底、浅腹、折唇，圆盆划分为两个区域，一半为水塘，一半为稻田。水塘中塑有伴水而生的鱼、荷、菱角、莲蓬。堤外稻田以埂分割成四大块，各自有水口连接，是一种理想的灌溉模式。该模型一半用手工捏塑水塘中各种立体物件，一半用刻划方式呈现稻田和树木，平面与立体相结合，展现出田园中生气蓬勃、自然协调的繁茂景象。模型中池塘里的鱼再现了实际生活中养殖这一高产的生产方式，体现了贵州汉代人工养鱼的成就。鱼纹的塑造从生态角度形象地反映了古人崇尚美好和谐的自然环境，其构思巧妙，令人赞叹（图二）。同类器在广东、四川、陕西等地均有发现，说明这种农耕灌溉形态在汉代广为流行，而鱼所带来的吉祥福瑞寓意已

图二　兴义万屯汉墓出土水塘模型

普遍融入到人们的生活中，以求安稳康健。

三、世俗泛化崇拜

自唐代以来，陶瓷器上的鱼纹装饰内容，随着社会进程的演变、人们思维理念的转换，更加广泛而深入地融入世俗文化中去，逐渐成为人们日常生活中普遍的文化象征表达。陶瓷器上的鱼纹逐渐增加，且伴随着制瓷技术的提高和进步，由早期的陶器装饰纹样大量转化为瓷器装饰纹样，至宋元、明清时期更加琳琅丰富，突破不断。

鱼纹装饰在瓷器上有单数、双数之分，数量有一、二、三、四、五、六等不同，表现手法和文化内涵亦有差别，其中双鱼纹是最为多见的一种。唐、五代时期流行一种以鱼取形、双鱼并联的陶瓷器型，应是受到金银器的影响而产生的品种，唐代三彩器和青釉瓷中较多这种器型。双鱼壶在唐代颇受欢迎，在白居易的《家园三绝》中就有"何如家酝双鱼榼"的诗句。1983年在广东梅县出土的唐代青釉双鱼壶，1975年在扬州唐城遗址中出土的三彩双鱼瓶，1964年河北井陉县出土的五代白釉双鱼穿带壶向我们展示了这种器物造型的精妙。宋元时期随着瓷业生产的繁荣扩大，在景德镇窑、磁州窑、定窑、耀州窑、龙泉窑等地生产的瓷器上都可见到各种双鱼纹样装饰。装饰技法一般有刻划、彩绘、印花、贴塑等，有的为鱼纹和其他纹饰相组合而构成完整图案，也有单独以鱼纹装饰为主体纹饰的。

双鱼纹样的大量出现，一方面是对汉代双鱼图案的好古传承，一方面取决于古人阴阳和谐、繁盛有利、纳福求吉的心理期待。在宋代瓷器中，双鱼纹装饰屡见，贵州省博物馆馆藏瓷器中的青白釉鱼莲纹盘，在盘心内以双鱼和莲纹组合装饰，构图丰富饱满，线条流畅，仿佛双鱼在莲池中游动，再加上瓷盘的芒口和青白釉色，时代特征明显。双鱼与荷莲纹样搭配装饰，是宋代乃至后期瓷器上常用的装饰图案，寓意清雅纯洁，连年有余（图三）。另外，贵州省博物馆馆藏瓷器中的龙泉窑青釉双鱼纹洗，器内以纯粹双鱼纹为装饰，构图简单干净，极富韵味。南宋是龙泉青瓷发展达到巅峰的时期，此时出现了在器物上以双鱼为饰的风尚，之后一直流行于元至明代。贵州省博物馆这件双鱼纹洗从釉色到制作皆属龙泉青瓷的上乘之作，双鱼以贴塑技法表现，鱼纹鼓凸于器物内底，立体形象（图四）。

对于双鱼纹样的寓意表达，除上述之外，还应源于鱼的信使传递功能。早在汉乐府诗《饮马长城窟行》中即有"客从远方来，遗我双鲤鱼。呼儿烹鲤鱼，中有尺素书"的诗句。而后在唐宋元各时期亦有大量相关诗句，如"远信初逢双鲤去，他乡正遇一阳生""少见双鱼信，多闻八米诗""羁鸿共有成行喜，双鲤应将尺素迎""淮上东来双鲤鱼，巧将诗信渡江湖"等。对鱼传尺素的传统认识，以鱼指代信件的特殊观念为古人所公认，瓷器上的双鱼纹样作为表述、抒发情感的载体，是人们精神畛域在物质现实中的直接显现。

《古今注》中载录："兖州人谓赤鲤为赤骥，谓青鲤为青马，黑鲤为玄驹，

图三　宋青白釉鱼莲纹盘

图四　南宋龙泉青釉双鱼纹洗

谓白鲤为白骐，谓黄鲤为黄雉。"[1]到了唐代，鲤鱼被视为国鱼，吉祥之意凸显，是权贵地位的象征。"唐代上朝，官员进出宫门，必须带着信物查验，到高宗永徽二年（651），开始佩戴鱼符。天授元年（690）武则天将鱼符改为佩戴龟符，神龙元年（705），中宗即位，又复龟符为鱼符。"[2]鱼在古人心目中既是大吉大利之物，更是备受珍爱尊视之物。

明清时期瓷业生产达到前所未有的鼎盛阶段，高度发展的制瓷技术为复杂多变的美化装饰提供了良好的基础。这个时期瓷器上的鱼纹更加普遍，在青花、色釉、五彩、斗彩、粉彩、釉里红等品种上都有所见，鱼或单或双，或为三、四、五尾不等数量在水中漫游嬉戏，抑或单独成图。此时瓷器装饰鱼纹不仅是增强观赏价值的手段，更成为彰显普遍存在"言必有意，意必吉祥"的共同民族文化心态，反映世人强烈的情感需求和人生态度。这个时期瓷器上的鱼纹更加接近、深入百姓社会生活，并衍生出各种世俗意义的意识形态。

据《三秦记》载："河津一名龙门，大鱼集龙门下数千，不得上，上者为龙，不上者（句有脱文），故云曝鳃龙门。"[3]《水经注》："河水又南得鲤鱼涧……出巩穴，三月则上渡龙门，得渡为龙矣。"[4]鱼化龙的记述表明了鱼和龙之间的紧密联系，是古人将鱼视作龙的朴素认识。神话传说中的精神世界，在物质媒介的瓷器上得以表现、倾诉、升华。龙首鱼身的鱼龙形象，在宋金时期的瓷器上已可窥见，鱼龙互化的传奇寓意得以表达。而在明清时期瓷器上鱼跃龙门的典故，则为更直接广泛的展示，以体现人们渴望激流勇进、金榜题名、中举升仕、昌盛发达的阶层飞升诉求与愿望。

此外，因鱼本身品种繁多，加之其音与"余"谐同，人们在心目中便赋予

[1] （晋）崔豹撰，王根林校点：《古今注》，载（晋）张华等撰，王根林等校点《博物志（外七种）》，上海：上海古籍出版社，2012年，第128页。

[2] 张海军：《也谈长沙窑瓷中的鱼装饰》，《东方收藏》2014年第9期，第33—35页。

[3] 刘庆柱辑注：《三秦记辑注·关中记辑注》，西安：三秦出版社，2006年，第94—95页。

[4] （后魏）郦道元著，（清）杨守敬、熊会贞疏，段熙仲点校，陈桥驿复校：《水经注疏》卷四，南京：江苏古籍出版社，1989年，第282—283页。

鱼更多的吉庆之意，如年年有余、富贵有余、昌盛有余、吉庆有余、清廉有余等，鱼纹还是文人雅士如鱼得水"鱼乐"思想的抒怀。贵州省博物馆珍藏清康熙粉彩鱼藻纹缸在腹部一周分别描绘红、蓝、绿、赭黑四尾游鱼纹，鱼的体态肥腴硕大，头部向上抬起，嘴部微张，周围密布水藻和浮萍纹。水藻漂浮，鱼儿游动，令人感受到鱼儿在水中畅游穿梭觅食的快乐，体会到自由自在的生命喜悦之感（图五）。而贵州省博物馆馆藏瓷器中渔家乐的典型代表之作——清雍正粉彩渔归图盘，虽不见具体鱼纹，却以描绘渔民欢快的生产劳动画面，将隐藏的鱼文化传递其中。在湖水中有二船相连，船头有二男子，一人手中执篓，一人正在拉网捕鱼；掏筐的童子，伏在篷顶手托下巴撅着屁股张望的孩童，

图五　清康熙粉彩鱼藻纹缸

图六　清雍正粉彩渔归图盘

背后亦有一鱼篓，都向人们描述着捕鱼的幸福和愉悦。整个画面将渔家老小捕鱼休憩的场景刻画得十分生动，绘工精湛，色彩艳丽，贴近民间百姓生活的世俗化鱼文化得以拓展（图六）。

　　彩绘是明清瓷器上蓬勃发展的重要技艺，用笔在瓷上绘制的各类鱼纹自然是丰富而纷繁的，此外，刻划、贴塑、印花之作亦不在少数。而取鱼之形进行直接塑造则是另一种特殊的鱼纹艺术呈现，贵州省博物馆珍藏清代乾隆时期的双鱼瓶当属一例。这应是对唐代传统双鱼瓶的继承和发扬，该瓶以造型饱满的并联双鱼为瓶体，鱼嘴为瓶口，鱼尾处做成圈足，整器施满青釉。在双鱼间有一线刻凹槽，瓶两面的鱼眼、鱼鳞、鱼鳍、鱼尾纹理均以线刻方式进行细致的刻划。在瓶两侧鱼背脊处塑有鱼鳍形状，并以刻划方式进行装饰。双鱼瓶整体圆润立体，在线刻纹理凹陷处，青釉堆积釉色加深；在鱼鳍边和鱼眼处，因胎体高起，釉水垂流挥发，呈现灰白色，在青釉的统一中又显出几分变化。双鱼

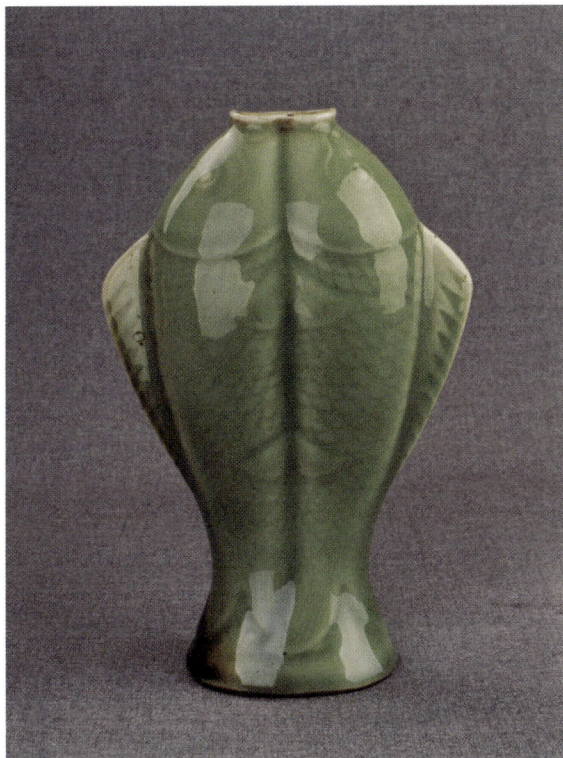

图七　清乾隆青釉双鱼瓶

瓶造型简练生动，具有鲜明的视觉感染力，其不仅是对传统文化的承袭，更是古人尚鱼爱鱼情感思想的印证，是大众追求吉祥如意、富贵余庆、美满和谐的文化情致体现（图七）。

中国陶瓷器上几千年来的传统鱼文化情愫，从远古文明中的原始神秘崇拜经由漫长的历史进程，最终成为世俗象征意义的大众文化元素，根植于人们的思想和内心。其深厚而丰富的文化内涵，体现出人们生死转化的观念和慰藉心灵、祈望祝愿、寄寓美好的情感。深刻广泛的陶瓷鱼文化基因，是中华民族传统文化的重要内容，将生生不息，源远流长。

鉴赏明清御窑瓷器

刘路　李二超

（湖南博物院　贵州省博物馆）

摘　要　文章通过梳理御窑相关的文献记载、考古发现及馆藏文物，对明清时期各个朝代瓷器特点进行简单的阐述，探析御窑深受藏家欢迎的原因。

关键词　明清时期；御窑瓷器；鉴赏；收藏

中国的陶瓷历史悠久。在夏时期的二里头遗址即发现了原始青瓷，距今有四千年左右。[1]至汉代烧制出成熟的瓷器。魏晋以降，瓷器的发展出现了多个高峰。可以说，瓷器一经问世就深受世人喜爱。我们经常讲陶器是世界共有，瓷器是中国的独创，今天瓷器已经是人类共同的语言，可以说也是不朽的艺术。在考古界，只要一个墓葬出现一块陶片或瓷片，就很快能够断定墓葬的年代。所以在考古学上，陶瓷器是很重要的品类，可以作为断代的依据。

当瓷器发展到明清时期，无论在品种创新、烧制质量，抑或是烧制工艺上均已达到了中国陶瓷史上的高峰。时至今日，我们在瓷器方面的工艺，仍是对明清时期工艺的传承和发展。

---

[1]　汤毓赟：《从北方原始瓷出土情况看南北方文化交流》，《中原文物》2012年第1期，第13页。

一、明清时期的御窑瓷器

明清时期为宫廷烧制瓷器的窑厂以御窑厂（御器厂）为主，因此一般讲御窑瓷器主要指御窑厂（御器厂）烧造的瓷器。大体可分三类。第一类是有帝王年号款的器物，最为常见。第二类是瓷器上无款的，比如为康熙六十大寿定制的青花万寿尊，耗时八年，制作精良，砂底无款。清宫廷档案中有乾隆皇帝授意某种器物不具款的记载。[1]第三类是帝王的堂名款器，如"慎德堂制""大雅斋制"为皇帝、贵族专用器。

二、明清御窑瓷器特点

明清瓷器有几个非常有意思地方。一是工艺质量上的发展，是波动的。明代从1368到1644年，总计276年，明代晚期瓷器的质量、工艺比不过两百年前的明早期瓷器；清代也一样，从1644年到1911年，总共267年，清早期瓷器是整个清朝时期最好的。甚至有的清晚期瓷器还比不过明早期瓷器。这个现象，最简单的解释就是国家强盛，瓷器质量好；国家经济衰退，瓷器也走下坡路。我们在鉴赏明清瓷器时，一定要清楚了解明清历史，以及历史原因对于瓷器的影响。这对鉴定瓷器是非常有帮助的。二是明清瓷器每个朝代有每个朝代的特点，可以通过熟悉这些特点来鉴定年代。它不像其他古玩，比如玉器、铜器、家具、竹木牙雕等，没有谁可以明确鉴定出哪一件玉器是明代成化时期或永乐时期玉器，只能说是明早期或明中期制作，除非有明确的记载或出土记录。而明清瓷器不管是御窑还是民窑，基本上大部分可以分清是哪个朝代制作的，因为每个时期特点分明。三是从永乐时期开始出现御窑年代款，一直延续到清代，民窑也相继学御窑形式落年代款。四是景德镇工匠有后朝仿前朝的习惯。明晚期仿明早中期，清代仿明代，清晚期仿清早期。

---

[1] 杨勇：《乾隆款画珐琅牡丹纹葵瓣式唾盂》，见故宫博物院 https://www.dpm.org.cn/collection/enamel/234309.html。

图一　明宣德款青花什锦团花深腹碗（贵州省博物馆藏）

　　明清瓷器都是分为早中晚期。明早期是指明洪武、永乐、宣德三朝。一般来说主要是永宣两朝，明早期是明代国力最强盛时期，它的瓷器也是最好的，用的青花颜料是进口的苏麻离青，含铁高锰少，呈现出颜色晕散的效果，有铁锈斑，手摸上去有凹凸感（图一）。清雍正、乾隆皇帝也非常喜欢永宣瓷器，并下旨仿制。为了突出永宣瓷器的铁锈斑特点，工匠就故意用重笔在瓷坯上多涂青花钴料，以达到铁锈斑效果，但手摸上去没有凹凸感，用放大镜看还是与明早期有区别。除了青花、釉里红，明早期还创烧了许多精美的颜色釉和釉上彩，如鲜红釉、雪花蓝、甜白釉、浇黄釉、孔雀蓝、素三彩、五彩等，这些都是名贵品种。明代正统、景泰、天顺是明代瓷器由高峰期走向低谷的过渡期，也称明代的空白期。但御窑遗址发掘表明这时期并未停烧，出土有缸、碗、瓶、盆、罐等器物，[1]且有些品种如枕、绣墩（图二）等为他朝所不见，空白期其实并不空白。由于战争动乱，瓷器质量一路直下，很多品种停烧，市场上也没有出现御窑款。明中期是指成化、弘治、正德这三个时期。瓷器质量回升。明中期瓷器使用的青花料已经是国产料平等青、石子青。青花钴料含铁低，色彩柔和淡雅，没有永宣青花那种黑斑。成化瓷主要特征：釉白、胎薄、器型玲

---

[1]　葛彦：《正统至天顺时期景德镇御窑瓷器考察》，《美成在久》2021年第2期，第42—59页。

图二　明正统—天顺青花镂空方圣纹绣墩（御窑博物院藏）

图三　明正统—天顺青花团花纹盘（御窑博物院藏）

图四　明成化款青花牡丹三狮纹碗（贵州省博物馆藏）

图五　明万历款青花龙纹高足碗（贵州省博物馆藏）

珑俊秀，制作精良，小件为多（图四），创烧出最著名的成化斗彩鸡缸杯，一经问世，就是名贵品种，景德镇从清代、民国一直到现在都在仿制，但很难达到成化斗彩鸡缸杯的韵味。弘治、正德基本延续成化风格，稍有变化。嘉靖、隆庆、万历是明晚期，瓷器开始走下坡，青花料已经使用回青，颜色是蓝中泛紫（图五）。嘉靖纹饰以道教题材为多，主要是嘉靖皇帝崇尚道教，追求长生不老，反映到瓷器上，对宫里瓷器的纹饰要求以道教为题材。天启、崇祯是明代末期，青花瓷到目前为止，有官款的器物还未发现。青花料已经由回青改为浙料，颜色浓艳，多有晕散。

　　清代瓷器亦可分为早中晚三期。清早期为顺治、康熙、雍正、乾隆时期。顺治时期，瓷器质量略显粗糙，但康熙、雍正、乾隆三朝不单是清代瓷器鼎盛期，也是中国陶瓷史上最靓丽的时期。这个时期创烧出许多名贵品种，基本上所有瓷器品种、所有颜色釉都烧造出来了，工艺上更是达到了鬼斧神工的地步，像康熙时期郎窑红、万寿尊，雍正时期粉彩、珐琅彩，乾隆时期仿生瓷等。（图六）这个时期民窑工艺也是非常高，有的民窑甚至超过了清晚期的御窑瓷器。以至后来景德镇有些品种由于制作难度系数太高，基本停止烧造。这主要有两个原因：一是清早期是清朝国力最好的时期；二是康熙、雍正、乾隆这三个皇帝对瓷器非常喜好，甚至亲自参与官样图、器型设计，特别注重瓷器

图六　清康熙款豇豆红夔龙团花瓷太白尊（贵州省博物馆藏）

质量，据清宫档案记载，雍正皇帝若对瓷器不满意则要求督陶官自己赔偿。不断督促工匠对瓷器质量精益求精，这也是清三代瓷器质量好的主要原因。乾隆皇帝继位时是国库最有钱的时期，要求创新烧造各式各样的瓷器，基本上所有器型乾隆时期都可以烧造出来。嘉庆、道光时期是清中期时期，开始由盛转衰，国力衰退，瓷器质量下降，制作工艺亦日趋衰落，偶有精品（如带有"慎德堂制""种德堂制""巘竹主人造"等款的瓷器）。清晚期是咸丰、同治、光绪、宣统时期，正是清朝内忧外患之际，既有太平天国起义、义和团运动，又有八国联军入侵，景德镇窑甚至一度被毁，瓷器质量一代不如一代，少见精品（如署"大雅斋""长春同庆""永庆长春"等款的瓷器）。

三、明清御窑瓷器的艺术价值

1.御窑代表中国最高制瓷工艺水平

明代到清代有记载的御窑烧造时间，自洪武年间至辛亥革命止，有近五百年历史，其中除万历三十五年停灶后有一段时间中断外，持续不断，可见窑烧造的历史非常悠久。

明清时期，皇帝集中了全国最优秀的制瓷人才到景德镇，汇集全国名窑技艺精华，并投入大量的财力，可以说当时景德镇集天下名窑之大成，所产瓷器品种之多，工艺之精湛，色彩之丰富，是历代的民窑无法相比的。加上雍正、乾隆皇帝对瓷器的喜爱，对瓷器品种、器型、图案、色彩要求很高，御窑须经御批审定和御出图样方可烧造。所以，这一时期瓷器不计成本，出产极精，代表了中国制瓷最高水平。

2.明清御窑瓷器是精湛的艺术品

中国御窑瓷器是精湛的艺术品。作为御窑来说，它有以下几个特点，是其他任何工艺不能跟它比的。首先，明清御窑瓷器是专门为皇帝生产的，由宫廷的画师画出二维平面图，再送到御窑厂，由工艺大师团队移植到三维空间上进行二次创作，所以陶瓷属于工艺艺术。其次，创作瓷器不仅仅需要绘画，还要更多的工艺，每一道工艺都非常重要，只要有一道工艺不到位，这件瓷器就不会合格甚至被烧坏，所以好的御窑瓷器非常难得。最后还要依赖于火，火温的高低、釉质的粗细都会影响到瓷器的质量。因此，一件好的瓷器最后还要靠运气，这就是为什么古代工匠在烧瓷的时候要拜火神，有的时候也许就因一把火烧不好前功尽弃，所以好的御窑瓷器是难能可贵的。

四、小结

明清时期御窑瓷器，不同时期有不同的特点，且风格独特，新品迭出，可以满足不同类型人群的审美。鉴赏时需要多看、多学、多思，在对比分析中领略御窑瓷器的奥妙所在。

民族文化

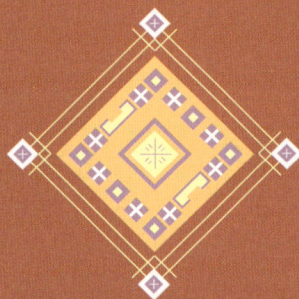

"古文字"抄本《王玉连》的族际交往交流面向辨析

黄镇邦

（贵州省博物馆）

摘　要　20世纪二三十年代，布依族私塾教师沿用先民借用汉字创造方块"古文字"编写摩经抄本的方法，改编汉族地区流传的地戏唱本，形成包括《王玉连》在内的文字版布依语叙事长诗。抄本编者为使文本更易于认读，还利用汉字六书重新改造了部分方块字。布依族抄本是族际交往交流的产物，便于在本地乡村传播儒家忠孝伦理，促进文化交融。《王玉连》案例表明，族际交往交流交融能够为本土语言文字注入生机，让本土文化活态发展。

关键词　布依族；私塾教师；方块"古文字"抄本；文字改造；交往交流交融

2010年1月，中央第五次西藏工作座谈会首次提出加强各民族"交往交流交融"。自此，学界从不同视角对此展开研究。郝亚明从理论层面探讨交往交流交融的重要性，综合分析国外群际接触理论，指出群际接触能通过增进理解、缓解焦虑、产生共情等机制来改善族际关系；[1]孙悟湖、班班多杰通过考察历史上汉族、藏族、蒙古族宗教文化的互相交流，发现三个民族之间形成了多元通和的宗教文化交流模式，通过历史文献探讨了多民族国家中，不同文化传统背景下民族交往交流交融的途径；[2]张青仁、梁家欣通过对通州北运河流域

---

[1]　郝亚明：《西方群际接触理论研究及启示》，《民族研究》2015年第3期，第13页。

[2]　孙悟湖、班班多杰：《多元通和：汉族、藏族、蒙古族宗教文化交往交流交融的历史考察》，《民族研究》2021年第1期，第89页。

的田野考察发现，在对运河漕运与商贸活动的共同参与中，随军定居通州北运河流域的回族民众基于行业分工，与汉族民众结成了相互依存、密不可分的关系。[1]

"古文字"抄本《王玉连》的族际交往交流面向，也证明了族际交往交流交融对于活态传承本土优秀文化的重要性。我们在搜集整理贵州望谟县乐康村《王玉连》抄本及对村落文化进行考察的过程中，发现受科举制度熏陶的私塾教师，利用布依族先民借用汉字六书及其音、形、义特色造字编写摩经的方法，改编汉语地戏唱本《王玉连征西》，形成了布依语叙事长诗抄本。[2]抄本编者充分利用汉字文化知识，对先民创制的方块字进一步作技术改造，使抄本的方块"古文字"认读起来有规律，方便学生识字和村民学习儒家文化。对本土文化产生深刻影响的《王玉连》抄本是布依族与汉族深度交往交流的产物。

一、乐康村社会文化及《王玉连》抄本基本情况

20世纪80年代，布依族古寨乐康村已引起学界关注。贵州民族研究所"六山六水"南、北盘江调查队以乐康村为基础，考察布依族的生活习俗和民族教育。队员赵崇南等人发现"乐康村的私塾具有十分悠久的历史"，他们从村寨老人口述中得知"早几代还出过几个秀才和贡生"。但是，由于当时调查模式所限，他们并未对村落文人的详细情况进行深入调查，因而未发现布依族私塾教师改编汉族故事传播正统意识这一布依族社会特殊的文化现象。笔者通过抄录乐康村各姓氏的碑刻，梳理了清代乾隆至民国年间村落文人的基本信息（表一），认为村落对汉文化教育的薪火传递是《王玉连》抄本形成的社会基础，村寨因升学率高（表二）而在全县获得良好口碑，与"玉连"故事的影响有关。

---

[1] 张青仁、梁家欣：《运河纽带与民族交往交流交融——基于通州北运河流域的田野调查》，《西北民族研究》2022年第1期，第39—48页。

[2] 贵州省文化厅、贵州省非物质文化遗产保护中心编，帅学剑整理/校注：《安顺地戏》第5卷《王玉连征西》，贵阳：贵州民族出版社，2012年，第253—303页。

表一　乐康村历代文人身份信息表

姓名	生活年代	立碑时间	碑刻中榜标明或其他	撰字者
王成	清康、雍、乾时期	乾隆二十一年	碑未标明	田丰年
王好仁	乾隆三十年—道光七年	道光七年	碑刻"应授儒林郎"	不详
王新仁	乾隆四十年—咸丰九年	光绪年间	流传下来的桥碑显示其为乡贤	王绩峻
王元芝	嘉庆十六年—咸丰七年	宣统二年	碑刻"待赠文林郎"	王廷济
王元本	嘉庆十八年—咸丰十二年	1916年	碑刻"典授文林郎"	不详
王元镇	道光二年—光绪十六年	宣统二年	碑刻"应授文林郎"	王廷济
黄中发	道光十七年—宣统元年	1942年	武生	王由戡
王绩宣	道光二十二年—1920年	20世纪90年代	号称居士郎	王安仁
王绩峻	咸丰四年—1918年	1921年	生员	不详
王廷济	清末民初	无碑	私塾教师	
黄华祥	清末民初	2017年	私塾教师、师爷	黄德祖
王由戡	光绪二十二年—1945年	无碑	私塾教师	
岑桂森	光绪三十三年—1962年	无碑	私塾教师	
李建明	1912年—1990年	2000年代	私塾教师	黄德祖
王周易	1917年—1997年	2015年	国民公学校长	不详
黄道生	1920年—2003年	2004年	国民公学教员	黄德祖

姓名	生活年代	立碑时间	碑刻中榜标明或其他	撰字者
黄荣祥	1927年—1990年	无碑	乡政府文书	
王魁周	1927年—1990年	2010年	小学教师	黄德祖
王定邦	1929年—1962年	20世纪90年代	小学教师	不详
王建辉	1931年—1996年	1996年	中师、小学校长	黄德祖

表二　乐康村1960年—2022年各类学校录取人数统计表

职业学校录取情况	普通高等院校录取情况
中职116人	84人
中职为中等专业学校	其中硕士研究生2人，博士研究生2人

《王玉连》抄本形成还存在另一个社会机缘。《王玉连》故事在甘肃、四川、云南和贵州都有流传，在贵州主要流传于布依族地区，特别是安顺市各地的布依族戏班。[1]按照人名、地名和故事情节，对比分析各地区的王玉连故事，可知安顺地戏广顺版《王玉连征西》唱本与乐康村的《王玉连》抄本最为相似。故事梗概如下：

宋仁宗时期，有四川华阳县员外王伦、王汉、王云三兄弟，婚后多年未见生育，于是建庙宇，祈求神灵送子。三家如愿各生一子，取名玉连、金连、银连。不久，王伦、王云夫妇相继辞世，二娘欲独占家产，多次设计陷害玉连母子及玉连之妻子张素梅。承蒙太白金星保佑，玉连母子和张素梅得以脱险。在

---

[1]　陈玉平：《论布依族地戏的独特价值》，《贵州民族大学学报（哲学社会科学版）》2013年第2期，第1—7页。

学堂，玉连天资聪颖，"四书五经背如流"。他长大从军，效忠朝廷，最后衣锦还乡，惩治了万恶的王二娘。

广顺版《王玉连征西》的主人公王玉连文韬武略，又有张素梅和王二娘这样一正一反的人物形象。《王玉连》抄本编者王由戬的学生李建明、黄道生、王继周、王周易等人在世时都很重视村寨的文化发展，注重村寨的风气，从他们身上可以窥见编者王由戬等人的初心。无论是启蒙村寨青少年，还是给大人作为伦理道德借鉴，广顺版《王玉连征西》都是好材料，抄本编者以其为底版进行改编概缘于此。材料既定，如何让汉语故事转化为大家喜闻乐听的布依语故事又是一个难题，于是生活中熟悉的方块"古文字"摩经抄本就成了编者们的重要参考。

二、方块"古文字"及私塾教师的文字改造

在与汉族人的交往过程中，布依族学会借用汉字记录本民族口传文献。关于这种文字，侯绍庄认为主要有近音汉字，还有少量是汉字布音或自造的"土俗字"，也有全部借用汉字汉音的情况。他还指出，布依族社会口耳相传的丧葬祭祀歌在唐末宋初就已出现，明末清初，才由本民族中懂汉文的知识分子，用汉文作为符号将其记录下来。[1]周国炎把这种文字叫作"方块布依字"，他认为这类文字主要流行于宗教职业者群体。[2]周国茂对比布依族社会存在的几种文字，将这类方块字称为"古文字"，认为"这些文字类型一般用来作为占卜文字，记录《摩经》，或者记录、创作布依族民间文学等等"。[3]几位学者都发现这类文字用于摩经。在乐康村的布依族文化调查中，发现这种方块"古文

---

[1] 侯绍庄：《布依族丧葬祭祀歌社会历史价值刍议》，《贵州民族研究》1989年第3期，第61、65页。

[2] 周国炎：《"方块布依字"及其在布依族宗教典籍传承过程中的作用》，《中央民族大学学报（哲学社会科学版）》2002年第5期，第125页。

[3] 周国茂：《布依族古文字研究》，《贵阳学院学报（社会科学版）》2010年第4期，第56页。

字"也应用于碑文。《王玉连》抄本沿用摩经和石碑上出现的这种方块"古文字",但又不是生搬硬套,编者们对部分造字进行了技术改进,经他们精心改造,抄本的认读畅通无阻。

1.村落"古文字"雏形与正统意识的引入

乐康村西南侧公路边的王成墓,立碑时间为乾隆二十一年（1756），墓志铭出现"弄捞"二字,疑为借音类型的方块"古文字"。铭文及推理如下:

赞曰:

　　贤哉[①],王公忠正□诞诸令[②],嗣桂馥□□[③],余卜吉[④],弄捞龙光[⑤]。

　　戍山辰向,百世其昌[⑥]。

　　　　紫池,田丰年[⑦]

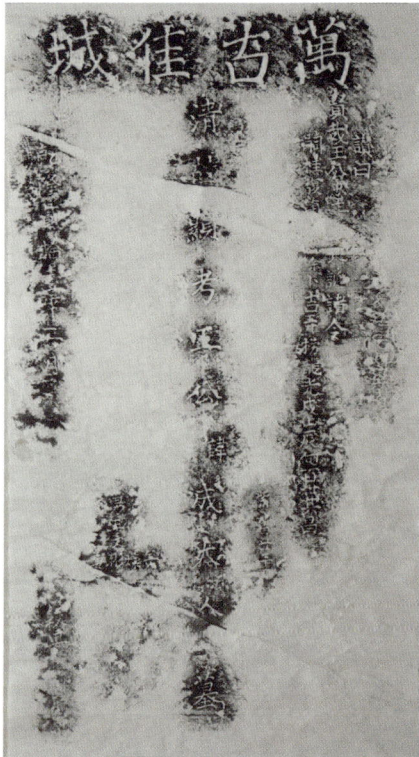

图一　王成墓碑拓片

①"贤哉",效仿《论语》"贤哉,回也!"的句式,通过谓语前置来赞美墓主贤达。②"王公忠正□诞诸令",王成,字（或号）"忠正",□处于碑断裂处,缺字目前尚不能推测,"诞诸令"亦存疑。③"嗣桂馥□□",□□为第二处缺字,第一个字能见到1/3,为"蘭"字上半部,因此缺字疑为"兰香",即桂馥兰香。曾朴《孽海花》第五回《开樽赖有长生库　插架难遮素女图》有"花团锦簇,桂馥兰香"的描写。此

处以"桂馥兰香"比喻子孙聪颖。④"余卜吉","余"为碑铭撰文者,"卜吉"即占卜。⑤"龙光",即"恩宠荣光",意为受到皇帝宠爱。[1]⑥"戌山辰向,百世其昌",坟的坐山方位为戌(西北),向山为辰(东南);百世其昌,即世世代代都繁荣昌盛,寄托着墓主后人的一种期望。⑦"紫池,田丰年",紫池应为撰文者田丰年的家乡。

"弄捞"二字应为布依语"大森林"(ndongllaaux〔ʔdɔŋ²⁴laːu³¹〕)。[2]布依族将祖坟称为"ndongldih〔ʔdɔŋ²⁴ti³³〕",ndongl即"森林",dih即"坟墓",意即理想的坟地是森林。王成的坟地交另坡原是茂密的青冈林,"弄捞龙光",意为葬在这样的大森林坟地,后人将得到皇帝的恩宠。撰文者通过布依–汉双语并存的方式祝愿墓主后人实现两种文化中的最高愿望。王成碑是乐康村迄今发现的第一块墓碑,它首次以文字叙述墓主的生命史。使用国家通用文字就是对国家认同,而由双语并存论及皇恩,标志着当地人在以方块"古文字"的方式引进正统意识。

2.改进"古文字",引进儒家忠孝伦理

利用方块"古文字"编写抄本是乐康村私塾教师引进正统意识的重要途径,《王玉连》抄本就是其中一个例子。为了使抄本更易于认读,使引进的儒家忠孝伦理得到更好的传播,编者对部分方块"古文字"进行了改造,抄本留下了许多改造痕迹。笔者于2008至2015年搜集整理乐康村的《王玉连》抄本。[3]其间,搜集整理距离乐康村15公里的里平村的《嘱咐经》抄本(本文使用简称"《嘱咐经》抄本"),发现《王玉连》抄本里许多"古文字"是在《嘱咐经》造字的基础上进行改进的,其方式方法见表三。[4]

---

[1] 广东、广西、湖南、河南辞源修订组、商务印书馆编辑部编:《辞源(修订本)》(第4册),北京:商务印书馆,1987年,第3606页。

[2] 贵州话属于北方方言区,"弄捞"的发音是〔luŋ²⁴laːu³¹〕。

[3] 贵州省民族古籍整理办公室编,黄镇邦译著,袁微英译:《王玉连》,贵阳:贵州人民出版社,2015年。

[4] 黄镇邦译注:《布依嘱咐经》,贵阳:贵州人民出版社,2011年。

表三 《王玉连》抄本改造《嘱咐经》抄本"古文字"举例

汉字	布依音	《嘱咐经》	《王玉连》	改造办法
水	zam[31]	冰	漱	会意→"会意+形声"
脚	tin[24]	乔	趼	会意→"会意+形声"
站	ʔdun[24]	論	踚	借音→"会意+形声"
回答	xa:n[24]	漢	嘆	借音→"会意+形声"
呻吟	koŋ[11]	窮	哄	借音→"会意+形声"
晚上	xam[33]	哈	曘	借音→"会意+形声"
话	xa:u[35]	耗	哘	借音→"会意+形声"
河	ta[33]	駄	达	借音→"会意+形声"
米	xau[31]	厚	糇	借音→"会意+形声"
走	pai[24]	批	趄或迫	借音→"会意+形声"
睡觉	niŋ[11]	寧	瞷	借音→"会意+形声"

　　"六书"造字法包括象形、指事、会意、形声、转注、假借六种造字方法。会意字就是把两个或两个以上的部件组成一个新字，这些部件的意义合成新字的意义。《嘱咐经》的编者自创一些会意字，但是，或因语义重复，或因语义不明确等不便认读。如上表中的"冰"和"乔"字。前者，"冫"和"水"都含有水的意思，后者"丁"虽然有"脚"的音，而且处于字的下半部，有会意的意味，但是整个字语义不明确。象形字由形旁和声旁构成，兼有表意和注音，一目了然。由于跨语言造字，《王玉连》抄本编者倾向于以会意兼形声的方式造字，他们以这种办法改造了《嘱咐经》里的会意字或借音字，使抄本易

于认读。抄本除改造《嘱咐经》的用字之外，还创造了50多个这样的形声字。

会意兼形声的造字方法十分便于具有布依语母语的读者认读，如：上表中的"曌"，义旁"日"表示与日夜相关，声旁"黑"既与布依语hamh［xam³³］读音相近，又可以描述晚上黑漆漆的状态。

转注是根据义类确立一个首字为字根，创造同义或者意义相通的新字时，就拿这个字根作为基础，添加新的部件。[1]抄本仿照"六书"的转注制造了一些字，例如：（jag［tɕak³³］）字，"石"为字根，"替"为添加的部件，意为"交互"。石磨运行的时候，上齿和下齿相交互，表示"咬牙切齿"动作的"磝"字就创造出来了。

抄本编者重视继承先民创字的优点，如："軀"或"躰"，表示身体，造字技术已经很成熟，就保留下来了。同样，借义字如"鸡（鷄）""给（許）"的取字考虑也比较全面，也保留。

经过上述处理，整部抄本的认读就有规律可循，引进汉语唱本水到渠成。

如前所述，抄本编者通过改编汉族地区流传的地戏唱本，传播正统意识。因此，他们保留了"天下""忠""孝""忠孝"等体现儒家伦理的关键词，编者结合布依族文化编诗句，让当地村民在津津有味听故事中掌握这些概念。从村民对这些词语的理解可知编者初衷，如表四：

---

[1]　马秀月、孔德琴：《六书"转注"探赜》，《淮南师范学院学报》2022年第2期，第90页。

表四　乐康村民对《王玉连》抄本部分借汉字的理解

词汇	当地发音	例句	当地的理解
孝 ɕaːu²⁴	jaːu³⁵	Gvaangl banz bux miz yaaus, 落得一个"不孝"人 Mbox ndaix daaus mal genz. 永远不得回上边。	"回上边",回到朝廷。孝,为皇帝效力。
忠 tzuŋ³³	sɔːŋ²⁴	Neex wois gac mengz nuangx, 如若阿哥杀了你, Daaus banz bux miz songl 落得一个"不忠"人。	"忠",夫妻之间彼此忠诚,不存二心。

　　上表的例句出自王玉连杀三花小姐的情节,王玉连在与西京交战过程中落入敌手,敌方公主三花求父王刀下留人,并招其为驸马。十二年中,三花公主真心实意爱玉连,玉连看在心里,诗句描述他杀死三花之前的矛盾心情:不杀,回不到东京,不能为仁宗皇帝效力;杀了,又对不起三花公主。"孝敬父母"易于理解,改编者就以"孝敬"表达效忠皇帝这一概念,而把《王玉连征西》唱本宣扬效忠皇帝的"忠"用来表达夫妻之间的忠诚,不在"忠"与"孝"之间划清界限。这样的改编使诗句在布依语语境中不拗口,引进的文学作品平稳落地,难怪儒家的忠孝伦理在乐康当地如此深入人心。

三、抄本形成的社会基础

　　杨志强等关于"古苗疆走廊"的研究,指出中原文化进入西南的"三条线路"是指明洪武"调北征南"时期通往云南的古驿道,以及从黔北遵义到贵阳、黔南贵定到都匀延伸至广西的两条古驿道;[1]石峰的边汉社会研究关注黔中

---

[1]　杨志强、赵旭东、曹端波:《重返"古苗疆走廊"——西南地区、民族研究与文化产业发展新视阈》,《中国边疆史地研究》2012年第2期,第1—13页。

安顺屯堡文化及其对周边各民族的影响。[1]目前他们的研究还未辐射到南、北盘江交汇的红水河一带。近年，一些年轻学者开始关注黔西南，但是，他们的研究更多涉及黔西南西边各个县份。事实上，"拨粤归黔"之后，由于归属变动，原本属于广西泗城府的望谟、册亨、罗甸在经济、文化方面发生了变化，望谟县一带的变化就十分明显，乐康村《王玉连》抄本的形成就是一例。

1. 永丰州教育为村落培养了人才

一般认为，清雍正年间鄂尔泰在贵州进行的大规模"改土归流"对少数民族地区造成很大伤害，但是，应该辩证分析这次政治运动的利弊。"改流"之后，中央王朝实施了一些政策，促进黔西南一带的社会发展，改变了黔西南的行政格局；运动中积极推行科举制度，刺激了贞丰州"下江"地区的文化发展，《王玉连》抄本就在这样的背景下产生的。[2]

"大传统"和"小传统"是研究上下层文化关系的通行概念。[3]美国人类学家芮德菲尔德提出"大传统"和"小传统"这个概念，他所说的"大传统"是指都市上层阶级及知识分子以文字记载的文化，小传统主要是在小规模共同体，特别是乡村中通过口头传承的文化。[4]"改土归流"中，将原本隶属于广西泗城府的今望谟、罗甸、册亨一带划入贵州，史称"拨粤归黔"。"改流"之后，中央王朝积极推行科举制度，兴办学校，如雍正十二年（1734）建立南笼府义学、雍正八年（1730）建立永丰州义学，由专门的流官学正督学。[5]学校教育相对发达的南笼府、永丰州就成了黔西南地区的"大传统"，而学校教育

---

[1]　石峰：《"边汉社会"及其基本轮廓——以黔中屯堡乡村社会为例》，《安顺学院学报》2018年第1期，第21—29页。

[2]　现今的贞丰、望谟一带，历史上以罗烦河注入北盘江处为界，以北称"上江"，以南称"下江"。

[3]　张荣华：《文化史研究中的大、小传统关系论》，《复旦学报（社会科学版）》2007年第1期，第73页。

[4]　［美］罗伯特·芮德菲尔德著，王莹译：《农民社会与文化：人类学对文明的一种诠释》，北京：中国社会科学出版社，2013年。

[5]　（清）鄂尔泰等修：（乾隆）《贵州通志》（一），卷之九（十八），载《中国地方志集成·贵州府县志辑》（4），成都：巴蜀书社，2017年，第160页。

相对滞后的红水河、南北盘江乡村就是"小传统"。"大传统"中的科举考试深深吸引着"小传统"中的土官子弟，他们纷纷到府、州上学。这方面尤以"下江"地区王母（望谟）的王居仁家族和者香（蔗香）的王崇仁家族最为明显。

王母六亭总土目王居仁（1751—1817），其先世特别重视子孙的汉文化教育，王居仁和同辈兄弟及他们的儿子，多人是州学生员。[1] 道光乙未年（1835），王居仁之孙王绩辉考中武举。王崇仁及其兄弟和子孙多人是州学生员，其中，孙子王绩康是举人。[2]

从此，以王氏土目为代表的"下江"地区读书人多起来，府、州学校的老师和同学有许多汉人，读书就是一种跨民族的交往交流。乐康村是王氏土目的主要分支之一，文人王元芝、王元本、王绩宣、王绩峻等也是这样被吸引进去的。乐康村的王成碑和村中的《王好仁在贞丰学堂》等故事反映了村落的汉文化发展经过，村落各姓氏墓碑数目变化也清晰反映了村寨这段发展历程（表五）。[3]

表五　清乾隆至宣统乐康村各姓氏墓碑数量统计表

年代	姓氏	数量	有无墓志铭
乾隆	王	1	有
嘉庆	王、黄、岑、莫	6	无
道光	王、黄、岑、莫、韦	11	有
宣统	王	2	有
总计		20	

[1]　材料系笔者于2020年春节和五一国际劳动节实地考察所得。

[2]　（清）张锳修，邹汉勋等纂：（咸丰）《兴义府志》卷四十九，选举表二、六，贵阳：文通书局，1914年据刻本铅排本。

[3]　乐康村的坟墓为土封石围墓，本次调查发现全寨总共20座清代墓有墓碑。

墓碑数目的变化是当地汉文化发展的一面镜子。乾隆年间，村寨只有王成碑，说明此时村寨读书上学的人很少。嘉庆年间，其他黄、岑、莫等姓氏渐渐见有墓碑，表明此时读书上学已形成一定的风气。道光年间，村寨的石碑数量发展达到了鼎盛，碑文也颇具文采，说明随着交往的频繁，寨中的汉文化教育程度普遍得到提高。特别需要说明的是，咸丰、同治、光绪三个历史时段，由于社会动乱，地方土官为隐蔽身份，未给亲人立碑，直到宣统、民国年间才又见有人立碑。

在科举考试的吸引之下，乐康村相继有学子到贞丰州上学，为村寨教育奠定了基础。正因为这种教育上的薪火传递，《王玉连》抄本的编者才有那么扎实的文字功夫。

2.新的贸易路线促成地戏唱本引进

袁铁峰从移民视角探讨清代黔西南地区的客民和土民的社会关系，其中提到了土客之间紧张的资源竞争；[1]李渌从商贸历史文化景观视角考察黔西南的经济发展与变迁，其中涉及黔西南的商贸集散，大多为该地域西部的集市。[2]西南地区因云南的普洱茶闻名遐迩，茶马古道的研究成为热门课题，如今黔西南的普安红茶也备受关注。[3]其实，这块土地上存在许多公平贸易，黔西南东部一些贸易尚待研究。清末民初，就有乐康人到安顺出售蔗糖，安顺客商也到乐康购买棉花，这些贸易往来让乐康人有机会接触黔中文化。

乐康村是望谟县东南部一个交通枢纽，双江口（蔗香）—乐康—王母（望谟）这条线路早就成为蔗香到望谟县城的三条道路之一，乐康也是双江口到大

---

[1] 袁铁峰：《反客为主：清代黔西南民族区域的客民研究》，华中师范大学博士学位论文，2013年。

[2] 李渌：《清代黔西南地域商贸历史文化景观研究》，《西南大学学报（社会科学版）》2018年第5期，第164页。

[3] 刘礼堂、冯新悦：《"一带一路"视野下西南茶马古道研究：回顾、反思与展望》，《武汉大学学报（哲学社会科学版）》2022年第3期，第77页。

观、伏开、麻山、桑郎、昂武、渡邑几个大寨的中转站。这一带盛产棉花、红糖（蔗糖）等土特产，引来安顺客商（表六）。[1]

表六　1940年代乐康场农产品交易情况

名称	类别	售方	买方
稻米	水稻	乐康寨上	南、北盘江沿江坝恩等缺田村寨
	旱稻	林楼、里平（糯米饭）	所有赶集者
棉花	小棉	交颂、交相	安顺客商
糖	蔗糖	平翁、坝若、坝从、乐社	安顺客商，大观、麻山村民

乐康人喜欢观看杂技，村寨至今流传乐康下院的莫氏人家杂技，其技术之高让精于分身术的河南马戏团也为之汗颜。两地的来往让编者们了解了安顺地戏，《王玉连》抄本的编者们都生长在乐康，他们最能理解村寨父老的喜好。对于到处寻找适合"感化"题材的文学作品的他们来说，地戏唱本《王玉连征西》就是"踏破铁鞋无觅处"，以"书面文学迎接书面文学"成为最佳方式，为便于传承发展，方块"古文字"改造就成为必然。

永丰州的教育与乐康—安顺两地贸易这两个因素都是抄本形成的关键条件，都可以归结到"大传统"的改变，格局变动促进了布依、汉两个民族的交往和交流，促成了汉语地戏唱本的引进和改编。

---

[1]　乐康到安顺的线路大致是：乐康—坡王—长顺—广顺—安顺，安顺客商到乐康也基本上走这条线路。

四、抄本对当地社会的影响

《王玉连》抄本的社会价值是多方面的。广义来说，作为一部文学作品，它的产生"改变了人们对布依族文献种类的传统认识""使布依族文学作品更加充实、完善""丰富了布依族文学作品的语体类型"。[1]狭义来说，它丰富了村寨的文化生活，使村民有书可读，能够接触和接受本土化的汉族思想观念，使儒家忠孝伦理在本地区得到广泛传播。

1.它使村民有书可读、有字可学

抄本的诞生丰富了私塾课堂读物。望谟县于1940年建县，在此之前，乡村的学校教育基本上是私塾。乡村私塾的读物是十分有限的，据县志记载，初班启蒙学童先读《三字经》《四字经》《百家姓》和《增广贤文》，中班读《四书》《幼学琼林》《千家诗》《对偶》，高班才能读到《五经》《论说精华》《古文观止》《唐诗》《宋词》。[2]

抄本编者王由戳有一次就学生黄道生的学业和同事黄华祥商量，说："贵公子道生可以不用读'四书'，他已熟悉这部分内容，不必浪费时间，让他直接读《幼学琼林》。"

可见，当时乐康私塾已经设有中班。即便如此，乐康村的私塾读物还是比较匮乏的。而且，私塾课本中的人物、故事对学生们来说都很遥远。抄本编者改编地戏唱本，以布依族社会生活场景替换唱本中的一些场景，以布依族社会熟悉的称谓"况（公子）""囊（小姐）"替换原文本中的称谓，甚至以布依族杰出人物为原型塑造主人公的形象。抄本因而贴近当地生活，成为学生爱不释手的读物。

《王玉连》抄本是以叙事长诗的形式问世的。抄本一共有六七个人的手迹，

---

[1]　周国炎：《布依族民间叙事长诗抄本〈王玉连〉及其文献价值初探》，载周国炎主编《布依族古籍文献研究文集》，贵阳：贵州大学出版社，2018年，第316页。

[2]　贵州省望谟县地方志编纂委员会编：《望谟县志》，贵阳：贵州人民出版社，2001年，第802页。

据玉连故事传承人李建明的女儿李宗言在世时透露，改编者采取"你读我记，我读你记"的方式完成编写。改编者的学生李建明后来是当地著名歌师，编写抄本的时候，他还是其中一位记录者。

《王玉连》抄本成为引进汉语言文学的范本，曾多次被学生誊抄，乐康村如今都还保存着黄荣祥于民国戊子年（1948）誊抄的版本及王瑜周于20世纪70年代誊抄的版本。《王玉连》抄本开启了村落引进汉语言文学作品的先河，"新生活运动"之后，李建明、黄道生、王瑜周等人仿照《王玉连》抄本将汉族地区流传的《三审曹国丈》改编为布依语叙事长诗《员外卖花：刘忠信》，宣扬"善有善报，恶有恶报"的思想。王母（望谟）其他村寨文人改编的布依语叙事长诗《况德方》《雅平寨》（均未见抄本）等也传入乐康，这些汉语故事读物使村落学子有书可读。

2. 它深刻影响了村落一批文人

《王玉连》抄本使儒家倡导的"天下""忠""孝"几个概念具体化，深刻影响了乐康村一批文人。伴随科举教育而来的家国思想早就在乐康这个村落扎根，但是，如王成碑铭文中的"龙光"，还只是一种朦胧的国家认同。《王玉连》抄本使这种认同具体化。

布依语中，"天下"叫"lacmbenl［ la^{53}ʔbɯn^{24} ］"，即"天底下"之意。村落文人书写的对联"一勤天下无难事，百忍堂中有太和"，但是，所指的"天下"是模糊的。《王玉连》抄本中，王玉连为宋仁宗征战，荡平西京，为仁宗皇帝"保天下"。这里，"天下"就是仁宗皇帝统治的这个国家。

王玉连精忠报国，尽管这里的"国"是一个封建王国，但"国家"的概念已具体。李建明（1912—1990）、黄道生（1920—2003）在世时经常为村民写对联，其中有一副举国通用的祖宗堂联"礼乐百年承燕翼，诗书千载荷龙光"。此时，他们对"龙光"的理解已超越王成碑上那个"恩宠龙光"，不再是对封建帝王的感恩戴德，而是指对共产党建立的新中国的一种赞美，他们用这副对联感谢国家创造美好的读书环境。

李、黄二人秉承老师们的遗志，他们一生研讨《王玉连》抄本，教化村人。1974年，他俩受乐康公社领导的邀请，到公社大坝为全体村民讲述玉连故事。他们时常鼓励村寨年轻人通过拼搏考学校，找工作，还具体建议考师范类和医学类的学校，说是"没有哪个朝代不需要教师和医生的"。表二中考取中专、大专的人很多就读的是安龙民族师范、兴义师专（现都归入兴义民族师范学院）和兴义卫校（现并入黔西南民族职业技术学院），与李、黄两位文人及他们的私塾同学的影响存在一定关系。

黄道生将老师们传授的知识融会贯通，他把《幼学琼林》等私塾课本所描写的意境和《王玉连》所宣扬的忠孝思想结合起来，书写祭文，如2001年他在《悼王德位》中写道：

> 天之生物，梏而复兴，人之性，死而不返，所谓梏而复兴者木也，死而不返者亲也……并审时度势，培养长佺，以成国器为目标，及其后也，国家政策安定，实行地方人民选举，于是伯父当选为大队支书，上至其忠，下待其慈，虽然心中劳碌，也得上下周全。

显然，作者继承了私塾教师们在《王玉连》抄本里宣扬的"忠""孝"思想，不过，此时的"忠"已用来表达对当下国家、政府尽忠尽责。

抄本里所蕴含的家国思想已融进这一批村寨文人的思想之中。

3.它改变了村落妇女的观念

乐康村妇女是《王玉连》抄本的重要受众。抄本对她们的影响比较大，自从村寨有了玉连故事，妇女们渐渐从学歌中分离出来。

红水河一带的布依族喜欢盘歌，盘歌不但可以用于青年男女社会交往，还是彰显个人聪明才智的一种方式。[1]这种以交流情感为主要内容的民歌在望谟县一带被称为"部歌"，顾名思义就是分部演唱的歌。贵州省布依学会授予望谟县"布依古歌之都"的称号，其中就因为县内流传《十二部古歌》。乐康村是望谟县境内传承《十二部古歌》最为完整的村寨，村落有比较清晰的传承谱系。但是，在20世纪40年代，村寨民歌的传承呈现明显的"传男不传女"的现象。究其原因，与《王玉连》抄本的流传有关。

《王玉连》抄本编者的学生多数是村落或家族的自然领袖，如王继周、王周易和黄道生。王继周是民国时期的乡长，经常过问村寨寨风，王周易是乐康国民公学校长。民国"新生活运动"要求"革除陋习"，二王都履行政策，把民歌视为一种陋习，限制村寨妇女学歌。王继周认为女子学歌伤风败俗，整天整夜和男子对歌，不顾家，而且容易与男子私奔。黄道生是公学教员，又是中院黄氏家族的长房长子，对族中妇女的管教很严格，中院其他家长也效仿他，不让女子出门唱歌。《王玉连》抄本的产生，成为他们教化村寨妇女的"活教材"。私塾教师李建明和公学教员黄道生研读抄本，为村寨村民讲玉连故事，把村寨妇女吸引过去，自然承担了这份感化任务。

妇女们被玉连故事吸引的原因，一方面是故事的趣味性。玉连故事有动人的故事情节，李建明、黄道生又是用边读边唱的方式讲故事。至今，每当提起玉连故事，乐康村妇女都还在评论工二叔娘和张素梅的品行，还回味当时李、黄二人在李家火塘边讲故事的情景。李、黄二人的女儿李宗言、黄德珍记性都很好，她俩在世时也经常给妇女们讲玉连故事，是寨子里面公认的两位玉连故事讲得最好的妇女。

家有孩子的妇女对王玉连的苦难经历非常同情，她们羡慕玉连在学堂的突出表现，更羡慕他日后衣锦还乡。

---

[1] 吴秋林：《歌唱的生存——羊场布依族盘歌综论》，《民族文学研究》2012年第2期，第131、142页。

传统的红水河布依族村落是一个重男轻女的社会，很少有女子读书上学。以1941年的乐康国民公学为例，40名学生只有一个女生。布依语"ngah〔ŋa³³〕"一词意为特别想得到某种东西，乐康村妇女常常用它来表达对读书上学的渴望。在乐康村对妇女们进行访谈期间，她们多次提到打工经历，提到因为不识字吃尽了苦头，说是当初也特别渴望读书。

李、黄二人及他们的女儿经常为村寨讲玉连故事，主人公王玉连的成才经历在村寨妇女们耳边不停回响。久而久之，她们自然明白了"读书改变命运"的道理。20世纪50年代之后，国家创造的就业机会越来越多，乐康村的父母们纷纷把子女送入学校读书。20世纪80年代，这些村落学子不断考取学校，走上工作岗位。才有前文表二的教育成果。

《王玉连》抄本的形成，让村寨妇女们得以跟汉文化中的王大伯娘、张素梅"接触"，让她们"目睹"了玉连这个成功典型，一代代村寨妇女的观念在潜移默化中发生了转变。

《王玉连》抄本使村落学子有书可读，它让儒家倡导的忠孝伦理具体化，使布依族学子充分理解抄本编者的思想，从而最大限度感化村落妇女，实现观念改变，正好实现了编者当初的理想抱负——《王玉连》抄本封面依稀可见的"改汉作夷，传世间老幼妇女听知或少女父母志"，这些改变都是改编汉语言文学作品所带来的结果，这种文化融合是在与汉族交往交流的基础上实现的。

五、结语

"党和国家依法推动国家通用语言文字事业发展，大力推广普通话、推行规范汉字，极大促进了民族团结和各民族、各地区经济文化交流，有效推动了经济社会发展和对外交流，有力维护了国家统一和社会稳定。"[1]从国家层面阐述了推广国家通用语言文字对于多民族交往交流的重要性。

　　本文案例表明，汉族和布依族之间深入交往交流，是布依族私塾教师掌握汉字文化知识，并借用汉字音形义改编汉族地戏唱本形成布依化《王玉连》抄本的必要社会条件。《王玉连》抄本使寨民们不分老幼、不分男女，有书可读，有字可学，接触和接受本土化的汉族思想观念，使儒家忠孝伦理在本地区得到广泛传播，有力推动了当地教育发展，也让本土语言文化充满活力。

---

[1]　王晨：《进一步贯彻实施国家通用语言文字法　铸牢中华民族共同体意识——写在〈中华人民共和国国家通用语言文字法〉颁布20周年之际》，《人民日报》2020年11月11日第6版。

贵州传统服饰纺织技艺

——从贵州省博物馆馆藏纺织器具说起

杨菊

（贵州省博物馆）

摘 要 文章指出，贵州传统服饰有悠久的历史和精湛的纺织技艺，有的织锦已被列为国家非物质文化遗产。贵州省博物馆收藏有丰富的纺织器具和精美的纺织品，以馆藏纺织器具看纺织技艺，窥见一斑，可见其对传统技艺的有效保护和利用。

关键词 贵州；传统；纺织；技艺；织机

贵州是一个多民族省份，反映各民族生产、生活的文物是贵州省博物馆的特色藏品。贵州省博物馆藏有数量众多的各式纺织器具，如织机、纺车、倒纱车及出土的纺轮等。这些纺织器具记载着生活在这片土地上的民族的纺织历史和工艺。平坝飞虎山出土的新石器时代的石纺轮，[1]说明在4000至6000年前贵州先民已经掌握了纺织技术。而赫章可乐乙类墓出土铁器、铜器上的丝、麻、毛等织物残片，[2]则表明至少在西汉时期，贵州各民族已经使用包括丝绸在内的各种纺织品，而这些纺织品很可能为他们自己织造。清镇蜀汉至南朝时期墓出

---

[1] 李衍垣、万光云：《飞虎山洞穴遗址的试掘与初步研究》，载贵州省博物馆考古研究所编《贵州田野考古四十年（1953—1993）》，贵阳：贵州民族出版社，1993年，第11页。

[2] 贵州省文物考古研究所：《赫章可乐二〇〇〇年发掘报告》，北京：文物出版社，2008年，第116页。

土长20厘米铁质轮轴的陶纺轮，[1]可窥其使用方式。平坝棺材洞出土数量众多的纺织品，可见其纺织、浸染技艺的高超，鹭鸟纹蜡染褶裙更是精美绝伦。[2]至清代，彩绘本《黔苗图说》《贵州苗族图说》绘有贵州各民族织机、织锦、印染的场面，[3]有些织机至今还在使用。经过历代传承与发展，今天，贵州依然有用传统纺织器具、工艺来生产各种纺织品。

一、贵州传统服饰纺织原料及加工

（一）贵州传统服饰纺织原料

生活在贵州这片土地上的人们因地制宜、就地取材，依据其生存的环境选取纺织原料，并将其加工为精美的纺织品。常选用的纺织原料有棉花、蚕丝、动物毛发、麻等。因各民族生存的环境不同，选用的纺织原料略有差异，黔西北地区的苗族多用麻作为纺织原料，彝族则多用羊毛，遵义等地因其有着悠久的养蚕历史，故多用蚕丝为原料。

1.棉花

棉花历来就是重要的纺织原料，古人纺织所用棉纤维除了一年生木本棉花外，还有多年生木本棉花。贵州的植棉始于明代中叶，（嘉靖）《贵州通志》卷三《土产》载，思南府，货之属，棉花；（嘉靖）《贵州通志》卷七《拾遗志》载："因地产棉花，种之获利，土人且效其所为，弃菽粟而艺棉。"[4]可见，明代贵州棉花种植产地有限，主要在思南、普安等地。及至清代，黔省出现谋衣艰于谋食的困境，清政府鼓励棉花种植，贵州植棉之风兴起，都匀、思南、兴义、安顺等地都大量种植棉花，《清高宗实录》卷一三〇载："劝民种棉织

[1] 贵州省博物馆：《贵州清镇平坝汉至宋墓发掘简报》，《考古》1961年第4期，第207—211页。
[2] 熊水富：《平坝"棺材洞"清理简报》，载贵州省博物馆考古研究所编《贵州田野考古四十年（1953—1993）》，贵阳：贵州民族出版社，1993年，第395—404页。
[3] 据贵州省博物馆藏《黔苗图说》《贵州苗族图说》画册。
[4] （明）谢东山删正，（明）张道编集，张祥光、林建曾、王尧礼点校：（嘉靖）《贵州通志》，贵阳：贵州人民出版社，2019年，第95、214页。

布";[1]（乾隆）《贵州通志》卷十五《物产》载：都匀府"棉花'出八寨、高坡间，遍植'"，思州府"棉花"。[2]（乾隆）《南笼府志》、（咸丰）《兴义府志》、（咸丰）《安顺府志》、《清史稿》亦有贵州种植棉花的记载，清代贵州植棉之风兴起。民国时期，由于抗战军兴，贵州植棉现象更为普遍，棉产量增大。

2. 蚕丝

丝，蚕所吐也，是纺织的重要原料，丝绸是中国古代的著名特产。蚕可分为家蚕和野蚕。家蚕又称桑蚕，野蚕有柞蚕、天蚕、樗蚕等。野蚕在野外环境中生长，古人常加以利用并选择若干品进行放养，得到其所吐丝线，制成一些独特的丝绸种类。从考古材料看，远在新石器时代中国已发明丝织技术。贵州的蚕桑养殖起源于何时，史籍无明确记载，但蚕桑业兴起于清代乾隆年间，以遵义为中心，主要养殖柞蚕，又称青枫蚕。（道光）《遵义府志》载，知府陈玉璧引种桑树、试养蚕种，在遵义传授缫煮、络导、牵织等工艺技术，将放、养、缫、织的方法在乡村广泛传播，并向民众发放蚕种及资金，减免蚕户赋税的事件。在官府的倡导下，柞蚕迅速向遵义邻近地区传播，贵州蚕桑业得到大规模发展。从陈始，历任者基本均倡导蚕桑，桐梓所产丝绸还有"桐绸"之称。

3. 麻类

麻是古人最早使用的纺织原料，其种类众多，分布不同，主要有大麻、苎麻、苘麻等。在麻纺织技术形成之前，人类用石器敲打，使麻类植物变软，然后撕扯成细长的缕，用以搓绳或编结成网状物。考古材料表明，至少在先秦时期，贵州境内民族已经能够生产麻纺织品。《宋书》记南朝宋时期，统治阶层大力提倡苎麻种植。自唐以后，南方逐渐成为苎麻的主要产地，《新唐书·地理志》载，从西南各地贡赋看，西南多地均上贡麻及麻织品。平坝棺材洞出土

---

[1]《清实录》第10册《高宗纯皇帝实录》，北京：中华书局，1986年，第9826页。

[2]（清）鄂尔泰等修，（清）靖道谟、杜诠纂，张祥光点校：（乾隆）《贵州通志》，贵阳：贵州人民出版社，2020年，第572、574页。

的"鹭鸟纹彩色蜡染褶裙",其裙腰为麻质,该裙纹饰极具地方民族特色,加之古代交通不便,其原材料麻很大可能为本地所产。明代以后,《明史·食货志》记载统治阶层规定各户要保证一定面积的麻田,并规定麻布可作为税物之一。1758年,贵州巡抚周人骥奏请植棉、植麻。

4.毛类

在中国古代,动物的毛纤维是仅次于丝、麻纤维的重要纺织原料。古代用于纺织的毛纤维原料主要有羊毛、牦牛毛、兔毛、禽类羽毛等,其中又以羊毛为主。贵州独特的地理气候条件为畜牧业提供了优良的条件,继而为纺织生产提供了丰富的毛纤维原料。从考古材料看,至少在先秦时期,贵州境内民族已经能够生产毛纺织品。元代李京《云南志略》中载"罗罗"松花铺地,用毛毡。清彩绘本《黔苗图说》载"猓猡"[1]以锦缎毡衣裹尸,披袍仡佬以各色羊毛织成织物,僰人男女皆披毡衣,画册中宋家人头戴毡帽。另,清彩绘本《苗蛮图说》记有蔡家男制毡为衣,妇女以毡为髻,可见贵州境内"猓猡"、披袍仡佬、蔡家人、宋家人已普遍使用毛毡制品,有的还掌握了擀毡工艺。宋家人、蔡家人素有为彝族擀毡的历史。擀毡制成的毡衣、毡帽等并没有经过纺捻和编织加工的过程,是无纺织物。至清末,贵阳"顺昌号"创办,贵州皮毛制革也得到较快发展。民国以后,贵州以羊毛为原料的毛织业得到较大发展,威宁、安顺等地所产毛织品质量优良,销售日广。

5.其他

受条件所限,贵州某一时期甚至出现民谋衣艰于谋食的困境,但各民族发挥自身聪明才智,就地取材,用树皮、竹、水麻柳、葛、草等作为纺织原料,制出了树皮衣、竹衣等独具民族特色的衣物,织出了对美好生活的向往与追求。清彩绘本《黔苗图说》就记载有洪州苗妇女善纺织棉葛二布,其葛布颇精细,故有"洪州葛布"之名。

---

[1] 猓猡,封建统治者对少数民族的蔑称,今已不用。——编者注

（二）贵州传统服饰纺织原料加工

纺织原料要经过多道工序加工才能进行纺织，它们或经过脱籽、轧棉，或经过煮茧、缫丝，或经过净毛、弹毛，或经过沤渍、煮练等过程，才能做成棉条、麻团等。以棉花为例，重要的工序有轧棉、弹棉、搓条等。

采摘下来的棉花叫籽棉，籽棉含有棉纤维和棉籽，棉籽不能作为纺织原料，轧棉就是把皮棉中的棉籽和棉纤维进行分离，获取皮棉的过程，也叫赶棉，这一过程使用的器具叫棉花脱籽机、轧棉机。皮棉经过弹制达到纤维松散的状态叫弹棉，工具可使用弹棉花机和弹棉弓。弹到松散的棉纤维再使用棉条搓板搓成棉条，就可以进行纺纱工序了。明代宋应星的《天工开物》里就已经详细记载了这些工序。贵州省博物馆藏有棉花脱籽机、轧棉机、弹棉花弓、棉条等。

二、纺织技艺及织造器具

（一）纺织技艺

棉条、麻团等经过捻合最终成为纺线，纺线经过纺织成为精美的纺织品，从原料到精美的纺织品要经纺纱、倒纱、牵纱、排纱、穿筘、织造等数十道工序，贵州少数民族通过自己的生存智慧生产出一套适宜他们的纺纱、织造器具。

1.纺纱

从出土的纺织器具看，纺纱是一项古老的技艺，自史前时代起，人类便懂得将一些较短的纤维纺成长纱，然后再将其织成布。所谓的纺纱，是运用梳理、加捻的方式将短的动物或植物性纤维捻合成为纱线，以便使其适用于织造的一种行为。所用的器具有纺轮、纺车等。纺轮是我国古代最早用于纺纱的工具，是纺专的主要部件。在新石器时代，贵州就有纺轮出现，直至蜀汉至南朝时期都有它的身影，如毕节瓦窑遗址、普安铜鼓山遗址、赫章可乐汉墓、清镇平坝汉墓等都出土有石质或陶质的纺轮。纺车是生产线或纱的设备。最早见于扬雄《方言》第五"繀车，赵魏之间谓之轣辘车，东齐海岱之间谓之道轨"，记有"繀车"和"道轨"，其形象最早见于山东临沂金雀山西汉墓中出土的帛画和画像石，其上纺车与明代《天工开物》上的纺车类似，亦与清彩绘本《黔苗图说》《贵州苗族图说》所绘纺车和今贵州少数民族所用纺车的形象相似。古代纺车经历了从手摇纺车到脚踏纺车、大纺车的发展，手摇纺车在今贵州少数民族中仍可见。与纺轮相比，纺车除了有较高的生产效率外，还可以根据所纺纱线的使用特点，高质量地加捻并合出粗细要求不同的纱线。贵州省博物馆藏有数量不少的纺轮及各式纺车。

2.倒纱、牵纱、排纱

把棉花捻成纱线以后，为便于纺织时候的整经，还必须倒纱，也就是把纱线绕在纱蕊或纱锭上，所用器具有倒纱车、纱蕊、纱锭等。牵纱是将已经纺好的棉线牵成经纱的过程，是棉纱上织机编织前最后一道工序。

3.织造

织造是制作织品的关键步骤，它是将纺好的纱线分经纬纵横交错地编织成布。在织布时需要五大运动，即五个过程：一是开口，口开不起来就无法实现经线与纬线的交织；二是送纬，就是投梭；三是打纬；四是送经；五是卷布。所用器具有各式织机。所有织机都是围绕这些过程来工作的。工序如下。

梳理、布经：是将纱蕊、纱锭上的纱线牵引排布，对经纱进行整理，使之排列有序，并将经纱按奇偶数分成上下两层以形成交叉开口。

穿筘：筘是织机上的竹筘，穿筘是经纱准备工程中的最后一道工序，是按照织造要求，把经线分组穿过每个筘齿，开出符合设计的梭口。

穿综：综是织机上的桄综，穿综是按设计要求把经线穿入各片综框，以便形成梭口。

织造：因纺织器具的不同，织造方式略有不同。以踏板织机为例，织造时脚踩织机下部脚踏板，待提综后上下层经线交叉形成织口，用梭子穿过织口引入纬线，以筘打纬，如此反复循环，通过下一次开口，上下两组经纱的全部或局部互相交换位置，并加以固定。

（二）织造器具

从古至今，人们所用织造器具各种各样，最主要的是织机。从全国范围内看，织机类型十分丰富，按不同的标准可分为不同的类型，有原始的腰机、有架织机、立式织机、水平式织机、梯架式织机、踏板织机、中轴式织机等。赵丰先生将织机分为原始腰机、有架织机、踏板织机、提花织机等几类。贵州省博物馆基本藏有以上织机类型。

1.原始腰机

席地而坐的"踞织机"，又叫腰机，是没有机架、没有踏板的织机，因其卷布轴的一端系在腰上，卷布轴与卷经轴之间无固定位置的支架，故名。原始腰机是最早的织机，最早出现于新石器时期。西南最早的原始织机见于晋宁石寨山，石寨山出土有青铜腰机及纺织场面贮贝器，贮贝器盖上可见原始腰机织布的场景。贵州、云南、海南等地都有这种类型的织机。此类织机最早出土的例子在浙江，河姆渡遗址就有类似织机出土，离河姆渡遗址很近的田螺山发现了较多的织机相关部件，如卷布轴、打纬刀、分经杆等。在腰机里也有一种机架、踏板兼具的比较复杂的类型。

2.有架织机

有架织机是有机架、无踏板、无传动机构的一类织机，是更为广泛的原始织机。从全世界看，此类织机的分布更加广泛。有架织机是不需要再用腰部进行固定的织机。中国的史料里有《敬姜说织》的记载，敬姜说的织机可能是一个有架无踏板的织机。新疆出土的传丝公主画版上亦有这种织机的相关样式。贵州省博物馆也藏有有架织机，它们看上去像一个小马扎和一个凳子，均有架子。有架织机的经轴、经线可以转动，人在边上进行操作，操作时不用踏板作为动力。这个类型数量相对来说不是特别多，但也是一个重要的类型。

3.踏板织机

踏板织机是织机里重要的类别之一，踏板织机有机械的传动动力。前面两类织机中，腰机的经线用腰来固定，有架织机的经线用架子固定，所有织造的动作都需要手来完成，脚没有利用起来。踏板织机最重要的是把脚利用起来了，开口的动作用脚来完成，手只完成投纬、打纬这两个动作，织造效率大大提高。提花机很多也是有踏板的，此处指的踏板织机是有踏板、无花本的那些织机。踏板织机最早的图像可以在汉代画像石和实物中看到。按赵丰先生的分类，踏板织机可以分为单综单蹑腰机、单综双蹑中轴式织机、单动式双综双蹑踏板织机、互动式双综双蹑织机等几类。贵州省博物馆藏威宁大街乡苗族腰机，它的机架较简单，只有一半，其实质为单综单蹑腰机。它有一个杠杆和筘，筘替代了打纬刀。贵州省博物馆收藏的织机中，有部分属于互动式双综双蹑织机，其两块踏板和两片综片在上下运动时是互动的。两片综片的上面有一个杠杆，杠杆的一头是一片综片，另一头是另一片综片，一片综片提起来的时候另一片综片就下去，这就是互动式的原理。贵州省博物馆藏黎平侗族雕花织机、凯里下司苗族织机就属于此种类型。

4.提花织机

提花织机是贮存和控制图案信息的织机。虽然在原始腰机里也可以提花、织花，但提花织机用到了"算"的概念。为了使织机能反复、有规律地织造复杂花纹，人们先后发明了以综片和花本来贮存纹样信息的织机，并形成多综式织机和各类花本式提花机。贵州省博物馆藏从江庆云侗族环式低花本提花织机，它可以将提花信息贮存在竹编花本之中，在织造时逐一释放织造提花织物。

贵州传统服饰有悠久的历史和精湛的纺织技艺，有的织锦已被列为国家非物质文化遗产。贵州省博物馆收藏丰富的纺织器具和精美的纺织品，以馆藏纺织器具看纺织技艺，窥见一斑，可见其对传统技艺的有效保护和利用。

共饮一江水

DRINK FROM THE SAME RIVER

夜郎与南越
精品文物展

YELANG AND NANYUE
FINE CULTURAL RELICS EXHIBITION

展览展示

贵州历史中的丝路印迹

——以贵州省博物馆展陈文物为主线

张婵　李琬祎

（贵州省博物馆）

摘　要　本文综述贵州省博物馆2017年至2023年基本陈列"多彩贵州·历史部分"所反映的丝绸之路在贵州的印迹。

关键词　贵州；南方丝绸之路；夜郎；土司；历史；文化

千年丝路，沧桑辉煌，留下一个个文明交融的印迹，不为时间所抹去。两汉的使者、南方丝绸之路上的行商、墓葬里的物件……踏着数十万年前"贵州人"的足迹，共同在这里勾勒出贵州人文的悠远轮廓。

地处西南腹地的高原山地之省——贵州，是一片令人意想不到的人文热土！古今交融、缤纷绚丽的文化样态，在贵州处处可见。早在旧石器时代，就有黔西观音人生活在贵州，从春秋时期开始，华夏、百越、百濮、苗瑶、氐羌五大族群共同生活在贵州，创造了多彩的贵州文化。让我们随着贵州省博物馆的文物展览，一起来探索贵州历史中的丝路印迹。

1964年冬，黔西观音洞遗址被发现，揭开了贵州旧石器时代考古的序幕。在贵州境内至今已发现旧石器时代早、中、晚不同发展阶段的遗址百余处，开展发掘了其中近20处。这些重要的发现基本确立了贵州旧石器时代的年代框架，有利于探索人类以石器工业技术为主导的，由打制技术向磨制技术转变的漫长历程。

人们在谈论中国旧石器时代早期文化遗址时，常说"北有周口店，南有观音洞"。黔西观音洞的出土文物（图一），是长江以南旧石器时代早期文化的典型代表，证明早在五六十万年前这里就有古人类活动，可粗略窥探贵州远古人类所创造的丰富文化，表明贵州高原是中国南方史前文明的摇篮之一。

贵州被称为"夜郎故地"，是古代丝绸之路的重要组成部分之一。秦汉时期，夜郎是西南丝绸之路的重要节点之一。当时，夜郎故地是西南地区重要的商贸中心，与中原地区进行贸易往来。今天，贵州夜郎故地仍然保留着许多古代建筑和文化遗址。其中，考古学家在贵州中西部地区发现的赫章可乐、威宁中水和普安铜鼓山遗址最为重要。虽然现有的考古发现还不能确定古夜郎国的中心位置及最高发展水平，但这些重要发现证实战国秦汉时期在贵州高原确实存在一个有别于滇、巴蜀、楚和百越的古夜郎文明。

赫章可乐遗址，位于赫章县城西部，地处黔西北乌蒙山脉中段，海拔1800米左右，是一个群山拱卫的小坝子，南临可乐河，被国家文物局评为2001年全国十大考古新发现。博物馆展厅中复制还原的274号墓葬是一座很有代表性的"套头葬"——在死者的头部用一件铜釜套头，同时用另一件铜釜套足。两件铜釜器形都很大，铸造也十分精美。尤其是套头的西汉立虎辫索纹耳铜釜（图二），肩部铸造有一对威风凛凛的立虎，气度非凡，器壁外布满烟炱痕。铜釜源出陶釜，我国远古时代，人们击陶为乐，高歌起舞，釜兼炊和乐的双重功能。春秋战国时，釜、鼓之功能进一步细化，铜釜为炊具，铜鼓为乐器。故"庄子鼓盆""秦王击缶"已成为著名的历史故事。死者头骨腐朽，但也可看出铜釜是像帽子一般套在死者头顶，因为在铜釜口沿边发现死者佩戴的骨质耳饰，此外，还有大量的由铜铃、挂饰、玛瑙珠、骨珠等组成的复杂项饰。另外，这座墓葬还有一个奇特的现象，即古人在死者的脸上盖了一件铜洗，在双臂位置也放置了铜洗和其他随葬品。这一切都显示出墓主人具有较高或较特殊的身份。这种"套头葬"是目前国内罕见的奇特丧葬习俗，这种奇特的埋葬方

图一　黔西观音洞遗址出土石器

图二　西汉立虎瓣索纹耳铜釜

式耐人寻味，或许是为了炫耀财富和地位，或许是为了保护头颅，更有可能是一种祈求神灵对后人永久庇护的原始宗教意识的体现。

除套头用的大铜釜或铜鼓外，赫章可乐还发现许多非常重要而独特的青铜器，包括铜柄铜剑、铜柄铁剑、铜戈等兵器。这些带钩、手镯、发钗等装饰器表明他们是头着椎髻、尚武而爱美的族群。

贵州省威宁彝族回族苗族自治县，地处黔西北高原乌蒙山脉中段，西、南、北三面与云南省为邻，土地肥沃，气温较高。中水，又名"高坎子"，中水梨园遗址地层堆积较厚，出土器物较为丰富。在本馆展厅展柜里展示的几件仿动物造型的铜带钩就出土于该遗址，这几件带钩铸造工艺精湛，极具艺术魅力，是带钩中的佼佼者。《庄子》中说"窃钩者诛"，意思是说：偷盗一件小小的带钩就可能被处死，足以看出带钩在战国秦汉时期是一种非常贵重的物品。古人使用带钩，既有束系革带、美化修饰的作用，在一定程度上也是身份和地位的象征，已渗透到了当时人们日常生活的方方面面。远在云贵高原的夜郎人也非常喜欢带钩这种实用饰品，自制的带钩精美而又独具地方特色。这些带钩有造型逼真写实的西汉牛头形铜带钩（图三），其造型为一个长着一对弯弯上翘长角的牛头形象；有以贵州本土所产的"娃娃鱼"为造型的西汉鲵鱼形铜带钩（图四），鱼作游动状，其形头大身粗，尾长渐细，上翘弯曲恰好成钩，鱼背上刻有"日利八千万"铭文，表明了带钩的主人企盼每天获利八千万这一生活愿望，这件带钩也是贵州境内唯一一件带字铭文铜带钩，十分难得；还有狮子造型的汉镂空狮形铜带钩（图五），狮身作行走状，采用镂空雕刻技术，狮尾作钩，背侧是圆钮。它见证着丝绸之路开通后外来文化对我们的影响。中国古代不产狮子，在汉代以前，老虎以猛兽之王的形象留存在帝王的陵墓中。丝绸之路开通后，张骞出使西域，西汉的友邦来到西汉朝贡，不仅给我们带来了佛教文化，还带来了中原未曾出现的狮子。狮子以其昂首挺胸的姿态和一头骄傲的鬃毛惊艳四座，学者们被狮子的外貌震慑，将其描述为食虎豹之猛兽，随即陵墓中的老虎被狮子取代。在西汉，狮子英武勇猛的外形得到了皇帝和百姓

图三　西汉牛头形铜带钩

图四　西汉鲵鱼形铜带钩

图五　汉镂空狮形铜带钩

的青睐，之后以壁画、舞蹈、神话的方式保留在汉代民俗之中。在狮子进入中原后，其形象很快被艺术化，在西域艺术的形式上融入了博大精深的中原文化，代表了不同时期的人文理念，集多元文化之大成，是民族融合的产物，也是丝绸之路上中西文化交流的产物。

普安铜鼓山遗址位于普安县青山镇，共出土各种质地的文物千余件，其中最重要的发现是铸造青铜器的范、模和进行玉石器加工的石料、半成品和加工工具等，表明铜鼓山遗址是一处以冶铸青铜器和加工各种玉石产品的工场遗址。它也是目前在云贵高原发现的唯一一处古夜郎时期青铜冶铸遗址，它的产品不只在西南夷地区被广泛使用，可能还随着丝绸之路远销两广和东南亚一带。

西汉武帝时，张骞出使西域回到长安，向汉武帝报告说，他在中亚时见到产自巴蜀的蜀布、邛杖，并向商人打听到从西南夷地区经印度有一条直达中亚的道路——蜀身毒道（由灵关道、五尺道、黔中古道、永昌道等四条古道组成。由于它始于丝织业发达的成都平原，并以沿途的丝绸商贸著称，因此也被历史学家称为"南方丝绸之路"）。于是，中央王朝政府对云贵高原等西南夷地区进行了大规模开发，汉武帝派遣王然于、柏始昌、吕越人等人到西南夷地区寻找这条通往印度的道路，并修筑了从巴蜀至夜郎的"南夷道"，同时还联结了西南夷各族群的驿道，先后在夜郎地区设置了犍为郡和牂柯郡，逐步将夜郎等西南夷地区纳入汉中央王朝行政管理体系。王然于等人就曾到达滇国和夜郎。

随着南方丝绸之路的开通，不同地区的文化交流也随之而来。这种文化交流促进了不同地区之间的交流与融合，形成了贵州丰富多彩的文化。其中，汉文化对贵州的影响也逐渐深远。自秦汉时期开始，汉族人逐渐向贵州地区迁移，并在这里设置郡县，带来了汉族文化和汉字文字，促进汉文化与夜郎文化的交流与融合。这些汉族人在贵州地区定居下来，与当地少数民族进行交流和融合，逐渐形成了贵州独特的文化风貌，翻开了贵州历史文化发展的新篇章，贵州从此进入中原华夏国家的版图。

汉代流行树形连枝铜灯。我们可以在博物馆的展柜中看到赫章可乐出土的一件西汉连枝铜灯，灯形就像一棵花树，托盘承底，树干分层伸出枝条，顶端可以放置灯盘或烛钎，树干的顶端可以放灯盘，也可以加朱雀、佛像、西王母、羽人等装饰。

在今天，灯只是灯，是人们照明用的工具。而在古代，灯却不仅仅是灯，它被赋予了更深层次的精神含义。古人常用灯具随葬。除去灵前点烛祭祀不算，在墓门及墓室四角都会设灯，帝王陵墓中更会点上长明灯。墓中点上明器灯，是在为亡者照亮通往冥界的路，或者希望灵魂不灭，登升天界。

有研究者也将连枝灯称为"摇钱树灯"，贵州出土的许多连枝灯都和四川地区出土的摇钱树长相类似，尤其在组成部件及装饰图像元素方面很相似，只是连枝灯的灯枝下没有缀上方孔钱。贵州省博物馆还藏有清镇琊珑坝11号汉墓出土的摇钱树残杆和花片，树杆为椭圆柱形，杆中还残存铸造时的沙胎，铜片包制，树杆残断为三截，其中两截上各有一尊佛像，佛像与树杆融为一体，由双范合铸而成，结跏趺坐，头顶上有一高肉髻，头发呈纵向，着通肩衣，双手置于身体前面作握住衣角状，双手之间的衣服下摆呈U字形；一截背面粘有铜花残片，另有镂空凤鸟、龟、鹤等残花片。这与四川地区出土的同一时期顶部有羽人、西王母形象的摇钱树类似。有专家推测在东汉末年前后佛教艺术和佛像已经开始传入贵州地区，是受到了四川盆地文化影响，也是东汉末年后佛教经由蜀身毒道这条南方丝绸之路传入贵州地区的一个历史见证。

其实，无论是摇钱树还是连枝灯，都是"神树"崇拜的产物。我们还可以在博物馆展厅看到铜灯旁边有一件清镇汉墓出土的西汉龟座踞人铜灯（图六），上方灯盏锈蚀残断不全，下方铜灯底座为一昂首迈步龟，龟嘴眼刻纹清晰，两前足呈八字形外撇，两后足用力蹬地。龟背上坐着一个高鼻深目的西域人，大耳，头顶平，左腿曲盘，右腿曲蹲，双手按在膝盖上，用头顶着灯柱。这个人物造型与贵州本土居民长相完全不同，再一次印证了随着南方丝绸之路传播进来的西域文化对贵州本土文化的影响，为研究汉代各郡之间的经济文化交流及相关历史问题等，提供了实物依据。

兴义位于贵州的西南部，气候温和，土地肥沃，为汉、苗、布依、回等民族杂居的地区，与云南、广西接壤，境内有南、北盘江流过。位于兴义万屯的8号凸字形汉墓中出土了大量随葬器物，其中最重要的就是东汉铜车马（图七）。铜车马全长112厘米，马由首、尾、颈、足、躯、耳等十一段装配，除双耳外，其余九段都是用砂模空心浇铸，铜壳很薄，铸技高超，马的神态逼真，昂首翘尾，鬃毛平整，竖耳咧嘴作嘶鸣状，十分矫健。铜车由驾马、轮轴、车厢三大部分组成。驾马部分的衡上有左右对称的"軶"各一，缰绳由此穿过。车轮较大，宽牙，十二根辐条呈等距状分布于毂牙之间。曲线形毂，中空穿轴，毂内外长度比例约为二比一，正与《周礼·考工记》载"参分其毂

图六　西汉龟座踞人铜灯

长，二在外，一在内，以置其辐"相符。圆筒形车轴，中部较粗，平面紧贴轸板底部。长方形车厢，厢两旁及前面均有挡板，厢内底板作菱形镂，整个车厢小于轮径。车棚卷曲成U型覆瓦状，厚度仅1毫米，由铜珀制成，棚面压印有簟席纹及云纹装饰，轻柔如纸。整辆车由数十个零部件组成，是迄今为止国内汉墓出土车马里最完整的一个，它的出土对于了解汉代川黔交通、车制、冶炼工艺等具有相当重要的价值。

提到贵州的建省，土司制度是一个重要标志。贵州是全国最早推行土司

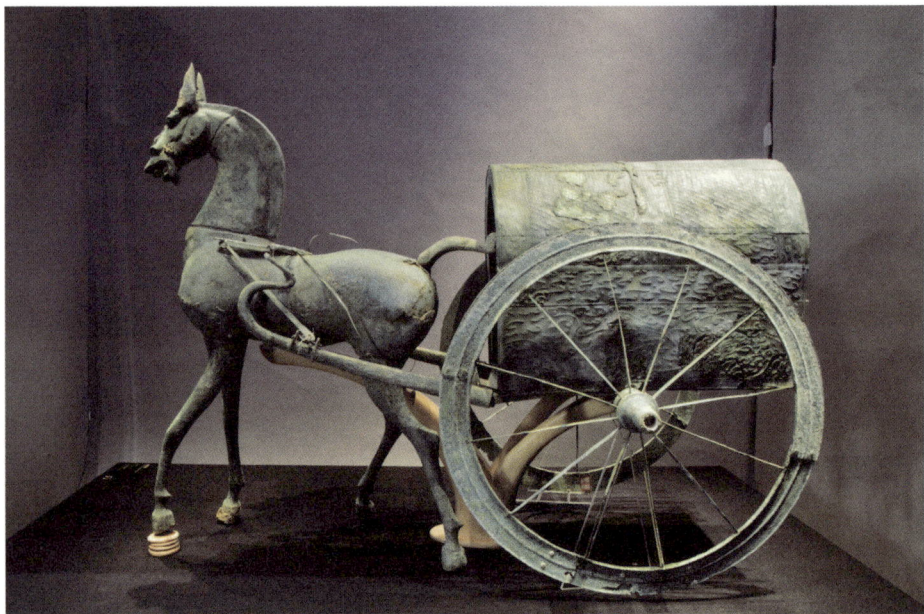

图七　东汉铜车马

制度的地区，也是土司最为集中的区域，同时又是土司势力最后消亡的省区之一。土司制度在贵州历史上烙下深深印痕，它脱胎于唐宋羁縻州制，就是仍由地方上层贵族担任长官的一种行政制度，形成于元，推行于明，衰落于清，残存于民国，彻底消亡于中华人民共和国建立后的土改运动时期，延续长达近700年。唐宋时期开始，贵州境内逐渐形成了以思州田氏、播州杨氏、水西安氏和水东宋氏四大家族为主的政治集团，元朝在贵州推行土司制度就是以他们为主。他们各自雄霸一方，领地世袭，互不统属，各自拥有军队，自行任命土目，具有较大的自治权力。明代，田氏分立思州宣慰使司和思南宣慰使司，而水西安氏与水东宋氏合为贵州宣慰使司，杨氏辖地设立播州宣慰使司，被称为"贵州四大土司"。

　　明朝时期，播州位于四川、贵州间，山川险要，广袤千里，在西南地区的各土司中，势力颇为强大。故而播州杨氏土司的出土文物数量较多。贵州省博物馆展示有播州杨氏第13世杨粲墓中的文物。杨粲统治播州时间长达40余年，是播州史上一位很有作为的中兴人物，史籍中称其统治时期为"播州盛世"。杨粲治理播州时推崇儒学，实行较为开明宽松的政策，使得播州社会得以稳步发展，财富日增。因其一直把播州作为南宋的边防重地，积极支持朝廷的抗蒙战争，宋王朝屡次加封官爵，死后"赐庙忠烈，封威毅侯"。

杨粲墓坐落于遵义市红花岗区深溪镇坪桥村的皇坟嘴，1950年被发现，1957年有考古人员进行清理和挖掘。他的墓室有一特点：独立围成一座陵园。墓室用数吨重的白砂石经人工打制后砌筑而成，结构为并行排列平顶双室夫妻合葬墓，两室格局基本相同。各开墓门，分前室和后室，在后室侧壁有一过道，将男女室连通。墓室用石料建成内部仿木结构的建筑。虽然早年被盗而且毁坏较为严重，但墓葬规模宏大，形制非凡，是西南地区目前所发现最大的土官石室墓。博物馆展示了其中一些石刻，如女室出土的龙柱、野鹿衔枝石刻、进贡人及武士石刻，线条优美，工艺精湛，反映出宋代播州石工高超的艺术创造力及巧夺天工的技艺，为我们保留了能够从一定角度了解宋代播州政治、经济、文化及生产生活等方面的珍贵资料。

在这些石刻当中有一块进贡人石刻（图八），这面"进贡人"，高鼻大眼，赤身跣足，手足均戴镯，上身着披巾，打结于胸前，下着短裙，束腰带；头顶一盘，双手上托，内盛珊瑚（或假山）、珠宝、犀角等。因为带有浓郁的异域风情，一直为人关注，有许多学者认为他是西域胡人或"波斯人"。西南地区，早在汉晋时期就有各种形制的"胡人俑"在墓中出土。其人多深目高鼻，满脸络腮，是对中国西北及其以西的西域地区欧罗巴人种的反映（即所谓西胡）。西胡一般在此经商或传播佛教，其社会地位普遍较高。与来自南海岛中的土著人相差不大，皆被刻画为卷发多须的模样，但南海岛诸人多身材矮小，且常常有被贩卖为奴的记载，与彼时西胡之人在该地的较高地位形成反差。该"进贡人"石刻展示的卷发、为奴、居地产犀与象，这些特征接近于阎立本《职贡

图八　南宋杨粲墓女室进贡人石刻

图》中侍从所展现的画面。据《旧唐书·南蛮西南蛮列传》载，林邑以南之地，通称为"昆仑"，这一片区应即为"昆仑奴"的出处。阎立本《职贡图》所反映的正是南海诸岛国贞观时来唐进贡的情景，据慧琳文僧《一切经音义》卷八十一的记载，认为昆仑奴亦是贡品之一，大家在展厅看到的这块石刻上的卷发赤身荷物者即为昆仑奴。

杨辉是播州杨氏世袭第25世家主，明英宗朱祁镇正统十四年（1449）袭播州宣慰使之职，为播州当时的最高统治者，卒于明成化十九年（1483）。据史料记载，杨辉是一个"倚任于朝廷也甚重"的得力土司，数次受朝廷征召、征缴苗人，军功甚众。除此之外，他还在今白果村修建了水利设施雷水堰，至今还在灌溉农田。杨辉墓位于遵义县（今遵义市播州区）团溪镇白果村堰上组，为夫妇三室合葬墓，由M10、M11两座墓构成，独立建有墓园，是播州杨氏土司墓地中保存格局最完整清晰、遗存类型最丰富的墓地。

在贵州省博物馆展柜中有一组70件的明杨辉墓彩釉仪仗陶俑（图九），由骑马俑33件和步俑37件组成。其中佩剑骑马俑6件，捧印骑马俑1件，吹号骑马俑4件，持物骑马俑14件，背物骑马俑8件，牵马步俑1件，持物步俑14件，鼓乐步俑9件，侍从步俑13件。

骑马俑立于长方座上，有头戴尖顶瓜皮帽，穿着传统右衽窄袖裤褶、立领对襟窄袖珠形钮长衫或身穿窄袖衣，外罩连裙、珠形扣长马甲，腰系绞丝带的造型；也有头戴幞头、圆顶帽、宽檐帽，身穿圆领窄袖袍，腰束带，脚穿靴的造型。所乘马戴辔头，鼻系缀缨，嘴角有对穿圆孔，鬃毛或立或贴于颈部，马背上鞍具附有圆形障泥及马镫，身前有攀胸，尻上有鞦带，翘尾。

持物步俑头戴黑色六合帽或尖顶帽，内穿黑色窄袖衫，外着黑色右衽短袖裤褶，腰系带，脚穿黑色靴，头微仰，目视前方，左手扶腰，右手持物置于右肩，所持之物大多残损，双腿分立于长方形底座上；鼓乐步俑头戴褐色六合帽，身着右衽窄袖长袍，腰系带，脚穿黑褐色靴，直立低头，鼓（锣）悬于腹前，双手执槌作击打状，站立于长方形底座上；侍从步俑头戴六合帽或尖顶帽，身着右衽窄袖及膝袍或直领对襟窄袖袍，腰系腹围，脚穿靴，头略倾斜，手部形态各异——双手或前伸，或在腹前作捧物状，或一手拢于袖内下垂、一手抬起，站立于长方形底座上。

随着丝绸之路的打开，中原地区的服饰和带有异域风尚的胡服对贵州服饰

图九　明杨辉墓彩釉仪仗陶俑

产生了一定的影响。丝绸之路作为古代东西方贸易和文化交流的重要通道，为不同地区的服饰交流提供了机会。首先，中原地区的服饰对贵州服饰的影响主要表现在服饰风格和剪裁上。中原地区的服饰以华丽、庄重为主，具有较为复杂的剪裁和细致的装饰，这些元素对贵州服饰的设计和制作技术产生了一定的启发。贵州服饰开始吸收中原地区的剪裁技术，加入更多的华丽装饰和细节处理，使其在整体造型上更加精致。其次，胡服作为一种典型的异域服饰，也给贵州服饰带来了一些影响。胡服具有独特的设计风格和细节处理，常常采用大量的刺绣、绣花等手工工艺，给人一种华丽、富丽堂皇的感觉。这种异域风尚的影响使贵州服饰在装饰和绣花技艺方面得到了提升，增加了服饰的艺术性和观赏性。

　　从赵武灵王第一次引入胡服改革，到隋唐时期的胡服引入，中国古代传统礼仪服装由单一的交领右衽模式做出了改变，官服中又广泛出现了另外一种圆领式结构的官服——圆领袍，这种窄袖、合身、长短过膝的圆领袍作为一种带有明显异域风尚的服装，相比中国传统的交领式衣装——交领、宽衣博袖、大带、履鞋的组合——具有保暖、简单、便捷、经济、实用诸优点，所以，很快受到了社会各阶层的欢迎，一直被辽、金、元、明等朝代的各类官服连续使用。在这一组彩陶俑中，我们既可以看到穿着传统交领服饰牵马、持物、敲锣打鼓侍从造型的步俑，还可以看到穿着圆领窄袖长袍佩剑、捧印、吹号、持物、背物造型的骑马俑。这组彩釉仪仗陶俑群不但数量众多，阵容庞大，而且以生活动态为原型，造型生动，是播州土司文化的真实写照；生动地模拟着仪仗队伍中各种人物的姿态，反映了墓主人生前出行的盛况，表达了墓主人渴望死后依然像生前一样拥有荣华富贵，有显赫的地位和权势。

明万历二十八年（1600）为平定杨应龙反叛，朝廷调集数省兵力分八路大军围攻播州，杨应龙退守海龙屯，最终被明军攻破，海龙屯遭到严重破坏，今仅存遗址。2015年，贵州遵义海龙屯遗址与湖南永顺老司城遗址、湖北唐崖土司城遗址联合代表的中国土司遗产项目成功入选《世界遗产名录》，成为我国第48个世界文化遗产。

平播之役结束后，贵州巡抚郭子章为纪功而铸造了明万历"平播报德"铜钟（图十）与明万历"平播安黔"铜鼎（图十一），钟顶铸双首四足蒲牢（龙状物）钮，首足粗细相等，向下弯环，似树根形。肩部饰三道凸弦纹，弦纹间饰一行雷纹，一行铸篆书"平播报德之钟"六字。鼎为圆形，深腹，圆底，附兽首形三足，口沿附立耳一对。外壁近口处饰两道弦纹夹一周雷纹，下铸横书篆体"平播安黔之鼎"六字。在钟、鼎上另有阳文篆书铭词环绕腹部一周。这两篇铭文皆由郭子章亲自撰写，记述了万历二十七年他接任贵州巡抚，参加平定播州土司杨应龙反叛的事迹，并着重记述了数次与妻子梦见关帝托梦的预示，故而在功成后铸造钟、鼎置于贵阳武庙。

改土归流是明清两代在政治上对土司制度进行改革的行政措施，重点是

图十　明万历"平播报德"铜钟

图十一　明万历"平播安黔"铜鼎

削弱或消除土司的自治权力。它经历了漫长而复杂的历史进程，涉及政治、经济、文化各个方面的争斗、演化、改革等，通过强化中央集权，使土司制度最终被废除。

在展厅"历史贵州"单元末尾有一张在今三都境内的摩崖拓片（图十二），上面写有"向来王化外，今入版图中"，也即是对清代贵州这段历史最好的证明。至此，贵州完全纳入中央政府管理，成为中央版图的一部分。

丝路上的印迹，演变至今，今日的贵州在祖国大地上熠熠生辉，正是民族融合共同繁荣的见证者、记录者、参与者。每一件珍贵的文物背后，都承载着一段厚重的历史，指向文明的深处。

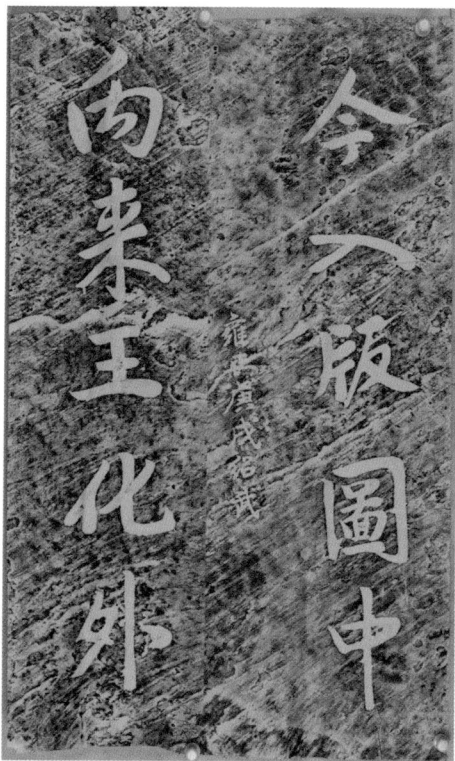

图十二 清代孙绍武书布仰摩崖对联（拓片）

[参考文献]

[1]《贵州省博物馆藏品志》编辑委员会.贵州省博物馆藏品志（一）［M］.贵阳：贵州人民出版社，1990.

[2] 贵州省博物馆考古研究所.贵州田野考古四十年（1953—1993）［C］.贵阳：贵州民族出版社，1993.

[3] 贵州省文物考古研究所，遵义县文物管理所.贵州遵义市团溪明代播州土司杨辉墓［J］.考古，2015（11）.

[4] 霍巍.中国西南地区钱树佛像的考古发现与考察［J］.考古，2007（3）.

[5] 李飞.昆仑奴：播州土官眼中的世界［J］.当代贵州，2017（19）.

[6] 李黔滨，朱良津.贵州省博物馆藏品集［M］.贵阳：贵州人民出版社，2013.

[7] 罗二虎.略论贵州清镇汉墓出土的早期佛像［J］.四川文物，2001（2）.

[8] 赵连赏.浅谈历史上两次异域服饰引入对中国古代官服的影响［J］.云南大学学报（社会科学版），2014（6）.

现生动物标本展的实践与思考

——以"野性精灵——贵州省博物馆鸟兽标本展"为例

石锦艺

（贵州省博物馆）

摘　要　"野性精灵——贵州省博物馆鸟兽标本展"是贵州省博物馆策划举办的原创展览，旨在向观众普及动物的形态、栖息地、生活习性等相关科学知识，增强观众保护动物、保护环境的意识。本文总结了此次策展与实践方面的相关经验，同时，积极反思存在的不足，以期为未来展览策划和标本管理工作提供借鉴和参考。

关键词　博物馆；动物标本展；展览策划

一、展览背景及概况

生物多样性关系人类福祉，是人类社会赖以生存和发展的重要基础，更是地球生命共同体的血脉和根基。生物多样性使地球充满生机。我们要深怀对自然的敬畏之心，尊重自然、顺应自然、保护自然，构建人与自然和谐共生的地球家园。

为积极响应近年国家保护生物多样性的号召，贵州省博物馆举办"野性精灵——贵州省博物馆鸟兽标本展"，向广大观众特别是青少年普及科学知识，传播生态文明理念，增强保护生物多样性意识。此次展览是贵州省博物馆搬迁至观山湖区林城东路以来第一个现生动物标本展，也是现生动物库房整理工作的一个阶段性成果汇报。展品以贵州省博物馆现生动物标本为主，结合借展的其他单位的动物图片等进行展出，共展出现生动物标本123件，其中国家一级保护动物标本20件，包括黑叶猴、中华秋沙鸭、黑颈鹤等，二级保护动物标本47件，包括棕熊、小熊猫、鸳鸯等。另展出化石标本8件，动物图片61张。展览通过文字、图片、标本实物、生态场景、多媒体、互动体验项目等多种形式进行展示，以达到形象生动的展示效果。为吸引更多的青少年观众，本次展期从2023年6月30日至2023年10月8日，其间共接待观众316160人次。

二、展览策划与实践

1. 满足科普教育需要

一方面，现生动物标本展作为科普类展览，是一种传播动物知识的重要手段。"野性精灵"展览通过辅助陈列的化石标本，配合时间轴，揭示了动物演化的规律；将动物标本按照兽类鸟类分单元进行陈列，配上包含动物的种名、拉丁文名、分类地位、保护等级、形态特征、生活习性等内容的说明牌，便于观众产生联觉，加深对动物物种本身的认识和了解；通过大背景图片、地台搭建、植物造景及辅助装饰物（如砂石、树干等）营造动物生境，辅以动物生活的真实图片作为补充，使观众了解不同动物的不同生存环境；通过设置知识窗，选取与展览相关的富有趣味性的知识点，丰富展览内容，例如"大熊猫为什么喜欢吃竹子不吃肉呢？""为什么有些鸟儿不怕水？"等；设置图书角，陈列《贵州兽类志》《贵州鸟类志》《贵州鱼类志》《国家重点保护野生动物名录》等供观众翻阅，增添地方特色文化的同时，亦拓展与延伸展览的科学知识。

另一方面，动物标本展是一种增强公众保护生物多样性，爱护大自然意识的有效方式。为了充分发挥其教育意义，"野性精灵"在展览中通过诗句"劝君莫打枝头鸟"引出我国传统爱鸟护鸟的民族节俗及法定"爱鸟周"等动物保护日，倡导观众保护鸟类；特别设置了"我愿与你同行"单元，通过图片形式展示了我国的一级重点保护野生动物，在尾厅立柱上通过标写各项监测报告数据，警示目前的生态环境和动物保护形势不容乐观，增强观众保护动物的意识和责任感。

2.转变陈列形式与叙事结构

动物标本展中如何阐述人与动物、动物与动物的关系，也是策展中非常重要的一环，它关系着展览的逻辑与基调，影响着"保护动物，爱护自然"这一主题的传达和落实。

动物并非简单的物，在陈列展览中，并不能简单地将动物标本放置于展柜。因此，在策划"野性精灵"展览的过程中，我们转变了一贯的陈列形式，封掉了部分展柜，将部分标本放置于搭建的地台上进行裸展，减少通过玻璃观看而带来的阻隔感和凝视感，尽可能拉近标本与观众之间的距离。对于被放置在展柜中进行陈列的标本，也在柜内通过图片、地形展台、仿真树干等元素刻画动物生境（图一），并利用多媒体设备播放动物叫声和环境音效，呈现其自然的生活画面。

图一　柜内的树干展台

同时，在这次展览中，我们一直在探寻如何减少授课式地罗列知识点，避免口号式、标语式的空洞表达。因此，在叙事结构上，展览打破了常规的动物标本展的叙事模式，在展览伊始就以"熊熊"——序厅处的棕熊的口吻来进行展开："大家好，我是棕熊，很多年前，我就来到了贵州省博物馆。今天，终于见到你们啦！"以迅速拉近与观众的距离，奠定展览的基调。而后通过"我的名片请查收！"为题引出说明牌内容，一张张传统意义上的说明牌在此次展览中更像是动物们的一张张名片。利用启发式提问"我们从哪儿来？"带领观众一起思考，追根溯源，探寻动物演化的规律。前两个单元标题《我的兽类朋友》《我的鸟类邻居》既简单点明了单元陈列内容，又生动活泼地阐释了动物与动物之间的关系。第三单元"我愿与你同行"阐释了我们作为策展人对人与动物关系的理解，包含了三个立场的号召：一是以"熊熊"为代表的动物们向人类发出的"我愿与你同行"，二是以参观者向动物们发出的"我愿与你同行"，三是作为策展人向参观者发出的"我愿与你同行"。我们与动物生活在同一片蓝天下，共享同一个大自然，而动物保护也绝非一人的使命，它需要我们每一个人携手，共同守护这颗蓝色的星球，为野生动物留住一个自由自在的家园。

3.增加思考性、趣味性与互动性

　　在动物标本展中增加思考性、趣味性、互动性元素，可以使展览更加生动有趣，让观众在轻松愉快的氛围中了解动物知识，丰富观展体验，提高展览宣传效果。

　　思考性可以引导观众集中注意力，提高观众参与度，增强观众的沉浸式观展体验。因此，基于"野性精灵"展览整体以"熊熊"口吻进行叙事的基调，围绕着这一逻辑增添了展览元素。将知识窗内容统一规划为"熊熊提问"，改变了陈述式的知识传递方式，采用问答的形式，例如将"隼、雕、鹰的区别"改为"熊熊提问：找一找我的猎手邻居有啥不一样？"让观众带着问题去观察、去探索、去思考。

趣味性是吸引观众，便于观众理解的关键。为了将复杂生涩的学术语言转换成观众能快速理解的语言表达形式，"野性精灵"做出了许多新的富有挑战性的尝试：把"兽类特征""鸟类特征"改头换面成"熊熊的朋友圈"（图二）、"与鸟儿对话"（图三），将学术性的知识点进行拆解，采用观众熟悉的朋友圈发文、聊天记录的格式，避免出现大面积的按点列举式的图版使观众丧失参观兴趣，这一举措也取得了良好的效果；采用思维导图的形式替换原本大段的文字叙述，清晰地对比"隼、雕、鹰的区别"；将"鸟类的生态类群"结合其特征，分别给不同的类群取上了生动形象的别名"游泳健将——游禽""大长腿——涉禽""健走爱好者——陆禽""猎手——猛禽""攀援高手——攀禽""歌手——鸣禽"，便于观众理解记忆。

图二　熊熊的朋友圈

图三　与鸟儿对话

　　互动性可以大大激发观众的观展热情，加深观众对展览主题的认识和理解。为了生动展现"大长腿——涉禽"腿长的特点，选取了不同腿长的涉禽物种形象制作等比例的KT版上墙，配合身高尺，吸引了许多观众驻足体验，特别是青少年观众积极参与了此项展览互动，加深了他们对知识点的理解。此外，在尾厅还设置了互动灯箱（图四），灯箱上是国家重点保护动物的图片，通过一按一亮的形式，启示我们只有人人都伸出手，为动物保护事业尽一份力，才能点亮生命的点点星光。作为策展人，希望观众在这个互动体验的过程中，思考动物保护的意义，增强保护动物的意识和责任感，以此作为展览的尾声。

图四　互动灯箱

三、反思

1.科普展览中的语言尺度把控

教育和欣赏这两个基本目的决定了博物馆陈列展览的主体是观众。特别是在科普展览中，展览的重要目标之一就是让科学知识更易于被观众理解和接受。为了实现这一目标，在策划展览内容时，要使用一些有趣的语言和表达方式，以吸引观众的注意力，提高科普内容的接受度。因此，如何把握科普展览中的语言尺度是一个值得探讨的问题。

通过这次"野性精灵"展览的策划实践，在馆内外专家的指导下，在大纲和讲解词的撰写和探讨中，总结以下三点：一是科普展语言应该满足观众兴趣和需求，注重互动与沟通。科普语言应该避免过于死板或教条化，应该尽可能地以开放、包容、多元的态度来呈现科学知识，以便更好地满足不同观众的需求和兴趣。同时，科普内容也应该尽可能地考虑观众的需求和兴趣，通过互动和沟通的方式，让观众能够更好地理解和接受科学知识。特别是在编写大纲和讲解词时，更要加以区别。讲解词更像是大纲文字的解释说明，撰写时要尽可能地把握观众的兴趣点，增加展览内容与观众的互动性，调动观众的情绪，以此作为大纲图版内容的补充。二是科普展要进行多知识的层次设计，避免使用过于专业的术语。科普展是传播科学精神、培养科学思维、提高公众科学素养的重要途径。展览所覆盖的各学科知识应该融会贯通，尽可能地提供准确、科学、全面的科学知识。在策展过程中，策展人需要考虑目标观众群体的文化水平，对展览内容进行整合与设计，不断挖掘其内在联系，拓展展览的深度和广度，建立起符合展览需求的知识框架体系，以此帮助观众更好地理解展览内容，引导观众思考，提高他们的科学素养和综合素质。此外，策展人应该重视专业术语的转换和补充，如果展览一味地使用过于晦涩的专业术语，就会让观众感到难以理解，甚至产生抵触情绪，从而大大影响展览效果。三是科普展语言的有趣性应该服务于科学知识的传播。有趣的语言可以帮助观众更好地理解和记住科学知识，更易于被观众接受，增强科普效果。但过于花哨或夸张的表述可能会喧宾夺主，使观众忽略了科学知识本身。语言的有趣是手段而不是目的，不应过分追求趣味性而忽视了科学内容的准确性。因此，科普展语言的有趣性应该适度，应该与科学知识的准确性相结合，避免产生误导或误解。编写文字时，应尽可能地使用准确、简洁、易于理解的语言，以便观众能够轻松地接受和理解科学知识。

2.展览环境的优化

现生动物标本展览的环境营造对保证标本展的科学性与真实性，维护标本本身的完整性与可持续性，确保观众参观的安全性，以及丰富观众的观展体验有着重要意义。

基于这次"野性精灵"展览的实践经验，结合在展览筹备期和展陈期遇到的各种问题，在以后的标本展的环境营造中要更加关注以下两个方面：一是动物生存环境的表达与还原。一般地，在传统的动物标本展中，动物生境的营造主要包括背景图片、地形设计、植被布置等。完备的展览策划案应当包括对上述内容的具体要求，特别是在植被布置中，要规划植被的类型、植物的种类及数量来进行造景。此外，为了增添展览的生动性和观赏性，有条件的情况下可以利用光影、声音、气味，增加虚拟现实设备等，营造出更加逼真的动物生存环境，使观众身临其境。此外，在现在的动物标本展览中，可利用大背景图片做抽象化、线条化的地形营造，以及通过不同材料之间的对比，进行意象化的环境营造——这也是策展人可选择的一种更加经济、更加艺术化的表现形式。二是动物标本展览在温度、湿度、安全等方面的环境控制。标本离开库房后，标本的安全管理工作并未中止，而是迎来一个新的挑战。动物标本较适宜的温度为16～20℃，较适宜的湿度为50%左右，利用展柜的恒温恒湿系统，可以控制温湿度在合理范围。此外，为了展览的需要，标本可能会存在裸展的情况，这对标本的安全性管理提出了更高的要求。一方面要加强日常巡检工作，及时发现存在问题的标本，在夜晚闭馆期，可以利用外置的环境除湿设备进行除湿工作，控制温湿度在合理范围；另一方面要避免观众直接接触标本，通过增加围栏、地形搭建等方式使标本摆放远离观众可触碰的范围，保证标本和观众的安全，也可以通过讲解员讲解，张贴温馨提示标语等，增强观众保护标本的意识。

3. 建立更加多维立体的藏品资料库

目前，贵州省博物馆现生动物标本的藏品资料体系主要由标本的基础信息、标本的编号及存放信息、标本的完残情况、标本描述、标本照片、动物学分类等部分组成，满足了日常管理的需要。但是在策划这次展览、收集展览资料及撰写大纲的过程中，我们明显发觉现有的现生动物标本库房的藏品资料体系在展览知识性、教育性、科学性、趣味性的要求下，显得不够生动、不够全面，无法支撑展览展出的需要，这给展览的准备工作带来了许多困难，拉长了前期工作的准备时间。因此，为了提升工作效率，更高效地推进藏品向展品的转换，更好更充分地发挥动物标本的展示性和教育性作用，同时也为科研和教育工作提供更多的支持和资源，将展览准备工作前置化，融入库房的日常信息化管理，建立起更加多维立体的藏品资料库，对于博物馆现生动物标本库房的管理具有重要意义。

区别于一般的藏品，现生动物标本因其物种在地球上仍然存在的特性，其背景资料的收集与整理不能仅仅局限于传统藏品资料收集整理的思路。除了采集时记录的原始信息外，例如动物的分类，动物生活的图片、视频、叫声，动物的保护与生存现状等信息应当作为重要的补充内容。库房管理者应该在日常的标本管理工作中有意识地不断进行数据收集与整理、影像资料采集与储存、同类的分析与对比，定期更新和维护藏品资料库，加强与其他相关单位的合作与交流等，在有条件的情况下可以建立起标本的三维模型库、公众互动平台等，以使一件件标本有形有色有声有故事，可远观可细看，可展出也可成为科教资源。在标本采集被严加控制的今天，将馆藏的一件件标本的价值最大化，使其发挥更大的社会效益，这不仅有助于博物馆的长期发展，也有助于增强公众保护动物的意识，推动动物保护事业的发展。

[参考文献]

[1] 陈涛. 浅议科技馆如何做好标本类科普展——以海洋精灵展为例［J］. 农村经济与科技，2016（14）.

[2] 周圆. 中国湿地博物馆"馆藏蟹类标本展"实践与思考［J］. 湿地科学与管理，2023（3）.

色彩与信息传达

——色彩在展陈设计中的运用探究

宣禹杉

（贵州省博物馆）

摘　要　文章指出，在社会飞速发展的当下，观展群体越发追求高效观展，优秀的展陈设计可以实现展览信息的高效传达。色彩是最能抓住人眼注意力的视觉元素，也是展陈设计者广泛应用的设计工具，研究色彩与信息之间的关联是必然的探索方向。通过对已实践的展陈设计项目进行思考和总结，将色彩所能传达的信息归纳和分类，进而理清色彩与信息两者之间的关系，打造一个向观展人传达展览信息的窗口，为如何通过展陈设计来实现观展人高效观展的需求提供研究思路和方向。

关键词　色彩；信息传达；展陈设计

现今，中国正处于一个高效发展的时期，科技、文化、经济等各方面齐头并进，在国际舞台上都取得了不错的成绩。自"十四五"规划发布以来，"发展社会主义先进文化，提升国家文化软实力"成为我国文化发展的大目标，中国文博行业的发展也日益蓬勃。根据国家文物局在2023年"5·18国际博物馆日"会场发布的"中国博物馆发展数据"，仅2022年中国新增备案博物馆达382家，全国博物馆总数达6565家，排名全球前列。全年举办线下展览3.4万个、教育活动近23万场，接待观众5.78亿人次，推出线上展览近万个、教育活动4万余场，网络浏览量近10亿人次，新媒体浏览量超过100亿人次。由此可见，选择在工作和生活之余走进博物馆的人越来越多了，观看一场展览、感怀一段历史，传承文化、增长知识、开阔视野成为公众自我充实和休闲娱乐的重要方式。

伴随着观众人数的迅速增加，国内各类展馆数量也快速增长，每年举办的展览也是琳琅满目。观众的眼界、审美水平都迅速开阔、提升，对展览质量的要求也越来越高，逐渐摒弃了"走马观花，看个热闹"的观展方式，转而选择了"求精求细，看个究竟"，同时随着大众对高效利用时间的追求越发强烈，观展人对展览也有了"快而准"高效传达信息的要求。作为展览策划者，如何将一场符合大众需求的展览呈现给观众？不仅在展览主题及展品的选择上要做到"精而细"，在展览的呈现与表达中也要做到"快而准"。将一场展览看作一个信息集合体，可以是某段历史中发生的故事，或是某位创作者想表达的思想，又或是某个生物族群的迁徙过程等的信息集合。展览的呈现和表达就是整合这些信息，并精准、高效地传达给观众。

一、在展陈设计中，信息传达及信息可视化设计的重要性

这里我们不得不提到"信息传达"，这一词常见于沟通技巧、广告设计等领域，但通过上文的分析可知在展陈设计中"信息传达"也非常重要。要达到清晰、明确、高效地传达信息的目的，可以使用语言、文字、符号、图像、声音等方法。这些方法基本依托于人的感知系统来接收所传达的信息。

现今普遍认为，人类感知外界主要依靠五个方面的感知系统，即"五感"，它们分别为视觉、听觉、触觉、味觉、嗅觉，这五感作为基础组成了人的感知系统。在这五感中，又以视觉最为灵敏快捷。据科学研究表明，人类通过视觉感知外部信息的比例达到60%，而听觉仅占20%，触觉为15%，味觉和嗅觉共占5%。为了更准确、清晰、高效地传达信息，以视觉元素为基础的设计表达似乎是较为可靠的方式，这种方式被称为"信息可视化设计"，可以解释为：

以视觉元素为媒介进行设计，精准高效地传达信息与数据。

由此可见，视觉元素的运用在展陈设计中的重要性，信息可视化设计也成为展陈形式设计者传达展览信息时必须研究和实践的关键方法。

二、色彩特性及其传达的信息

可运用于信息可视化设计的视觉元素很多，包括色彩、文字、图像、动画等，随着科技的不断发展，还出现了如AR、VR等新型多媒体辅助技术。在众多的视觉元素中，色彩是基本的视觉元素之一，也是在信息可视化设计中最基础的媒介之一。

据科学实验证明，人眼在观察某一物体时，最先引起视觉反应的就是色彩，并且在观察的前20秒内，眼睛对色彩的注意力占80%左右。

基于色彩元素的信息可视化设计，可以相对简单地通过平面设计来达到传达信息的目的。相对于新兴的AR、VR等，平面设计不过分依赖复杂的多媒体技术和昂贵的专业设备，在实际落地的可操作性及经费成本控制方面有着一定的优势。色彩作为我们身边随处可见的视觉元素，在已往的展陈形式设计中运用也比较广泛，设计者对色彩的研究也较为深入。运用色彩来进行信息可视化设计是相对容易掌握和具有性价比的方式。

在物理学定义中，色彩就是光波的表现，是光照射到物体上的视觉效果。当一束白光照射到一个不发光的物体上，部分被物体吸收，部分穿透物体继续传播，而被反射的光就是这个物体的色彩。色彩变化万千，所能传达的信息也纷繁复杂，可大致分为象征和联想两类，详见如下表（表一）：

表一　色彩传达的信息

色彩	象征	联想
红	能量、胜利、喜庆、危险、野蛮、热情、冲动、兴奋等	太阳、火焰、红旗、苹果、辣椒、口红、红花、血等
橙	华丽、温暖、炽热、积极、幸福、满足、快乐等	橘子、柿子、胡萝卜、灯光、霞光、救生衣、安全帽等
黄	光明、辉煌、财富、权利、注意、不安、野心、欢乐、活泼等	香蕉、向日葵、柠檬、油菜花、黄金、鸡蛋、菊花等
绿	青春、希望、和平、宁静、理想、成长、安全、生命力、舒缓、放松等	树、山、草、藤蔓、森林、军装等
蓝	博大、沉静、凉爽、纯净、自由、冷漠、平静、理智、冷酷、忧郁等	天空、大海、湖泊等
紫	高贵、神秘、庄重、优雅、嫉妒、病态、浪漫、孤独、压抑、悲哀等	葡萄、茄子、紫藤、紫甘蓝等
黑	明亮、干净、纯洁、朴素、虔诚、神圣、虚无、坚定、恐怖、绝望、悲哀等	黑夜、炭、墨、头发、礼服、皮鞋等
白	洁净、崇高、死亡、恐怖、邪恶、严肃、孤独、沉默等	雪、白纸、兔子、羽毛、白云、砂糖、婚纱、医生等
灰	柔和、细致、平稳、朴素、郁闷、沉默等	鼠、尘、阴天、混凝土等

1.色彩的象征

色彩传达的象征信息也可以被理解为情绪信息，它通过对人主观的、内在的心理感受产生影响来传达信息。

一个展览的主题和思想确立了展览的情绪，在展陈形式设计中常通过运用色彩营造展厅氛围来传达展览的主题和思想，也就是传达展览的情绪信息。展览根据题材、展品的不同可分为历史、自然、艺术、科技等类型，不同类型的展览所传达的情绪也是不同的。比如历史类，需要的情绪是冷静、客观，在展陈设计中多用冷色系如灰色、深蓝色等；而自然类展览需要体现生态的多样性及生命力，且面向的观众多为学生、小朋友这类低年龄群体，可多用表现积极、活力等情绪的颜色，如黄、绿色系；还有黑、白、灰等色系，这类颜色象征着洁净、朴素、孤独等情绪，很多艺术展或摄影展会选用这类颜色，可以起到突出展品和展览主题的作用。通过色彩传达展览的情绪，烘托和强化展览主题，同时也带动观众在观展时与展览的情绪同步，更清晰明确地感受展览的主题与思想。以上列举的色彩与展览情绪的对应关系仅就通常的情况来说，具体还需根据展览的主题思想来分析确定。

2.色彩的联想

色彩还可以通过强化事物客观的、外在的属性来唤起观者的记忆或联想，完成传达相应信息的任务。

我们所处的环境中存在很多客观事物，它们都有自己独特的属性，其中有一部分属性可以和色彩产生联系，比如叶绿素使大多数植物呈现出绿色；海水对阳光的选择性吸收使人眼看到的海水呈现蓝色。人们在观察和认知客观事物的时候，会自然而然地把这些可以和色彩产生联系的属性认知为这件客观事物的色彩信息，从而将之加入记忆当中，成为对客观事物整体认知的一部分。通过大脑记忆的转化，不同的色彩就和客观事物形成了大致一一对应的关系，比如蓝色对应着大海、绿色对应着植物。当人再次见到和客观事物相关的色彩信息时，大脑会调用这种一一对应的联想，唤起记忆、加强认知，达到"以色指物、以色喻物"的目的。

这种"以色指物、以色喻物"的方法也可以运用到展览中。展陈设计者可以通过解析展览主题，整理展品信息，提取出能够传达展览信息的色彩，定位到特定的客观事物属性，以刺激观众的记忆或是认知，以及展开联想，从而完成传达信息的目的。

如何提取能够传达展览信息的色彩？展览的主题思想和展品的客观属性须集合成一个综合的信息体，内容通常包含有历史信息、地理地域信息，或是材质、工艺信息等等。这些信息中，有一部分是可以和特定的色彩产生联系的，可以从有关联的色彩中选取合适的一种或几种颜色作为展览的主题色，再通过信息可视化设计，赋予这些色彩传达信息的功能。

（1）历史信息：展览的历史信息一般指年代。以中国为例，在大众的认知中，历史上不同朝代大多有自己的代表色。这种对应关系或是来源于当时的文化背景及掌权者所崇尚的色彩，如秦朝尚黑，汉朝尚红等。

（2）地理地域信息：客观事物通常具有地理、地域属性，比如化石来自岩层，珊瑚来自大海等。展陈设计中，展品自身具有的地域特性或是所处的地理环境也是丰富展品信息的重要元素，色彩所能表达的地理地域信息可以是自然界中大海的蓝、森林的绿、雪山的白，也可以是人为创造的故宫的红墙黄瓦、徽派建筑的水墨黑白等。

（3）材质、工艺信息：展品基于自身的材质、工艺属性，可以与特定的色彩产生联系。材质与色彩的关联比较直接，材质自身的物理特性使它们呈现出各自不同的色彩，比如木头对应褐色、银对应白色、金对应黄色、铁对应黑色等。而工艺与色彩的关联则复杂一些，工艺一般是指劳动者利用各类生产工具对各种原材料、半成品进行加工或处理，最终使之成为成品的方法与过程。在这种人为参与的过程中，可以使物品呈现出专有的色彩。以瓷器为例，景德镇的青花瓷需要使用含钴的矿物作为颜料，在高温下烧制而成，这种颜料在烧制过程中会产生化学反应，呈现出蓝色的效果，白底蓝就成为青花瓷的代表色，而汝窑的天青瓷则是运用含铁量高的釉料，并精准地控制窑内温度烧制而成，独有的工艺才使汝窑烧制的瓷器呈现出淡雅的天青色。

通过上述分析可见，色彩与客观事物的历史信息、地理地域信息及材质、工艺信息等是有关联的，提取出这些色彩并通过恰当的设计手法运用到展陈设计中，可以向观展人传达相应的信息。

三、色彩传达在展陈设计中的运用

想要运用提取出的色彩完成准确传达信息的任务，恰当的设计手法起到关键作用。设计者不能一味死板地套用色彩与信息的对应关系，还需结合实际情况，通过分析展览主题、展品构成等，按照一定的方法选取色彩组合，运用主次色调配比、光影明暗变化、图案文字有机结合等设计手段，形成统一的设计语言，再将之运用到展厅空间中，才能清晰明确地把展览信息传达给观众。下面通过一些实例来分析说明：

1.实例一："骏驰骥骧——中国传统马文化展"

该展览于2020年1月在贵州省博物馆开展，展览主题为讲述马在中华文化中的重要地位，多角度描绘中国马文化的源远流长。该展展品种类丰富，包括陶俑、玉雕、古代兵器、铜镜等等。形式设计者从马的象征意义着手，以传达马"自强不息、拼搏奋斗、勇往直前"的精神为目的，提取象征着生命力、自由、光明、野性的黄、绿系色彩作为该展的主题色，再辅以灰色、黑色等暗色，避免大面积使用过于明亮的色彩对人眼造成不适感，做到空间色彩的协调舒适，同时明暗对比中也更突出主题色。展厅整体的空间效果向观展人传递着积极向上、充满能量的正面情绪，达到了传达展览主题的目的（图一至图六）。

图一 "骏驰骥骦——中国传统马文化展"展厅效果（序厅设计）

图二 "骏驰骥骦——中国传统马文化展"展厅效果（空间设计）

图三 "骏驰骥骧——中国传统马文化展"展览版面设计

图四 "骏驰骥骧——中国传统马文化展"展厅实景照片（展厅内部）

图五 "骏驰骥骧——中国传统马文化展"展厅实景照片（单元部首）

图六 "骏驰骥骧——中国传统马文化展"展厅实景照片（展柜内部）

2. 实例二："碧瓦朱甍——荆楚古建筑图片展"

该展于 2022 年 11 月在贵州省博物馆多功能厅展出，展品主要为传统建筑摄影作品及建筑模型，展览主题是对湖北地域的明清古建筑进行系统的分类介绍，对话古代营造匠人，带领观众领略荆楚之地传统古建筑的风采。该展所处的展厅空间较小，展品种类较单一，如何才能更好地传达展品主题？设计者在整理展品信息的过程中注意到，当地传统建筑墙体多为红色，屋顶多为琉璃瓦，呈现碧绿色，红墙碧瓦相得益彰，红绿两色的碰撞成就了这些传统建筑"碧瓦朱甍"的华美大气。设计者抓住这一要素，利用实景再现与平面设计相结合的手法将这两种色彩运用到展陈空间中，再将展品有序穿插其中，观展人仿佛置身在遥远他乡的传统古建筑群中，身临其境解读这些传统建筑的故事。

该展设计者运用色彩可以传达地理地域信息的特性，以色彩为引给观展人留下记忆。或许观展人之后有机会去到实地参观，也会联想起这一次观展的体验和了解到的这些古建筑的故事（图七至图十一）。

图七　"碧瓦朱甍——荆楚古建筑图片展"展厅效果（序厅设计）

图八　"碧瓦朱甍——荆楚古建筑图片展"展厅效果（空间设计）

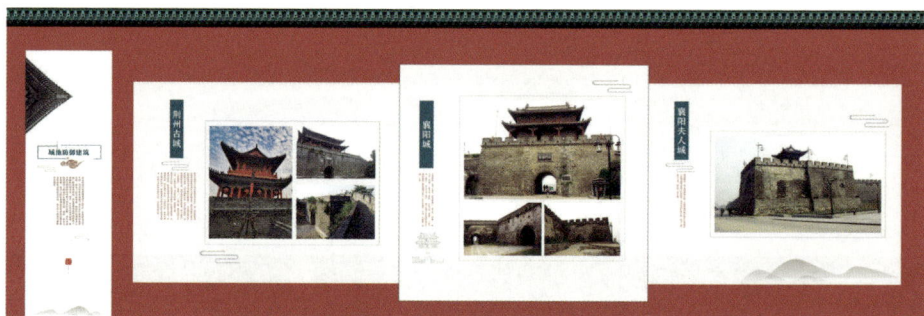

图九　"碧瓦朱甍——荆楚古建筑图片展"展览版面设计

图十　"碧瓦朱甍——荆楚古建筑图片展"展厅实景照片（展厅内部）

图十一 "碧瓦朱甍——荆楚古建筑图片展"展厅实景照片（展柜内部）

　　如今观看展览的群体越来越追求高效观展，换言之，就是看中一个展览所包含知识与信息的传达率和接收率，越是简洁明了的信息，越能抓住观众的眼球。一个展览就是一个信息集合体，蕴含的信息丰富且繁杂，分析提取能够表现展览主题和思想的信息并找到高效传达它们的方法至关重要。作为展陈设计者，在众多传达信息的方法中抓住最基础、最直观的手法，是我们必须不断思考和实践的方向。色彩是很多设计者所熟悉的工具，在展陈设计领域，不需依靠昂贵技术等，只需结合展览主题提取合适的色彩，再通过恰当的设计表达就能够完成传达部分信息的任务。色彩能够传达的信息庞大复杂，本文中所列举的分类也只是抛砖引玉，色彩与信息更密切的关系还需要设计者在不断的思考与实践中深入挖掘。设计者须掌握两者之间的关联，才能用好色彩这一工具，更好地为展览服务，传达出展览的主题思想和展品信息，打造"精而细、快而准"，为观展人喜闻乐见的优秀展览。

[参考文献]

[1] 陈志莹，赵伟交 . 视觉元素在数据可视化设计中的运用 [J] . 艺术与设计（理论），2019（3）.

[2] 向往，匡小荣 . 信息可视化下展陈设计中的表达方式研究 [J] . 中国建筑装饰装修，2022（14）.

[3] 辛艺峰 . 环境色彩的学理研究及景观设计实践探索 [M] . 武汉：华中科技大学出版社，2019.

文博发展

当前国有博物馆陈列展览项目管理探析

——以贵州省博物馆基本陈列改造提升为例

李甫

（贵州省博物馆）

摘　要　文章以贵州省博物馆基本陈列改造提升项目管理实例作为切入点，对当前国有博物馆陈列展览的特点及存在的困境、项目采取设计施工一体化的必要性进行分析，阐述了陈列布展施工管理中重点关注的问题及解决路径。

关键词　陈列展览；设计施工一体化；管理

博物馆陈列展览项目是一项集学术研究、形式创意、传播教育为一体的系统展示工程，不同于普通的装饰装修项目，从立项、招标到实施都具有其特殊性。陈列展览要达到最佳展示效果，必须将现实内容、形式设计与施工布展紧密结合。实施内容是智力劳动高度融合的结晶，其艺术设计及制作、视频软件开发等均为非标产品。如何实现项目投资与展陈效果的高度统一，是当前我国博物馆陈列展览项目亟待研究的课题。本文以2022至2023年贵州省博物馆基本陈列"人文山水　时光峰峦——多彩贵州历史文化展"项目管理为例进行探析。

一、博物馆陈列展览及其特性

1.何为博物馆陈列展览

陈列展览指"在特定空间内，以文物标本和学术研究成果为基础，以艺术的或技术的辅助展品为辅助，以展示设备为平台，依据特定传播或教育目的，使用特殊的诠释方法和学习次序，按照一定的展览主题、结构、内容和艺术形式组成的，进行观点和思想、知识和信息、价值与情感传播的直观生动的陈列艺术形象序列"。[1]

陈列展览分为基本陈列、专题陈列与临时展览，但无论是哪种类型，实施主要内容包括：

展览策划，包括调研、选题、资料收集、文物展品筹备、确定主题等；

展览内容设计，包括大纲编制、大纲深化、多媒体内容、互动展项内容、说明牌等；

展览形式设计，包括初步、深化、施工图、文物保护、文字版面、展柜、专业灯具、展拓、展架、说明牌、艺术品等各专业设计；

制作布展，包括制作布展招标、基础装修、展柜制作安装、艺术品制作、设备安装、文物及辅助展品布置、专业灯光、调试等；

展览验收或评估，包括展示效果、整改提升、绩效评估等；

2.陈列展览项目具有哪些特性

上述实施内容，相对于普通装饰装修工程，陈列展览项目具有如下特性：

陈列展览项目有别于普通建筑装饰工程，它具有二度设计（内容、形式）创作的特殊性。博物馆展览是一项面向大众的知识、信息和文化传播工程，除了展厅的顶、地、墙及电气工程等基础装饰工程外，70%以上内容含艺术和科技成分，包括各类辅助艺术品、图文版面、多媒体、互动装置、灯光、爪件和文物保护等。

---

[1]　陆建松:《博物馆展览策划：理念与实务》，上海：复旦大学出版社，2016年，第11页。

在项目管理上，目前还不能将设计与施工布展分离。强制分离将使建设、设计、施工方的责任界定困难，导致设计、施工对建设方直接负责，使设计和施工无本质联系而增加建设方的协调难度，从而产生"两张皮"，相互推诿扯皮，势必对施工质量造成不利影响。

陈列展览项目可归属于建设类，也可归属于服务类项目。从建设类来说，施工内容与建设内容具有一致性；从服务类来说，陈列展览项目存在诸多内容和形式创意相连的地方，科技含量高，脑力劳动占比高，是脑力劳动的结晶。

在资金预算上，实施内容大部分为非标产品，没有定额规定。目前，国内各地没有严格意义上的核算标准，各省市基本按照其他博物馆或自身办展经验来核定单方造价。

二、为什么要采取设计施工一体化模式

陈列展览所具有的特殊性，决定了现阶段采取设计施工一体化成为必然。实践表明，形式设计与布展制作一体化采购和运作是比较符合博物馆展览特点及规律的，能最大限度保障博物馆展览的质量和艺术水准。

1.符合二度设计创作的特殊性

博物馆陈列展览项目与普通建筑装饰工程有本质区别，具有二度设计创作这一特殊性。在展览设计与布展制作分离的情况下，设计方提供的展览设计方案仅对辅助艺术品和多媒体提出位置、尺寸和设计要求等，俗称"开了个天窗"，而要达到落地效果，需要展览专业机构进行二次或多次设计和创作。博物馆展览工程的内容、形式设计和制作，从概念设计、深化设计、施工图设计到展品展项设计制作及现场布展安装，是一个边琢磨、边修改、边调整、边完善的过程。设计与布展制作分离，布展制作方要么对设计方案存在的问题将错就错，影响展览的工程质量和艺术水准；要么对设计方案存在的问题进行必要的调整，但这又会牵一发而动全身，造成前期展览设计方所做的整个施工图发

生改变，甚至全部废弃。

按招投标规则，设计单位是不能参加施工阶段投标的，这必然导致有从事博物馆展览设计、制作布展能力和经验的专业机构放弃参与展览设计竞标。目前，中国博物馆展览设计收费很低，但一个完整、成熟的设计方案的形成，需要大量的人力与物力投入。在目前设计费率很低的情况下，期望设计单位在没有获得施工布展标段的情况下，就投入较大的人力和物力并不现实。专业布展制作单位更重视的是项目施工，而非方案设计，更愿意将更多的人力和财力放在施工阶段的二次深化设计中去。

2.符合项目管理效率最大化

设计施工一体化模式，大大减少了博物馆协调设计和布展制作之间的沟通问题，不仅有助于加快项目进度，也减少了设计变更等造成的成本增加。设计和布展制作实现无缝衔接，就不会出现相互推诿、互相扯皮的情况，能最大限度实现设计和施工相互配合、相互补充的优势，促使展陈效果实现最大完善，同时，也极大降低了项目管理难度，实效性和效率得到充分保障。

当前，我国没有一套科学、成熟的博物馆展览形式设计的行业规范和标准。展览项目设计与制作布展分离，一方面，会导致设计方为获得业主方的认可，可能会较少考虑甚至不顾设计方案的造价和预算、展项的工艺和技术保证、材料采购可靠性等必要性问题，而是尽可能将设计方案做得吸引业主的眼球；另一方面，施工方缺乏布展制作的专业性，完全理解设计方的意图和理念比较困难，不仅要考虑实施的可能条件，又要顾及成本、利润，可能导致偷工减料，给博物馆在项目管理上造成巨大困难。

3.有效实现投资控制

在总投资控制及具有跟踪审计的情况下，采取设计施工一体化模式，展陈布展公司必须考虑整个项目的资金分配。其设计和施工时，必然进行全面、综合考虑，不会出现设计不考虑施工成本、施工不考虑设计效果的局面。既要实现利润最大化，又要实现博物馆对深化设计（大纲、形式）的要求，达到最佳展陈效果，确保博物馆在行业中的形象。

在实际操作中，博物馆陈列展览设计施工一体化招标面临一些问题。以贵州省博物馆基本陈列改造提升为例，在争取通过设计施工一体化方式招标的过程中，因在博物馆行业没有陈列展览项目设计施工一体化招标的相关依据，导致主管部门无法可依。在此条件下，馆方与财政厅有关部门从以上几个方面进行了多次沟通交流，详细阐明了博物馆陈列展览的特殊性、采取设计施工一体化方式招标的重要性，并列举了目前省外博物馆也通常采取这种方式进行招标的诸多案例，最后才获财政部门批准。

总之，博物馆展览项目采用设计与制作布展一体化管理模式，最大的好处是避免设计与制作布展的脱节，可以使设计的理念得以完善和落实。对有效实现展览效果、节约资金及提高管理效率等方面具有重要意义。

三、陈列展览项目招标存在的问题

1.招标规范缺失

在陈列展览项目招标中缺乏招标规范。根据《中华人民共和国行政许可法》第五条规定，"有关行政许可的规定应当公布；未经公布的，不得作为实施行政许可的依据"。目前，涉及陈列展览设计和布展制作项目的资质条件有三种标准依据：一是中华人民共和国住房和城乡建设部《建筑装饰装修工程设计与施工资质标准》，该标准是国家行政机关颁布的，针对的是建筑装饰工程设计与施工项目。根据陈列展览项目所具有的特性，设计与基础装修部分有交叉的地方仅占20%～30%，如展厅顶面、地面、墙面基础装饰装修、综合电气等项。其他部分的设计、制作与装饰装修项目有区别，严格说并不能作为市场准入的依据。二是中国博物馆协会颁布的《中国博物馆协会博物馆陈列展览设计施工单位资质管理办法》。三是中国展览馆协会颁布的《展览陈列工程设计与施工一体化资质标准》。从适用性看，二、三更应该作为陈列展览项目的准入条件。但是，中国博物馆协会和中国展览馆协会为行业协会，而非国家行政管理机关，这两个标准不具有法律效力。

2022年10月，贵州省公共资源交易中心对"贵州省博物馆基本陈列改造提升展览服务项目"招标文件的审核中，明确《中国博物馆协会博物馆陈列展览设计施工单位资质管理办法》《展览陈列工程设计与施工一体化资质标准》不能作为项目特殊行业资质或要求之一，只能将住房和城乡建设部颁布的《建筑装饰装修工程设计与施工资质标准》作为行业资质条件。

2.投资造价依据缺位

博物馆陈列展览是一项高度融合的文化创意项目，在展览内容设计上要确保思想性、可行性、知识性，展览形式设计上要确保艺术性、观赏性、趣味性、体验性及互动性，展览制作上要实现布展工艺的严谨性、技术可靠性及造价的合理性。实现这几大板块的高度融合，就需要有充分、科学、合理的投资作为资金保障。

目前，国内陈列展览项目没有出台相应的投资概算控制标准，主要按照单方造价进行测算，各省市及地区间因经济条件、物价差异而有较大区别，尤其是东西部地区、经济发达与欠发达城市之间差距明显。通常情况下，各地举办展览时会参考办展经验，并结合地方财力情况来进行经费分配或申报。当前，各省均在制定相应的单方投资概算，但因临时展览、专题展览、基本陈列及其他不同类别的展览各不相同，完成科学、合理的单方造价概算，并非易事。据了解，贵州省财政厅委托某企业制定贵州省内的陈列展览项目投资概算标准，至今近3年，仍未有果。

财政部《关于印发〈陈列展览项目支出预算方案编制规范和预算编制标准试行办法〉的通知》（财办预〔2017〕56号），规定由中央财政资金安排的博物馆基本陈列展览项目，概念设计阶段单方造价按照等于或小于1.4万元/平方米预算执行，深化设计和施工图设计阶段在概念设计单方造价内进行控制调整。该办法仅针对中央财政资金安排的博物馆基本陈列项目，并不适用于地方博物馆。如贵州省博物馆2022年基本陈列改造提升项目，经省财政厅对概念设计方案及概算评审，单方造价0.75万元/平方米，仅为中央财政资金单方造价的一半稍强。东部经济发达省份，陈列展览单方造价基本都能保持在1.2万至1.4万元/平方米之间，甚至更高。

四、陈列展览设计施工一体化招标文件要点设置

1.技术要求

从博物馆陈列展览总体目标出发，博物馆需要在大纲总体深化、总体形式设计等方面进行重点阐述，提出甲方专业要求，其他一般性、常规性要求可由招标公司按规范完成。如2022年贵州省博物馆基本陈列"人文山水　时光峰峦——多彩贵州历史文化展"，招标文件技术要求设置如下：

大纲总体深化要求："投标人要根据招标人提供的展陈大纲，在投标阶段进行展陈大纲深化，达到展览脚本大纲的深度，并在项目中标后配合招标人进行展陈大纲深化与评审。具体要求：1.对展览策划理念、主题定位及展览内容、意义、思想性和教育性有清晰的概括和升华，表明展览的传播导向和目的；2.对展览标题进行宏观提炼，高度概括贵州历史文化主题，个性鲜明、准确到位，阐释科学合理，给人以深刻印象；3.围绕主题定位，进行内容框架的设计调整，具体到三级标题。展览框架逻辑清晰，主次分明，详略得当，点线面规划合理，演绎巧妙，阐述科学合理；4.深化内容符合陈列展览的叙事特点及要求，以物见史、见人、见事，符合学术规范，特点鲜明，内容把握准确到位，展览叙事逻辑连贯，用博物馆语言科学合理诠释展览主题；5.深化内容能够真实地反映宏观历史脉络，凸显贵州省历史文化的形成与发展规律；6.根据贵州历史文化、考古发掘成果及馆藏现状，提出文物展陈合理建议；7.明确展览的重点、亮点内容，有深入的解读和阐释，有呈现效果的需求描述及资料支撑；8.文本体例规范得当。"

总体形式设计要求："1.总体设计形式要求及概念设计介绍。准确把握贵州省博物馆历史陈列主题内涵，突出内容重点，强化形式亮点，注重地方文化元素和展陈手段的巧妙结合，达到新颖、简约、厚重、大气，富有当代陈列气质的艺术设计目标。'人文山水　时光峰峦——多彩贵州历史文化展'分为六个部分，分别布置在博物馆建筑首层到三层的展厅中。参观流线为顺时针。布局方式顺向流线与中心重点展示相结合，注意疏密节奏、空间通透，保持原建筑风貌与局部空间顶部处理相结合。2.设计基本要求。设计方案依据招标人展陈大纲、投标人的深化大纲和项目需求，对所要求的内容、重点等进行设计。（1）突出主题，形式新颖，准确把握重点展项与陈列内容的完美结合，全面体现陈列内容的思想内涵及精神意义；（2）设计的创意构思延展性丰富，立意准确，时代感、互动性及艺术感染力强；（3）合理优化展陈平面布局，体现人性化的功能分区与展陈面积的协调运用，注重参观动线的流畅性与节奏感；（4）适时、适地、适用新媒体及科技技术，充分发挥这些辅助技术在展陈设计中的重要功能；（5）展陈智能应用系统、电器设备的质量过关、技术先进、信誉优良，操作、维护简便；（6）展柜设计美观大方，注重与展陈环境的协调统一，定制展柜以国际化标准和品牌为主，牢固耐用，使用便捷，符合文物安全和保护的规范；（7）展陈照明设计注重烘托主题、渲染氛围；合理运用光源，避免光污染，注重光对文物的安全性；（8）博物馆各展厅现状中可保留的设施设备在本次提升改造过程中应加以提升利用。"

2.评分细则应关注的重点分值

基于博物馆陈列展览所具有的特殊性，在价格分、技术分、商务分设置上应高度重视，否则不利于选择出优秀的展陈公司。尤其对其所承担的项目业绩、设计负责人、施工负责人的要求至关重要。

价格分设置方面。以拦标价为前提，为实现展览效果的最大化，节约资金不是首要考虑的问题。因此，应将价格分定为规定范围的最低标准，让投标人将更多精力投入技术分和商务分上参与竞争。从博物馆展览工程的实践看，以报价为决定性因素的评审规则既不科学、不合理，也不利于业主方选出真正具有实力的展览设计制作公司。那些水平较低、以低价为策略的投标单位，凭低价中标，最后将因设计和制作能力的局限而严重影响展览工程的设计、制作质量。

商务分设置方面。包括企业实力、企业类似项目业绩、项目负责人业绩及设计负责人业绩等方面。对企业资质和业绩要求往往就成为专家评审的重要打分项，这里所说的博物馆展览工程资质和业绩包括潜在投标人的资质和业绩，以及该投标人的主设计师和项目经理的资质和业绩。

对企业资质，博物馆大型陈列展览要求具有建筑装修装饰设计施工一体化一级资质。相对于企业资质，为确保高质量完成博物馆展览工程，企业业绩很重要；而项目由兼具博物馆展览技术实施能力和业绩的企业来承担则更为重要。通常情况下，都会将是否承担过类似业绩、单项业绩的合同金额等作为条件，毕竟将博物馆展览工程交给从未有过博物馆展览设计制作经验的公司，在执行上将非常困难。如2022年贵州省博物馆基本陈列"人文山水　时光峰峦——多彩贵州历史文化展"，对企业类似项目业绩要求："近5年内（2017年10月至2022年10月）类似业绩：1.承担过省级博物馆陈列布展项目设计施工一体化业绩的，每有一个业绩得2分，最多得8分。2.承担过国家级博物馆（中央或国家部委直属）陈列布展项目设计施工一体化业绩的，每有一个业绩得2分，最多得10分。注：1.要求提供中标通知书和合同协议书复印件加盖单位公章。2.需提供可以证明举办单位级别（登记机关）或隶属关系的证明文件。未提供或提供不齐全的不得分。"此外，关于企业完成类似项目业绩的资金、展陈面积要求，也是衡量完成项目业绩的重要参考，但根据目前的招标要求，贵州省公共资源交易中心已将该项取消，不能将资金多少、展陈面积的大小作为业绩条件之一。

除了企业业绩，主创设计师也很重要，他直接关系到能否理解展陈大纲并进行主创设计，以达到展览效果，实现展览目的。主创设计师不仅要熟悉博物馆展陈设计的表现规律和基本方法，还要具备博物馆学的基本知识，准确理解展览主题和内容，具有熟悉展陈空间、材料、工艺、成本等的把控能力。"贵州省博物馆基本陈列改造提升展览服务项目"招标文件规定，本项目所需特殊行业资质或要求"投标人拟派的设计负责人具备设计系列高级职称证书"。在本项目评分表要求"近5年内（2017年10月至2022年10月）承担过省级及以上博物馆陈列布展项目业绩的，每有一个业绩得2分，最多得4分。注：要求提供中标通知书和合同协议书复印件加盖单位公章。未提供或提供不齐全的不得分"。

对项目经理的资质和业绩的要求也必不可少。项目经理具体负责展览项目的制作、施工管理，质量、资金、进度和安全的把控，其经验和水平直接关系到展览工程的质量、资金、进度和安全。"贵州省博物馆基本陈列改造提升展览服务项目"招标文件对投标人的要求："投标人拟派的项目负责人具备建筑工程专业一级注册建造师资格，具备有效的安全生产考核合格证书（B类），且未担任其他在建建设工程的项目负责人。"在本项目评分表中要求"近5年内（2017年10月至2022年10月）承担过省级及以上博物馆陈列布展项目业绩的，一个业绩得2分，最多得2分。注：要求提供中标通知书和合同协议书复印件加盖单位公章。未提供或提供不齐全的不得分"。

随着近年来博物馆建设热潮的高涨，主创设计师和项目负责人跳槽已成为常态，因此，有些企业虽资质和业绩很突出，但由于缺乏有丰富经验的设计师和项目经理，这样的展陈企业实际上也是不能有效完成博物馆展览工作项目的。因此，在展览工程招标文件中必须对设计师和项目经理资质及业绩提出要求，并确保项目实施期间全程到位。

五、陈列展览项目管理的几个关键要素

1.监理

按照建设工程管理要求，博物馆陈列展览工程必须要有监理单位全程参与，根据监理工作职责，负责展览项目实施过程中的安全施工，以及与施工材料有关的质量控制。项目施工过程中，施工布展所采用的材料、工艺及隐蔽工程检验、实测、记录，尤其是在文物保护方面，如防火材料等级、消防施工安全管理，务必要有监理单位进行把关。

2.跟踪审计

为确保项目资金得到有效控制，必须有跟踪审计单位全程参与。根据博物馆展览工程设计规范、工程量清单编制规范、展览工程取费标准及市场调研和情报搜集研究，负责对展览工程概算、预算审核、最终造价结算等进行审核，最终目的使项目结算控制在投资范围之内。

2021年10月8日起开始实施的《贵州省政府投资项目管理办法》，第三十一条规定："严格执行概算管理，项目实施过程中不得超概……违规超概的，应当先行对有关单位和责任人处罚、处理。概算调整批复前，对超概资金不予追加安排。"

在监理及跟踪审计单位的选择、采购上，招标文件务必要对其所承担的类似业绩做出相应要求，并将之细化为评标分值进行设置，优胜选出符合陈列展览项目的监理、审计公司。

3.艺术总监

当前，博物馆展览工程基本上是由建筑装饰监理公司按照建筑装饰工程的监理规则进行监理的，如前所述，陈列展览项目70%以上实施内容含艺术和科技成分，总体上是一项集知识、信息、思想和文化传播的工程，监理评价应该以知识信息传播和观众获得知识效益为主要导向。监理内容和要求与一般意义上的普通建筑装饰监理完全不同，监理的核心内容是展示内容与表现形式是否一致、展品展项传播效益和艺术效果是否符合传播学。因此，在建筑装饰工程监理的同时，聘请专业的陈列展览艺术监理也非常重要。这是实现陈列大纲与形式设计高度统一的重要保障，是展览形式设计做到张弛有度，避免设计简单或过度设计的关键。艺术总监不仅要具备良好的专业素养，还要有实现展览目标的协调沟通管控能力，做好陈列大纲编制人员与形式设计人员之间的桥梁，并有实现形式设计落地、保证施工质量的实操能力。

六、结语

现阶段，在招标规范缺失、投资造价依据缺位的条件下，博物馆陈列展览项目采取设计施工一体化模式采购和运作，符合二度设计创作的特殊性、项目管理效率最大化及实现成本控制的目的，能最大限度保障展览质量和艺术水准。

陈列展览项目设计施工一体化招标文件的编制，博物馆要提出符合项目特点的大纲总体深化要求、总体设计要求，同时，要尤其重视潜在投标人的类似项目业绩、主创设计师和项目负责人的工作业绩。

从博物馆展览工程运作管理专业化、规范化的角度看，推行"博物馆展览设计与制作布展分离"是历史必然，是博物馆展览工程管理努力的方向。

规范博物馆展览工程市场，保障博物馆陈列展览项目质量，制定博物馆展览工程资质管理办法、计量规范、计价标准、验收标准、结算和审计标准等成为当下博物馆展览工程管理规范化的迫切要求。

宋世坤考古生涯自述

宋世坤

（贵州省博物馆）

60年前，我即将告别四川大学，在离校前的考古专业毕业生茶话会上，我国著名考古学家冯汉骥教授语重心长地勉励我："你去贵州后，有两个重点研究课题，一是夜郎考古，一是铜鼓研究。但因铜鼓涉及国际问题，比较麻烦，最好以夜郎考古为主。"自此以后，我便选定了夜郎考古这一课题。

1964年9月14日，我到贵州省博物馆报到后，便用了几年的时间，收集夜郎的文献记载，熟悉了《史记》《汉书》《华阳国志》《后汉书》记载的夜郎资料。同时，也查阅了（民国）《贵州通志》、《遵义府志》、《贵阳府志》、《安顺府志》、《大定府志》等方志上记载的夜郎资料。与此同时，我还收集了巴、蜀文化和滇文化的考古资料，给这些文化的典型器物作了卡片。为今后研究夜郎文化作了准备，同时，也为后来的夜郎研究打下了扎实的基础。

一、考古工作概述

我在贵州省博物馆工作了38年，这期间我主要作了考古调查、考古发掘、考古研究和考古教学四个方面的事情。下面先讲考古调查。

（一）考古调查

我在贵州进行的考古调查大小数十次，这里列举比较重要的作介绍。

1.水电站水淹区文物考古调查

我领队进行的水电站水淹区文物考古调查共计8个，其中，乌江流域有乌江电站、构皮滩电站、思林电站、洪家渡电站；盘江流域有天生桥电站、光照电站、平班电站、龙滩电站。

2.兴义地区6次夜郎考古调查

1996年，贵州省文物考古研究所成立，根据"夜郎考古安排"，我们先后进行了6次夜郎考古调查。主要地区在兴义、兴仁、安龙、贞丰等县市，我们实地踏勘了上述4县的48个乡镇，240多个自然村，发现战国秦汉夜郎时期的遗址8处，汉代墓葬18处，宋明墓葬4处，明清窑址2处。

3.赫章可乐3次考古调查

1976—1978年，我领队在可乐进行了3次考古发掘。发掘期间，如遇下雨不能发掘，我们就在可乐进行考古调查。第三次考古发掘结束，我们在可乐镇所在地发现了12处墓地、2处遗址，基本搞清楚了可乐古代遗存的分布情况。后来，赫章文管所申报可乐古遗址古墓葬为省保单位、国保单位，都是我们给他们提供的资料。

（二）考古发掘

我在省博物馆期间进行的考古发掘，大约有20次，除3次外，均是我领队的。下面，我举例说明。

1.平坝马场汉、宋、明墓发掘。

2.平坝天龙汉墓发掘。

3.遵义高坪播州杨氏墓葬清理，共计4座：杨文墓、杨昇墓、杨纲墓和杨爱墓。

以上3次发掘不是我领队，以下的考古发掘均是我领队。

4.安顺宁谷徐家坟山汉墓发掘。

5.清镇干河坝宋、明墓发掘。

6.黔西甘棠汉墓发掘。

7.赫章可乐战国秦汉墓4次发掘。

8.兴仁交乐汉墓2次发掘。

9.务川大坪汉墓发掘。

10.普安铜鼓山战国秦汉遗址发掘。

（三）文物考古研究

我这一生共撰写了140多篇文章，其中，论文40余篇，大约50万字。这些文物考古文章主要发表在以下书籍与刊物上。

1.《中国考古学会第一次年会论文集 1979》《中国考古学会第二次年会论文集 1980》《中国考古学会第三次年会论文集 1981》《中国考古学会第四次年会论文集 1983》《中国考古学会第五次年会论文集 1985》《中国考古学会第七次年会论文集 1989》，共6篇，文物出版社出版。

2.《文物考古工作十年 1979—1989》1篇，文物出版社1991年出版。

3.《新中国考古五十年》1篇，文物出版社1999年出版。

4.《考古学报》1篇，中国社科院考古研究所《考古》编辑部主管。

5.《考古》5篇，中国社科院主管《中国考古学年鉴》系列10余篇，中国社科院考古研究所《考古》编辑部主管。

6.《中国大百科全书 文物·博物馆》卷，贵州条目8条，中国大百科全书出版社1993年出版。

7.《考古学辞典》，贵州条目10条，知识出版社1991年出版。

8.《文物与考古》1篇，陕西省文管会（陕西省文物局）主管。

9.《四川文物》1篇，四川省文管会（四川省文物局）主办。

10.《贵州考古论文集》25篇（宋世坤著），贵州人民出版社2000年出版。

11.《贵州省志·社会科学志》第八章《考古》，贵州人民出版社2001年出版。

12.《解析夜郎千古之谜》10篇，中共党史出版社2007年出版。《贵州年鉴1993》10余篇，贵州人民出版社1993年出版。

13.《夜郎考：讨论文集之二》1篇，贵州人民出版社1981年出版。

14.《贵州文物志稿》系列10余篇，贵州省文管会、贵州省文化局编印（内部资料）。

15.《贵州百科全书》数篇，中国大百科全书出版社2005年出版。

16.《贵州文物》数篇。

17.《贵州省博物馆藏品志》20余篇，贵州人民出版社1990年出版。

18.《贵州省博物馆馆刊》数篇。

19.《贵州文史丛刊》3篇，贵州文史研究馆主办。

20.《贵州民族研究》4篇，贵州民族研究院主办。

21.《凉山彝族奴隶制研究》1篇，四川民族研究所。

22.《乌蒙论坛》4篇，毕节市社科联。

还有一些，在此不赘述。

（四）考古教学工作

在贵州的60年，我曾参加20多次教学活动，下面，分类介绍：

1.给贵州师大历史系、贵州民院（今贵州民族大学）历史学、贵州第一期考古训练班讲授"商周考古""战国秦汉考古"课程。

2.给贵州大学、安顺学院、黔南民族师范学院分别作题为"夜郎考古始末"的学术报告。

3.为贵州电大文博班（1990、1991级）讲"考古基础知识""贵州考古"课。

4.赴四川成都为西南文博培训中心讲授"贵州考古"。

5.为武汉大学图书馆学系贵州函授专修科讲中国"先秦史""两汉史"。

6.给毕节学院（今贵州工程应用技术学院）讲授"毕节地区考古综论"。

7.贵州第二期考古培训班（镇远）、贵州夜郎考古培训班（兴义）讲"考古基础知识""贵州考古"。

8.赴遵义市博物馆讲授"考古基础知识"课。

9.为贵州省博物馆举办的各种培训班讲授"考古基础知识""贵州考古"课。

10.应毕节市博物馆之邀，为他们讲"夜郎考古始末""毕节地区考古综论"。

此外还有一些，就不多举了。

二、夜郎考古收获

在被分配到贵州省博物馆前，我已经确定了夜郎文化是我的主要研究目标。到贵州省博物馆后，我又用了几年时间熟悉关于夜郎的文献记载，查阅了四邻地区的巴蜀文化和滇文化考古资料；同时，在考古工作中特别留意与关注夜郎的遗存。上天不负有心人，1977年，我终于在赫章可乐发现了第一批夜郎时期的墓葬与遗物，使我有机会从事夜郎考古发掘与研究工作。下面，我就从夜郎考古发掘和夜郎考古研究两个方面进行论述。

（一）夜郎考古发掘

1.夜郎时期墓葬的发现

1977年9—10月，我领队在赫章可乐发掘汉墓。10月24日，四川大学历史系蒙默老师、长办考古队（即长江流域规划办公室文物考古队）凌春、贵州民族研究所余宏模来我们考古现场参观。下午5点钟参观结束，当我们回到驻地时，正好有一位农民兄弟来交文物。他的背篼里放着不少青铜器，大家看到这些青铜器后非常兴奋。这些青铜器有鼓形铜釜、铜柄铁剑、铜发钗、铜手镯等，其风格与当地汉墓出土的铜器截然不同，当时，我就意识到夜郎墓葬出现了。我们询问这位农民兄弟，铜器怎么来的？发现地点在哪儿？当得知这批青铜器就出在距我们驻地约4公里的祖家老包时，大家都迫不及待地要这位农民兄弟带我们去现场。

下午6时，我们与这位农民兄弟来到了祖家老包，看见几位农民正在犁地，我们便分别跟在其后，有类似墓葬的地方就插上树枝，很快就插了数十根树枝。这时，天色黑了下来，犁地农民也要收工了，我们只好返回驻地。

回到驻地已经是晚上8点左右，我们慌忙吃了晚饭，便坐下来开会。会上，大家一致同意继续发掘。当年，我们在祖家老包发掘了25座墓葬，这批墓葬不管是墓葬形制，还是器物风格，均与汉墓不同，应该是夜郎时期的墓葬。

2.夜郎墓葬与遗址的发掘

在贵州省博物馆工作期间，我们在赫章可乐、威宁中水进行过5次夜郎墓葬的发掘。在普安铜鼓山遗址进行过2次夜郎遗址的发掘。我领队发掘夜郎墓葬与遗址共4次。下面分别介绍。

第一次夜郎墓葬发掘是1977年，在可乐祖家老包清理25座墓。

第二次是1978年10—12月，在赫章可乐祖家老包、锅落包和罗德成地发掘143座夜郎时期的墓葬。

第三次是2000年9—10月，在赫章可乐罗德成地发掘108座夜郎时期墓葬。这次发掘被评为"2001年全国十大考古新发现"，获得了国家文物局表彰，这是贵州第一次获得此项殊荣。

第四次是2002年4—5月，发掘普安铜鼓山夜郎时期遗址，发掘面积1千余平方米。

（二）夜郎考古研究

随着夜郎时期墓葬与遗物的发现，我便开始了关于夜郎的研究，先后撰写了20多篇文章，比较重要的文章如下：

1.《贵州赫章可乐"西南夷"墓族属试探》；

2.《贵州古夜郎地区青铜文化初论》；

3.《贵州青铜戈、剑的分类和断代》；

4.《我国西南地区铜柄铁剑研究》；

5.《贵州汉墓的分期》；

6.《试论夜郎与汉文化的关系》；

7.《从赫章可乐出土文物探索夜郎的社会性质》；

8.《试论夜郎与巴蜀的关系》；

9.《贵州古夜郎地区青铜文化再论》；

10.《试谈威宁赫章出土的战国秦汉陶器》；

11.《贵州早期铁器研究》；

12.《夜郎考古综论》；

13.《走进夜郎——2000年赫章可乐考古发掘纪实》；

14.《夜郎考古始末》；

15.《可乐考古纪实》；

16.《毕节地区考古综论》；

还有10余篇，就不在此列举了。

今天就讲到这里，由于年逾八旬，思维迟钝，反应较慢，难免词不达意，错漏也不少，请大家批评指正。在此，我要感谢馆领导在建馆七十周年纪念活动中，为我安排了这次讲座，使我有机会全面、系统地回顾我一生的工作及取得的成果，让我可以无愧地给自己的工作"盖棺定论"了。

最后，谢谢大家。

注：原稿为2023年8月10日"恒安学术沙龙"第22期"贵州考古·夜郎考古·博物馆"主讲人宋世坤的发言纪要。

全国及贵州省文物艺术品拍卖行业发展基本情况报告

代毅　周明元　张华

（贵州省博物馆）

为便于更好地掌握和了解文物艺术品拍卖行业的市场发展现状，抢抓新时代国家战略发展机遇，加快贵州省文物艺术品拍卖行业高质量发展，为多彩贵州文化强省建设多做贡献，现将全国文物艺术品拍卖行业近10年的发展现状和贵州省的基本情况进行梳理。

一、2012年以来全国文物艺术品拍卖市场发展趋势

（一）资质企业数量平稳增长，经营企业数量先增后减

由2012年的355家资质企业发展到2022年的653家，年均增长29.8家，2017年、2021年是增长较多的年份，分别较上年增长74家和76家，其他年份增长相对较平稳。

2012年有246家经营企业，2014年经营企业数量最多，达292家，2014年之后经营企业数量较平稳，到2020年、2021年相对较少，只有202家，总体呈先增后减的趋势（图一）。

（二）成交数量、总成交额、实收拍品款平稳发展

2012年到2022年，文物艺术品拍卖总成交量304.92万件（套），平均每年成交量27.72万件（套），2013年、2014年、2021年、2022年成交量高于平均水平。

图一　2012年以来文物艺术品拍卖情况图表

注：1.数据来源于中国拍卖行业协会，贵州聚宝轩拍卖有限公司官网；2.政策依据《文物拍卖管理办法》（2020年修改）；3.遗憾未收集到2023年和2024年全国文物艺术品拍卖行业全面准备的数据。

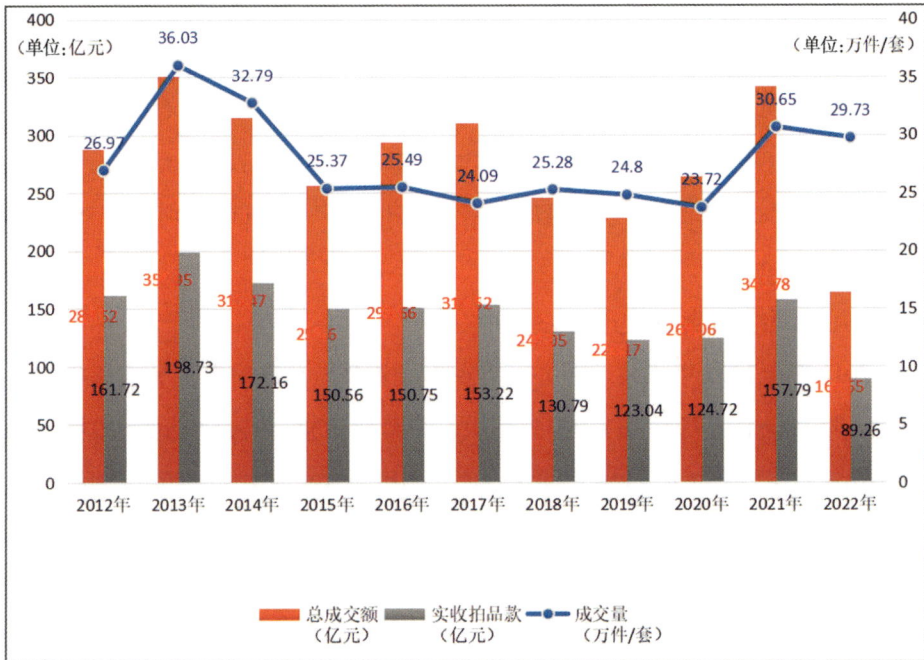

图二　2012年以来文物艺术品拍卖成交规模趋势图

2012年到2022年，文物艺术品拍卖总成交额3061.43亿元，平均每年总成交额278.31亿元，2015年、2018年、2019年、2020年、2022年总成交额低于平均水平。区间最大成交额是2013年的350.95亿元，最小成交额是2022年的164.65亿元。

2012年到2022年，文物艺术品拍卖实收拍品款1612.74亿元，占总成交额3061.43亿元的52.68%，实收拍品款占总成交额的比例低于平均值的年份有2016年、2017年、2020年、2021年，平均每年实收拍品款146.61亿元（图二）。

（三）拍品均价稳定在5—10万元/件（套）

2012年到2022年，文物艺术品拍品均价从2012年的10.7万元/件（套）缓慢增加，到2017年达最高价12.89万元/件（套），之后开始下降，到2022年5.54万元/件（套）（图三）。

（四）千万级拍品成交量及结算量平稳发展

2012年到2022年，文物艺术品千万级拍品总成交量2724件（套），其中2016年、2020年、2021年成交量分别317件（套）、308件（套）、343件（套），其余年份均低于300件（套）。已结算1217件（套），占总成交量的44.68%；未完全结算386件（套），占总成交量的14.17%；未结算1121件（套），占总成交量的41.15%。未结算量占比呈增长趋势，2020年、2021年分别达到58.77%、58.6%（图四）。

（五）网络拍卖方式迅速发展

2018年至2022年，共计举办了21662场文物艺术品拍卖，平均每年举办4332.4场，其中现场拍卖1593场，网络拍卖19130场，同步拍卖939场。现场拍卖方式呈逐年下降趋势，网络拍卖方式和同步拍卖方式呈逐年增长趋势。2020年以来，受新冠疫情影响及互联网科技的快速发展，网络拍卖方式发展迅速，占比高达92.51%（图五）。

（六）拍卖企业实收佣金（双方）稳步发展

2012年至2022年，文物艺术品拍卖企业实收佣金247.52亿元，平均每年

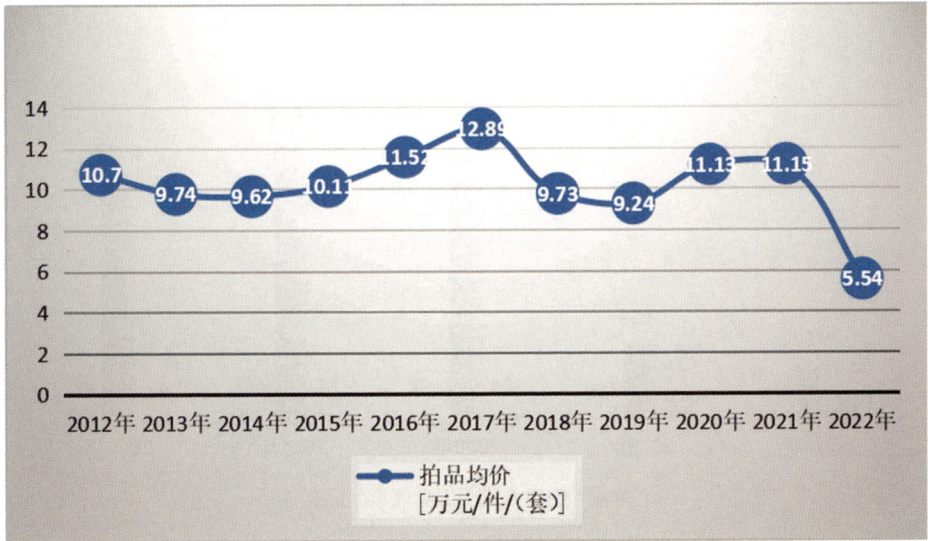

图三　2012年以来文物艺术品拍品均价趋势图

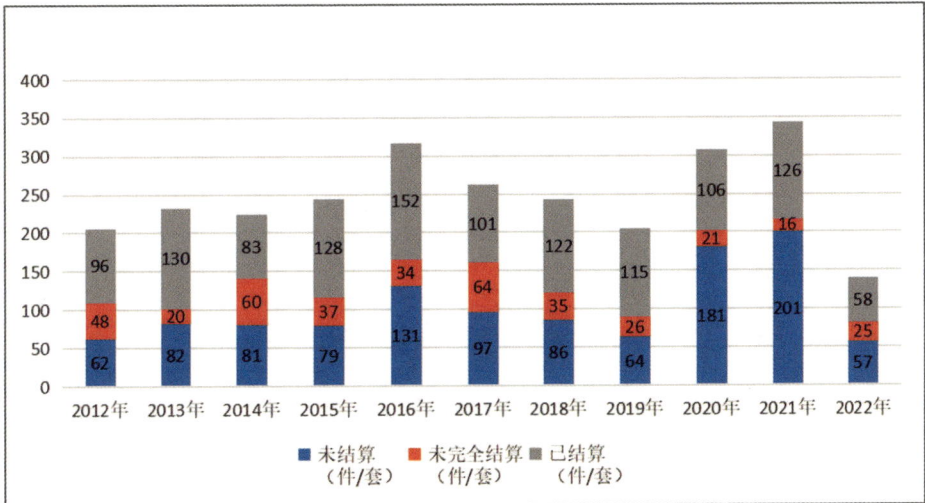

图四　2012年以来千万级拍品成交量及结算情况

图五　2018年以来不同拍卖形式场次变化情况

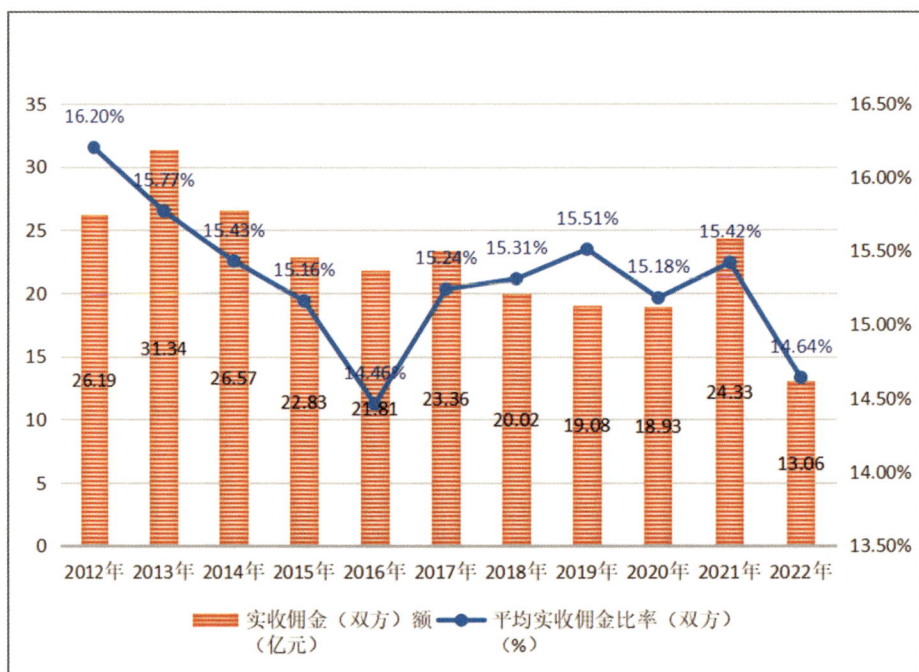

图六　2012年以来全国文物拍卖企业实收佣金（双方）情况

企业实收佣金22.5亿元。文物艺术品拍卖企业平均实收佣金比率（双方）在16.2%—14.46%之间，最高的年份是2012年的16.2%，最低是2016年的14.46%（图六）。

（七）文物艺术品拍卖企业主营业务盈利情况

2012年至2022年，文物艺术品拍卖企业主营业务盈利106.75亿元，2012年盈利金额15.31亿元，2022年盈利金额3.35亿元。主营业务利润率大都在30%—40%之间，2022年出现大幅度降低，只有7.64%（图七）。

（八）文物艺术拍卖盈利企业占经营企业数平稳发展

2012年至2022年，文物艺术拍卖盈利企业占经营企业的比例均在40%以上。2013年占比最高，达60.81%；2022年占比最低，为40.78%（图八）。

图七　2012年以来全国文物艺术品拍卖企业盈利情况

图八 2012年以来文物艺术品拍卖盈利企业数占经营企业数变化图

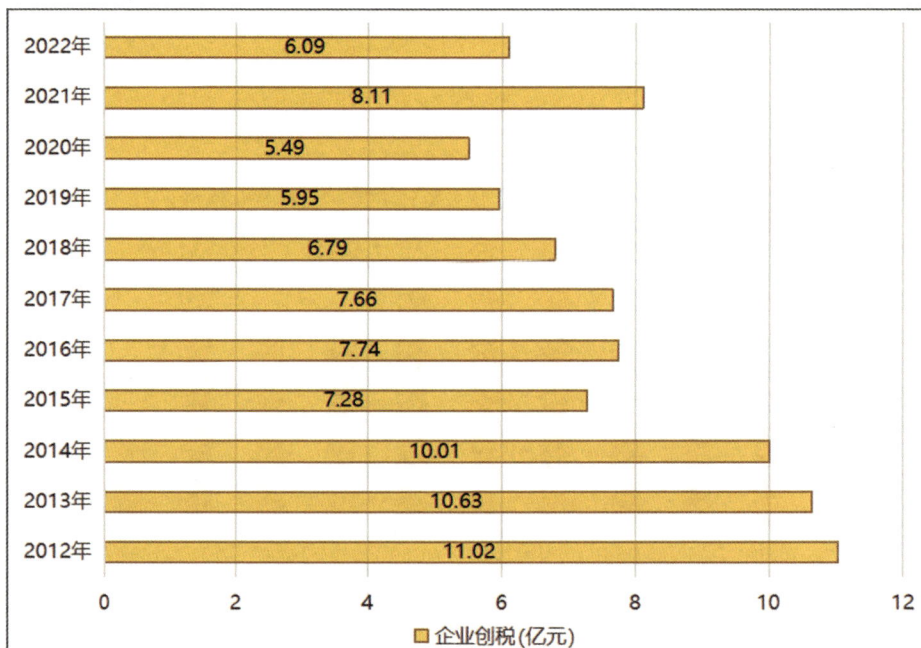

图九 2012年以来文物艺术品拍卖企业创税情况

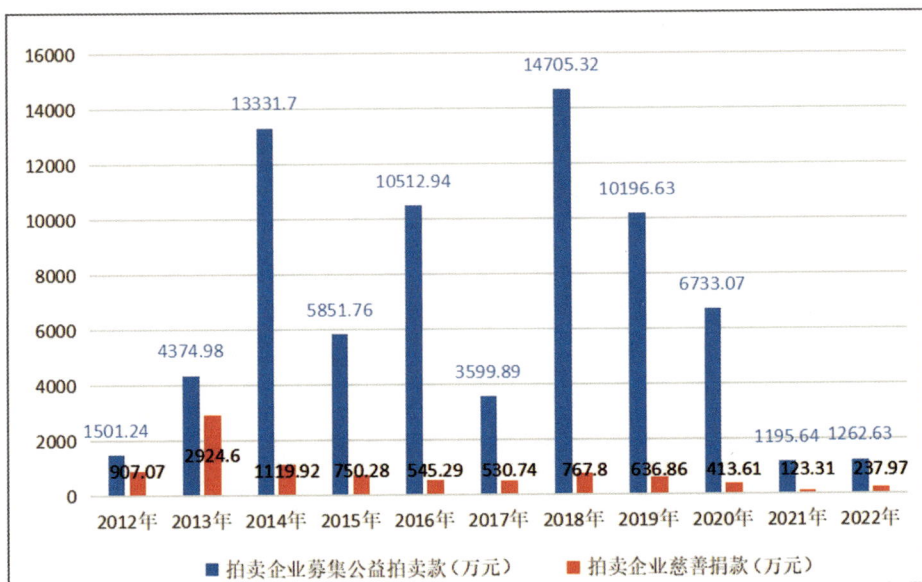

图十　2012年以来文物艺术品拍卖企业支持社会公益事业发展情况

图十一　2012年以来文物艺术品拍卖企业产业链贡献情况

（九）社会效益明显

1.文物艺术品拍卖企业创税情况

2012年至2022年，文物艺术品拍卖企业创税总计86.77亿元，平均每年创税7.89亿元。其中2012年创税最高，达11.02亿元；2020年最低，为5.49亿元（图九）。

2.文物艺术品拍卖企业支持社会公益事业情况

2012年至2022年，文物艺术品拍卖企业共计募集公益拍卖款73265.8万元。最多年份：2018年，14705.32万元；最少年份：2021年，1195.64万元。慈善捐款共计8957.45万元，最多年份：2013年，2924.6万元；最少年份：2021年，123.31万元（图十）。

3.文物艺术品拍卖行业带动区域产业链情况

文物艺术品拍卖行业主要带动广告宣传、印刷出版、酒店会展、运输邮递、保险、差旅、网络建设等多个产业发展。2012年至2022年，带动产业链发展支出66.99亿元，平均每年支出6.09亿元（图十一）。

二、贵州省文物艺术品拍卖行业发展情况

（一）起步晚，企业数少，无国有企业

2021年12月之前，贵州文物艺术品拍卖行业发展一直是空白。2021年12月28日，贵州聚宝轩拍卖有限公司注册成立，成为贵州省第一家具有文物艺术品拍卖资质的民营企业，注册资本1000万元。

（二）近两年主营业务平稳发展

贵州聚宝轩拍卖有限公司的组织机构中设置钱币部、瓷器部、玉石部、名酒部等4个品类，2023年举办的春季拍卖会总成交额达4083万元，2024年春季拍卖会成交额超4900万元，成交率70.96%。

（三）拍卖品种丰富

近两年的拍卖品品种发展到书画、钱币、银锭、瓷器、玉器、茶器、古典家具、沉香、奢侈品、文房、酒类近10个种类。其中书画占比较大，如贵州聚宝轩拍卖有限公司2023年举办的拍卖会中，书画成交额1082.91万元，占总成交额4083万元的26.52%。而2024年春季拍卖会中，书画成交额187.85万元，占总成交额4900万元的3.83%。

三、文物艺术品拍卖企业成立的基本条件

（一）文物拍卖企业申请文物拍卖许可证的条件

根据2016年发布的《文物拍卖管理办法》相关规定，依法设立的拍卖企业经营文物拍卖的，应当取得省、自治区、直辖市人民政府文物行政部门颁发的文物拍卖许可证。拍卖企业申请文物拍卖许可证，应当符合下列条件：一是有1000万元人民币以上注册资本，非中外合资、中外合作、外商独资企业；二是有5名以上文物拍卖专业人员；三是有必要的场所、设施和技术条件；四是近两年内无违法违规经营文物行为；五是法律、法规规定的其他条件。

（二）文物拍卖标的范围

1.1949年以前的各类艺术品、工艺美术品；

2.1949年以前的文献资料以及具有历史、艺术、科学价值的手稿和图书资料；

3.1949年以前与各民族社会制度、社会生产、社会生活有关的代表性实物；

4.1949年以后与重大事件或著名人物有关的代表性实物；

5.1949年以后反映各民族生产活动、生活习俗、文化艺术和宗教信仰的代表性实物；

6.列入限制出境范围的1949年以后已故书画家、工艺美术家作品；

7.法律法规规定的其他物品。

四、贵州艺术品行业发展的几点建议

（一）抢抓政策，加快文物艺术品拍卖市场主体及规模发展

党的二十届三中全会决定，"深化文化领域国资国企改革，分类推进文化事业单位深化内部改革"。目前贵州只有1家文物艺术品拍卖企业，是全国文物艺术品拍卖企业最少的省份之一（甘肃和宁夏也是1家）。要抢抓国家战略目标政策，落实好贵州奋力打造习近平文化思想生动实践地，加快建设多彩贵州文化强省目标，注入全力增强文化发展的活力和动力，深入实施国有文化企业改革深化提升行动，组建国有企业控股的文物艺术品拍卖企业，以更好地促进文物艺术品的市场化流通，积极培育新型文化业态和文化消费模式，打造具有强大竞争力的文化企业集团，促进贵州文化事业发展。

（二）强化科技，加快探索文化和科技融合的有效机制

党的二十届三中全会决定，"探索文化和科技融合的有效机制，加快发展新型文化业态"。要深入贯彻新发展理念，用新质生产力激活传统文物艺术品行业的创新力，积极构建文物艺术品保护、研究、鉴定和展示的科学理论与技术体系，将互联网、数字化等高新科技的创新因素融入文物艺术品保护利用的全过程。强化文物艺术品的保护利用和文化内涵的挖掘，通过"文物+科技""文化+科技"催生新技术、新材料、新模式、新业态，推动文物事业高质量发展。

（三）强化借势，乘势加大我省文物艺术品拍卖行业的影响力

近年来，贵州省举办了生态文明贵阳国际论坛、国际数博会（即中国国际大数据产业博览会）、国际山地旅游大会、中国—东盟教育交流周，这些对外开放平台使贵州日益具有国际影响力，贵州"万桥飞架""村超""村BA"也成为展示中国式现代化的重要窗口。要借势而上强化贵州省文物艺术品拍卖行

业发展，通过文物艺术品的拍卖让国内外更好看见贵州、认识贵州，提升贵州在文物艺术行业的影响力、传播力，有效赋能区域经济社会发展，为贵州文化和旅游融合发展贡献力量。

（四）强化带动，发挥文物艺术品拍卖行业发展的普惠性

推动高质量发展，文化是重要支点；满足人民日益增长的美好生活需要，文化是重要因素。文物艺术品拍卖行业发展在促进文物回流、推动文化艺术传播、增强大众文物保护意识、助力文博事业发展、提升文化的国际影响力，以及引领艺术生活潮流等方面具有重要作用。同时在带动区域广告宣传、印刷出版、酒店会展、运输邮递、保险、差旅、网络建设等多个产业链发展中，市场效益非常明显。要强化国有企业积极参与文物艺术品拍卖行业发展，大力挖掘贵州红色文化、民族文化、阳明文化、历史文化，引领文化市场高质量发展，惠及更多产业和民众。

博物馆开展公益性筹款活动问题初探

王莹霞

（贵州省博物馆）

摘　要　文章试图通过现有文化类公益项目在筹款平台中取得的效果，分析现阶段开展公益性筹款活动能为博物馆带来的可取之处及面临的主要问题。

关键词　博物馆；筹款；观众黏度

21世纪是博物馆蓬勃发展的时代，各种门类的博物馆应运而生，以不同方式丰富着群众的精神文化生活。它们中，不乏类似故宫博物院、南京博物院、三星堆博物馆等一批具有很高知名度和人流量的博物馆，也有很多博物馆因为藏品资源不足、资金问题、人力短缺等原因导致发展停滞甚至面临闭馆危机，这种情况在中小型博物馆中尤为显著。每一座博物馆都是人类精神文化和物质文化财富的保管库，都是馆藏文物特殊的"家"，具有不可替代的重要作用。如何通过多种途径促成博物馆的发展，缓解部分博物馆资金短缺问题，让博物馆更好地适应社会变迁和观众要求，是博物馆人一直思考的问题。现今公益性的救助活动越发普及，平台越来越多，类型也越来越丰富，为同属非营利性质的博物馆提供了一条新的发展思路。

一、众筹是什么

众筹是指通过网络平台或线下渠道为项目发起者提供筹集从事某项活动或业务资金来源的一种融资渠道，尤以网络平台为主，其本质就是一种社会资源的再分配。这一方式常见于各类公益组织，它们通过各种网络渠道，把自己的活动打包成项目上线进行筹款，以图文并茂、音视频交织的方式，向公众介绍自己的项目概况、预算、进程安排、人员安排等相关内容，以期唤醒公众的社会责任感和参与感，得到公众的关注和捐款，再以微信公众号、项目延展活动、电话回访、书信等方式，将近期工作开展情况反馈给社会公众。

对大部分公益机构来说，这已经是很重要的资金来源渠道，是机构与捐赠人沟通互动的良好方式，同样也是巩固固定捐赠人——也就是核心捐赠者的渠道。通过不定期的披露资金使用情况、项目进展情况，给公众和平台方一个了解和监督项目的途径，再由公众根据自己意愿来评估是否参加该组织后续的筹款活动，真正做到把选择权交到社会公众手中。目前已有百余个文化类项目在不同平台上进行众筹活动，涵盖文物保护、传统文化保护发展、非遗、古建筑保护等各个方面，获得的筹款额度也不尽相同。

一般来说，公益组织参与众筹的方式主要有两种。一种是接受个人捐赠。以个人捐赠为主要资金来源的公益组织，通常都有一群较为稳定的志愿者活跃在这类公益组织组织的各种活动中。另一种方式则是从比较大的社会团体、企业、公司中获得资金支持。

二、众筹带来了什么

众筹带给公益组织的作用是巨大的。相当一部分公益机构就是通过众筹的方式缓解自身资金短缺及人员不足等问题的。依托网络平台低门槛、高便捷、广宣传的特点，几乎一切欠缺的东西都可以通过发出链接的方式进行筹集。类似地，博物馆也可以通过这种方式来为自己"筹集"部分欠缺的东西。

1.扩宽资金来源渠道

目前国内大部分博物馆的资金来源以财政预算为主，事业性收入为辅。虽说博物馆几乎都有自己的创收途径，但绝大多数博物馆的事业性收入现阶段暂不能够承担起日常管理和运营的巨大负担。因此，如果博物馆能够发挥出受众广、公信力强的优势，以公募的方式倡导社会力量加入文物保护和利用中，去写好一个项目、写活一个故事、写清一段历史，把项目打包上线进行众筹活动，或许能够在一定程度上缓解部分博物馆资金紧缺的情况，特别是一些资金来源不太稳定的私人博物馆。以腾讯公益小程序上一个在筹项目"保护长城加我一个"为例，该项目自2016年8月立项至结项日，已有38万余人次为其捐款，平台总筹款约190万元，是文化类项目中，捐赠人数较多、获得捐款额度较高的长期项目之一。该项目筹集的善款用于河北喜峰口西段长城及广武长城2段9号敌台的修缮保护工作，并于2022年11月23日通过技术验收，现已进入收尾阶段。

2.单向输出变成双向互动

博物馆是"神秘"的。对大部分观众而言，博物馆的日常工作、运行方式、藏品管理措施都十分神秘且遥不可及，客观上降低了公众参与博物馆行业发展的热情，公众的被需求感得不到满足。众筹在一定程度上可以满足公众部分的被需求感。以笔者在具有公募资格的基金会的工作经验来看，大到资金来源、场地租赁，小到一瓶水、一支笔，公众都可以按照自己的经济能力和时间安排做出各自的贡献。若能借鉴众多公益组织的工作经验，借众筹平台之便利，在开展筹款前预先将博物馆核心观众群这一可能会支持该项目的群体聚拢在一个平台，将其组织成一定规模的群体，再通过其他渠道对该项目进行宣传，吸引散落的"路人粉"，最后再在捐款平台上发布项目进行筹款，所获资金肯定比漫无目的地发布筹款信息来得多。筹得款项后再通过微信公众号、微信群、QQ群、公益平台项目推送等方式，向公众介绍目前该项目的项目进展。一方面让公众对该项目有进一步的了解，提高项目的透明度与公开度，便于群众监督，有利于提升博物馆形象；另一方面，对公众来说，在增强知识储备的同时也提高了参与度，多了一个与博物馆互动的渠道，培养其主人翁意识。而且在项目进行中，馆方也可以邀请捐赠者来博物馆参观，给予大额捐赠者一定回报（例如博物馆的文创产品、博物馆活动名额）。项目结束后亦可将项目成果转换为陈列展览，面向社会展示，为下一次的众筹活动吸引更多新生力量。

3. 提高博物馆观众群的黏度

黏度常见于互联网行业，是用来衡量一个人对某网站的关注度、认可度、重复使用度、依赖度及忠诚程度的指标。一个网站的吸引力越强，留住用户的能力越高，用户的黏度也就越高。现如今，这一概念被广泛运用到其他各个领域及行业。类似地，博物馆这类拥有众多受众的机构，也应该把观众黏度作为衡量博物馆发挥作用是否得当的一个重要指标。就目前来看，提高博物馆观众黏度可分为短期、中期、长期三个阶段目标。

短期目标以博物馆开展的各项活动、展览、生产的各种产品为基础。通过不同的活动或展览、各种丰富有趣的产品，吸引观众走进博物馆，对博物馆产生好奇。这时的观众尚处于低黏度阶段，活动、展览、产品的内容、质量等方面，决定了观众是否愿意再次走进博物馆。

中期目标当在满足公众好奇心的基础上以如何提高观众参与度为主。包括展览、活动后续是否有延展活动，馆方与观众、观众与观众之间是否存在互动渠道，是否满足观众的社交需求等方面。基于前期馆方举办的活动、展览、生产的各种产品满足了部分观众需求，这部分观众对博物馆有初步的良好印象，馆方后期举办的延展活动、采用的互动方式，是否能给这部分观众提供社交的空间和可能，起到类似社交平台的媒介作用，给观众表达自己和对话他人的可能，决定了观众是否愿意更深层次的"参与"博物馆，还是仅把博物馆当作单方面获取知识的场地。长期以来，博物馆的工作都更倾向于怎样给观众带去好的体验和文教活动而忽略了该怎么让观众参与到博物馆发展的事业中。众筹就是一种让普通观众直接参与博物馆工作的方式。通过线上发布与博物馆工作相关的项目与线下组织观众参与相关项目展览活动的方式，给部分观众一个参与博物馆发展事业的机会和监督途径。充分利用项目把观众与博物馆进行绑定，丰富了观众对博物馆的互动体验，在一定程度上满足了观众的被需求感。

博物馆的长期目标应当是在认清自己馆藏特色资源、拥有一批忠实的博物馆核心观众群的基础上，建立属于自己的博物馆生态，以满足不同观众的需求，同时吸引其他观众加入进来，形成馆方与观众，观众与观众，馆方、观众与社会互相成就的闭环。

4.科普相关知识

博物馆的最终目的是把研究成果向公众展示，通过众筹的方式让观众参与进某些博物馆的工作中，能够让观众对博物馆的日常工作有更深的了解，同时也会根据项目的不同侧重点，对文物修复、藏品管理、陈展设计等方面的基本要求和标准有进一步的认识。另一方面，对博物馆工作人员来说也是一次把握观众心理需求、倾听来自观众心声的机会，这样有利于更好地发现博物馆与其他机构相比存在着哪些方面的差距，哪些地方还可以做提升，针对不足之处进行改进。

三、文博类项目众筹面临的困难

虽然公益性的众筹活动发展至今已有了一定的成效，但仍存在不少不足之处，这些问题从文化类筹款活动目前获得的效果上来看较为明显。

一是公众对文化类项目的关注度不够高且同类项目同质化情况较为显著。以微信小程序腾讯公益为例，与助学、扶贫、养老、助残等项目相比，文化类项目起步时间晚，暂时没有一个像"希望工程""壹基金温暖包"这类持续时间长，群众知晓度、认可度、参与度较高的项目，无法借用高讨论度与高关注度，把同类项目整合在一起，导致文化类项目目前暂时处于"群龙无首"阶段，各自为政。这样一方面很难调动不同地域、年龄、受教育程度公众的关注度与参与度，另一方面还会造成同类项目互相"打架"的现象，彼此之间争夺有限的资源。同一时期同类项目互相抢夺热度情况较明显，体现如下。以腾讯公益小程序中文物保护类项目为例，目前可查看到该类筹款项目约有70项，均已筹款结束，内容涉及石窟、石刻类文物本体保护及数字化保护项目，壁画类文物数字化项目，墓葬陵园、古建筑、遗址、民居类文物本体保护及修缮项目，口述史、非遗、民俗项目保护等内容。大部分项目均没有达到预期筹款目标，且有部分项目只有少数几十份，甚至一两份捐赠行为记录在案。以石窟、石刻类文物数字化项目为代表，70余个项目中共有5个同类项目，除大足石刻所属项目在稍早时期开启链接、敦煌莫高窟不属于众筹项目外，龙门石窟、麦积山石窟、云冈石窟都选择在临近时期上线筹款，均收效甚微。其中"龙门石窟，数字重生"项目自2020年12月立项至结项时止，共有1.2万份捐赠记录，近21万善款收入；"数字重生石窟保护"（麦积山石窟）项目自2020年8月立项至结项时止，共有1万余份捐赠记录，11万余元的善款收入；"云冈石窟，数字重生"项目自2020年11月立项至结项时止，共有8千余份捐赠记录，8万余元的善款收入。"敦煌石窟保护"因不属于众筹项目，所以无法通过众筹的方式获取资金，筹款情况暂不明确；"大足石刻守护计划"项目自2021年7月立项至结项时止，共有3万余份捐赠记录，291万余元的善款收入（其中包括近31万元的腾讯公益平台配捐收入）。龙门石窟、麦积山石窟、云冈石窟这三个同类项目几乎都选择在临近时期同时开启筹款链接，互相抢夺热度，不利于公众聚焦，一定程度上导致每个项目都没有达到预期筹款效果。

二是平台推送相关信息较少，对文化类项目的支持力度较小。公益平台的侧重点不在文化类项目上，若非特别关注该领域主动搜索相关项目，文化类项目被人知晓的可能性较低。以腾讯公益小程序为例，平台首页常设乡村振兴、关怀倡导、教育助学、医疗救助、自然保护等几方面的在筹项目，缺少文化类项目的身影。截至2023年6月5日，腾讯公益微信公众号共推出120余篇推文，没有涉及文化类项目的内容推送。

三是宣传效果不是特别理想。龙门石窟、麦积山石窟、云冈石窟这三个项目在长达一年多的公募时间里，累计只有3万份左右的捐赠记录，甚至不足各个景区年均游客的百分之一，未充分发挥出到访游客的作用；新媒体宣传项目时也没有附上相应的捐赠方式和渠道；景区相关网站上也没有项目信息，这些都导致很难让公众知晓这系列项目的发布，获得的资金及参与捐赠人数相对较少也在预料之中。

四是未能合理利用平台规则。以腾讯公益为例，每年的9月7日至9月9日期间，腾讯平台都会以配捐的方式给在筹项目额外的、随机的奖励。只要有公众在此期间对上线项目进行捐赠，都会获得来自平台方不同额度的配捐，当然，这种配捐并不是无上限的，每个捐赠人每天最多能得到的配捐额度为999元。除了对公众的捐赠行为进行配捐外，腾讯平台还会额外对符合要求的公募机构、创新项目、线下活动机构等对象给予鼓励支持。许多项目都会趁此机会号召自己的捐赠者、志愿者在同一时间段内进行捐赠以抢获配捐。如前文提到的"大足石刻守护计划"项目获得的291万余元善款收入中，就有近31万元的腾讯公益平台配捐收入，就是该项目方充分利用"99公益日"的活动规则为自己争取到的资金。据腾讯公益公布的数据来看，2021年"99公益日"期间共有6871万人次捐出善款35.69亿元，2022年"99公益日"期间共有5816万人次捐出善款33亿元，捐赠人数由2021年的3001万减少至2758万人，但单笔捐赠额却上涨了约10%。对处于弱势地位的文化类项目来说，更应在了解并掌握规则的前提下开展筹款工作，争取项目收益最大化。

四、总结

对于缓解博物馆资金紧张的问题，筹款活动只是方法之一，能否达到理想效果还有待检验，最根本的是要在把握自己馆藏特色、地方特色的基础上，打造一系列具有可行性和延展性的配套项目和活动，让这些项目和活动成为博物馆的支柱，吸引越来越多的观众走进博物馆、了解博物馆、参与博物馆、支持博物馆，为博物馆高质量发展贡献社会力量。

[参考文献]

[1] 陈巍，陈松，倪潇. 基于用户黏度的阅读推广项目反馈规范化研究［J］. 图书馆界，2020（5）.

[2] 陈宇. 从支付宝"花呗守护计划·文物公益"活动看档案文化创意产品开发的路径选择［J］. 档案管理，2021（4）.

[3] 胡继芳. 关于国有博物馆资金来源多元化的分析［J］. 牡丹江大学学报，2009（6）.

[4] 胡婕婷. 众筹仪式何以可能?——"99公益日"个体捐赠行为的社会学分析［J］. 社会发展研究，2018（1）.

[5] 黄凤凤. 论新媒体环境下博物馆如何提升"用户黏度"［J］. 文物鉴定与鉴赏，2021（21）.

[6] 刘熙阁. 北京小型博物馆发展现状及问题探究［J］. 中国市场，2019（1）.

[7] 钱雪元. 简析美国科技博物馆的资金来源［J］. 科普研究，2011（4）.

[8] 曾惠莹，李有生. 衍生品设计对品牌与用户的黏度影响分析［J］. 品牌研究，2020（1）.

[9] 张金亮. 关于文化馆数字化用户黏度的思考［J］. 百花，2021（2）.

[10] 张文立. 中外博物馆社会资金利用的比较分析［J］. 北方文物，2009（2）.

社会教育

贵博假期·
五彩端午—菱角香包

活动时间
20 21.06.12
14:30-16:30

活动对象及人数
6-14岁 亲子家庭20组（一大一小）

活动地点
博物馆A区二楼学术报告厅

让视觉障碍人群走进博物馆的几点思考

黄春艳

（贵州省博物馆）

摘　要　本文基于一次为视觉障碍人群的讲解经历，引发通过完善基础设施环境、提升触摸互动体验、重构讲解内容形式、培养主动服务意识等途径让更多视觉障碍者走进博物馆的思考。

关键词　博物馆；盲人；讲解；重构；服务

近年来，全国各地掀起了一股"博物馆热"，博物馆不断走进人们的生活，在促进人的全面发展和社会全面进步方面的作用日益显现，越来越多的博物馆"卷"出圈，成了"网红"，受到广大游客的追捧，逛博物馆成为公众日常休闲娱乐的重要方式。人们在博物馆里欣赏中国文化的博大精深，体验丰富多彩的文博活动，感受各具特色的艺术展览……但就是这些平常的经历，对盲人朋友来说，却是陌生的。

博物馆是一座城市的眼睛，透过博物馆可以见到它的前世今生。从海伦·凯勒在《假如给我三天光明》这本著作中，我们也可以感受到视觉障碍者对博物馆的强烈需要和渴望："假如给我三天光明……到了光明的第二天……我要浏览整个世界，不仅是现在的样子，还有遥远的过去的样子。我要了解人类的进步和时代的变迁。可短短一天，我如何看全历史的沧桑巨变呢？唯一的办法就是去参观博物馆……我曾用指尖抚摸过大理石雕像，体验过手指沿着纹理跳跃的快感，静态的节奏都让人如此兴奋，那动态的律动岂不令人如痴如醉?"

一、一次特殊的讲解经历

2021年10月13日，贵州省博物馆迎来了一批特殊的嘉宾，他们是贵州省市两级盲人协会组织前来参观的盲人朋友。作为博物馆的一名讲解员，有幸带领这批特殊的嘉宾走进博物馆感受贵州的传统文化与民风民俗。

说实话，在接到此次任务时，我的内心非常紧张，也很忐忑，因为我基本上没有和视觉障碍者打过交道，更没有为视觉障碍者讲解过。在和组织方贵州省盲协副主席、贵阳市盲协主席刘芳的沟通中，我表达了自己的顾虑。刘芳是一位走出黑暗、心向光明的"时代楷模"，"中国大山里的海伦·凯勒"，她的事迹感动着很多人，而刘芳所代表的残疾人这一特殊群体也在越来越多地被"看见"。她安慰我不要有顾虑，正常讲就行了，并分享了自己自失明后的心态变化，以及信息化给自己的生活、学习、工作带来的极大便利……从我们的沟通中我也了解了他们的特殊和不同。

我开始为如何给这批特殊的嘉宾讲解做功课，甚至上网查询如何给视觉障碍者讲解。我把讲解词重新梳理了一遍，希望用通俗易懂的话语表达出来，想象着带领他们到一件件实物面前，用手指感受文物的厚重。

讲解时间如期而至，来自贵州盲协的视觉障碍者由刘芳老师带队，在博物馆大厅集中后，我带他们开始了这场参观之旅——"各位观众朋友大家好，欢迎来到贵州省博物馆参观，我是你们的讲解员黄春艳。今天带大家参观的是基本陈列展览也就是常设展览，共分为四个部分——民族贵州、古生物王国、历史贵州、黔山红迹图片展，参观时长大约在90分钟，其中民族贵州展厅曾被评选为'2019年度全国十大精品展览'。我们现在所在的位置就是民族贵州展厅的序厅部分。贵州简称'黔'或'贵'，是中国西南腹地一个高原山地居多的省份，因绚丽多彩的喀斯特景观而闻名于世。早在24万年前，就已经有黔西观音洞人生活在这里了，今天在贵州的这片土地上有18个世居民族、17个世居少数民族。居住着49个少数民族群体，在我们正前方的环幕上，向大家展示的就是世世代代生活居住在贵州的18个世居民族，其中包括汉族、苗族、侗族、布依族等等，他们用自己独特的民族语言向大家表示欢迎，说一句：贵州欢迎您。两侧的展墙上展示的是18个世居民族的基本概况，大家可以简单浏览一下……"

因为已经形成了肌肉记忆，嘴巴比脑子快，说完才后知后觉，我的参观对象是视觉障碍者，他们是看不见的，我请他们"浏览"，就像在他们伤口上撒盐，无形中对他们造成了心理上的伤害。

这次活动给我留下了深刻的印象。对于普通人来说，参观游览博物馆是一件再平常不过的事情，但对于这批特殊的嘉宾，却是一次难忘的经历，现场的每一个人都"看"得那么认真和投入，他们伸手轻轻地触摸，充满了对未知世界的渴望。看着他们灿烂开心的笑容，我被深深打动了。

回想当初的这次讲解经历，我准备得并不充分，也许多做些准备能带给他们更好的体验。这次活动后，我也在观察，其实在熙熙攘攘的参观人群中我们很难看到视觉障碍者的身影；如果有视觉障碍者预约参观，博物馆能提供的服务往往也捉襟见肘。对于博物馆来说，关注与服务视觉障碍者还有很长的路要走。

二、博物馆开展服务视觉障碍者活动的现状

2012年，《无障碍环境建设条例》颁布；2016年，《中华人民共和国公共文化服务保障法》出台；2021年，《无障碍环境建设"十四五"实施方案》印发；2023年9月1日，《中华人民共和国无障碍环境建设法》正式施行，对于加强残疾人等群体权益保障，增进民生福祉，提高人民生活品质具有重要意义。2022

年，贵州省《关于推动生活性服务业补短板上水平提高人民生活品质的实施意见》明确提出，加快出台《贵州省无障碍环境建设条例》，不断推动文化机构关注服务残障群体。

盲人博物馆在国外并不稀奇，国际上著名的盲人博物馆有希腊雅典触觉博物馆、巴西塔夸拉博物馆、意大利荷马博物馆、德国盲人博物馆等，其核心就是"触摸艺术"，这也为我们提供了经验性建议。

中国博物馆事业发展迅猛，但博物馆残疾人教育发展相对滞后。值得一提的是，近年来清华大学深圳国际研究生院开发了一种面向视觉障碍者的数字博物馆触听交互系统。其通过语音交互系统、动作交互系统、触觉交互系统的融合，将数字博物馆的视觉信息转化为语义明确且视觉障碍者易于理解的触听信息，帮助视觉障碍者构建"心理图像"，更好地满足视觉障碍人群的文化需求，推广使用后将是视觉障碍人群的福音。国内一些博物馆在帮助视觉障碍者走进博物馆方面也做了一些探索和尝试。位于中国盲文图书馆的触觉博物馆是中国第一家专门为残障人士开办的触摸博物馆。南京博物院专门为残障人士开设助残主题馆"博爱馆"，为残障人士提供手感触摸、语音解读、全自动导览车等个性化、无障碍的参观体验服务；展厅设有多座馆藏重要文物复制品触摸展台，供视障人士触摸体验。浙江省博物馆自2013年起持续致力于服务特殊群体，切实解决残障人士在博物馆的参观和交流障碍等问题；开设残障人士展览专场、常设无障碍博物馆课程，通过这些活动鼓励特殊人群积极参与到博物馆活动中。上海世博会博物馆为视障人群定制了"视觉辅助导览模式"，方便视觉障碍者及视力不佳的游客参观使用，尽可能符合特殊人群日常获取信息的习惯，使得他们在所有展厅内的参观游览常态化。郑州博物馆发起并筹建了全国首家"无障碍体验工作室"，旨在让全社会的公众，尤其是残障未成年人亲手触摸文物仿制品，感受中华五千年文明的辉煌和灿烂。

一年一度的国际博物馆日、全国助残日、国际盲人节期间，是博物馆开展视觉障碍者服务活动的集中时间。2019年，四川博物院以馆藏汉代文物为线索，为视障人群开展一次多感官体验活动；荆州博物馆、荆州市盲协、荆州市爱帮客志愿者协会联合组织20名盲人朋友参加了一次主题为"以触感越千年"的荆州博物馆参观活动。2021年，河北省廊坊市盲协赴中国·唐山地震博物馆和李大钊纪念馆参观学习；江西省上饶市盲协组织参观铅山县石塘镇新四军整编纪念馆；安徽省桐城市组织30多位盲人朋友以聆听讲解的方式参观安徽中国桐城文化博物馆。2022年，株洲博物馆联合天元区残联、株洲市爱慕家助残服务中心在博物馆开展了"博物馆无障碍体验——听见历史"主题活动，20多名来自株洲市区及周边地区的视障人士走进株洲博物馆，用"听""摸""嗅"读历史的方式参观博物馆。

正如国际博协2019年京都大会"关于可持续性与实施联合国2030年可持续发展议程，改变我们的世界"决议中所强调的那样，所有博物馆都能在创造、构建可持续未来中发挥作用，它们可以通过教育项目、陈列展览、社区活动和研究来实现这一目标。自2020年起，每年的国际博物馆日都对联合国可持续发展目标中的部分内容进行积极响应。2023年国际博物馆日主题是"博物馆、可持续性与美好生活"，重点关注之一就是全球健康与福祉，其中特别关注心理健康和社交隔阂问题。视觉障碍人群正是需要我们特别关注的对象之一。

博物馆服务视觉障碍者主要体现在场馆基础设施建设和服务方面。从基础设施建设来看，国内博物馆基本配备了无障碍通道、无障碍卫生间等设施，在工作人员的引导下，具备为视觉障碍者提供参观服务的基础条件。从服务角度来看，不少地方的博物馆开展视觉障碍者走进博物馆的有益尝试大都只是一些临时组织开展的活动，反馈效果不一，只有一些发达地区的博物馆提供有针对性的专业化服务。

贵州的社会经济发展水平与发达地区相比有不小差距，这一点在公共文化服务上也有体现，虽然整体上落后于发达省份，但也做了一些探索。据相关报道，借助大数据发展优势，贵阳市盲协于2017年举办市县盲协主席信息化培训班，首创"七个一"视觉障碍者独立乘坐公交车解决方案，拓展视觉障碍者文化服务受益面。在国家视觉障碍者数字阅读推广工程的大力支持下，贵州省图书馆联合贵州省残疾人联合会、贵州广播电视台、贵州同方知网科技发展有限公司共同打造的"贵州盲人数字图书馆"在2022年正式上线，为视觉障碍群体提供打开知识大门的钥匙，让他们同样感受到书香的芬芳和阅读的雅趣。贵州省图书馆在服务盲人方面已经先行一步，但近年来贵阳当地组织较大的视觉障碍者团体参观博物馆的活动屈指可数。贵阳市盲协曾于2019年和2021年分别组织部分视觉障碍者到息烽集中营革命历史纪念馆和贵州省博物馆参观，视觉障碍者团体到贵州省博物馆参观在新馆落成后也属首次。贵州省博物馆大厅竖立有贵州省博物馆"多彩贵州"基本陈列简介，中文内容上方配有盲文字样，同时配备有盲文版手册《贵州省博物馆"多彩贵州"基本陈列简介》。贵州省博物馆也接待过一些视觉障碍者散客，但都是在家人或朋友的陪同下来参观的，博物馆的讲解服务基本上也是按照普通观众来接待的，没有专门的游览路线和专业的讲解服务及陈列展品，只是讲解员有意识地在讲解过程中尽可能地照顾到盲人朋友的感受。视觉障碍者主要靠耳朵来获取信息，感官比较单一，效果亦非常有限。在参观了贵州省博物馆、贵州省民族博物馆、贵州省地质博物馆等贵阳当地几家规模较大的博物馆后，总体感觉对视觉障碍者不友好，体验感较差，基本不具备视觉障碍者自由参观的条件。第一，这几家博物馆的大堂和展厅里都没有盲道的设置，盲人无法自行辨明方向，需要有专门的人员引领。第二，能用手触摸的展品非常有限，视觉障碍者无法充分感受历史、文化、艺术的轮廓，更多的还是语言文字的讲解。第三，讲解词缺乏针对性，无法让视觉障碍者具象感受陈列展品。第四，主动服务意识还不够，开展类似活动很少甚至没有，更没有此类专业展览。

三、服务视觉障碍者参观的几点思考

人民群众对美好生活的向往，包括了精神上的健康福祉，像视觉障碍群体

的精神幸福指数也是不可或缺的。科学技术的变革带来的影响是颠覆性的，智能时代视觉障碍群体的生活已有了质的改善，需要更多关注他们的精神文化需求。纽约艺术教育机构"超视觉艺术"项目曾通过与来自不同博物馆的视障观众举行座谈来了解这些传统意义上容易被忽视的博物馆观众群体。所有参与座谈的视障观众都表达了对获得博物馆体验的兴趣与愿望。此外在与刘芳后续的沟通中，她也表达了一些视觉障碍者团体想要参观博物馆的意愿，可惜的是因为一些原因未能成行。

视觉障碍者对走进博物馆所表现出的热情和渴望，让我们感受到博物馆为视觉障碍者提供必要的服务是其一项重要的社会责任。就贵州而言，在服务视觉障碍者方面所做的尝试很少，还存在很多不足，但其他地区的一些探索和经验给我们提供了参考路径。让当地的视觉障碍者走进博物馆，享受参观游览的快乐，共享公共文化资源，虽任重道远但大有可为，结合自身工作经验，有以下几点浅薄思考。

一是完善基础设施环境。受困于财力、场地的限制，不能求全求大，在满足普通观众参观的情况下，有针对性地进行陈列设计，规划专用参观线路，增加盲道、电梯语音提示等辅助指引线路设施，为引导视觉障碍者参观提供便利。在我的讲解过程中，盲文并未充分发挥应有的作用，一方面是博物馆有盲文介绍的展品确实很少，内容是否适合视觉障碍者也值得商榷；另一方面，懂得盲文的观众也不多，科技发展带来的语音导览、触摸体验能为视觉障碍者参观带来更多便利，也为自助参观提供可能。

二是提升触摸互动体验。"只准看不许摸"是出于保护展品的需要，由于身体的特殊性，视觉障碍者无法感知展品的全部面貌，在重点展品处增加可以用手触摸的仿制品或模型，丰富盲文介绍资料，是帮助视觉障碍者了解与理解展品造型和质感的最直接有效的方式。此外，利用听觉、嗅觉等也是与视觉障碍者互动的好方式，具备条件的博物馆也可规划设立"盲人体验区"，为视觉障碍观众设计参观方式时，可以加入听、闻、嗅等体验互动环节，吹一声黄平泥哨的古朴，听一曲八音坐唱与侗族大歌的天籁，探秘原生态的国家非遗；伴随钟磬琴瑟交替的声音，感受各种丰富的乐器；看汉代香炉，嗅一丝香氛，品一杯茶茗，给视觉障碍观众增添观展体验和乐趣。

三是重构讲解内容形式。博物馆能用手触摸的展品其实非常有限，有些是图片或影像的展览，更多的还是语言文字的讲解。多数博物馆只有一套讲解词，同一套讲解词和平时的讲解节奏对视觉障碍者来说显然是不适用的。一些视觉障碍者是先天性失明的，一般人视为理所当然的常识，却是缺乏视觉感官的视觉障碍者所无法认知的。需要通过口述的形式，用形象化、比喻化的表达重构讲解内容，把视觉的艺术语言转换为通俗易懂的口语，帮助视觉障碍群体"看懂"影像，建构从影像到心像的基本元素，感受到展品的形状和尺寸等具象内容，认知博物馆的文化展品与文化氛围，了解文物背后的故事，体会历史的厚重。

四是培养主动服务意识。贵州本土博物馆开展服务视觉障碍者活动的主动意识还不够，贵州省博物馆2021年组织的视觉障碍者参观活动其实也是盲协主动找上门的。视觉障碍群体确实是博物馆中一类特殊的观众，除了业务层面上的权衡，更重要的是一种尊重和平等的意识。博物馆要对讲解员等工作人员进行必要的培训，提前安排好参观线路和讲解重点，尤其要树立强烈的为视觉障碍者服务的意识，确保在尊重和理解的基础上为视觉障碍者提供必要的参观服务，避免让人感受不舒服甚至可能受到伤害的"特殊待遇"。博物馆更应主动走出去，积极与政府部门、盲协组织、公益机构、博物馆同行等加强沟通，汇聚多方力量，共同探讨让视觉障碍者走进博物馆的路径。目前贵州虽然还没有让视觉障碍者常态化参观博物馆的条件，多举办类似活动总是可行的，从中也可以积累些经验。

重视视觉障碍群体的健康与福祉，让视觉障碍群体的特殊需求与普通观众的需求融合起来，最终实现无差别地对待视觉障碍者和普通人，从而让视觉障碍者成为博物馆的"主流"观众，能够随时随地前往博物馆参观，是博物馆需要努力的方向，也是文博工作者的使命与责任。虽然实现起来存在各种各样的困难，可能还需要很长的时间及多方的共同努力，但只要行动起来，就是突破和进步，力求填补当地博物馆服务视觉障碍群体的空白。

[参考文献]

[1][美]海伦·凯勒著，陈晓颖译.假如给我三天光明[M].天津：天津人民出版社，2015.

[2]弘博网.关注观众视觉外的感官，博物馆对视障人士的关注与服务[EB/OL].[2019-09-02].https://www.sohu.com/a/338092735_426335.

[3]李珮.博物馆盲人服务刍议——以首都博物馆为例[J].卷宗，2020（14）.

[4]罗雅兰，聂晓梅，董雨辰.一种面向盲人的数字博物馆触听交互系统[P].广东省：CN114967913A，2022-08-30.

[5]王琳.视障人士"参观"博物馆活动的实践探讨[J].图书情报，2019（11）.

[6]文博在线平台.国际盲人节：如何让更多盲人走进博物馆?[EB/OL].[2019-10-15].https://mp.weixin.qq.com/s/VnohNy2VMGdbqnkpqJVBag.

[7]张宝玉.盲人博物馆[J].世界知识，1981（12）.

以贵州省博物馆为例谈博物馆的教育职能

王静怡

（贵州省博物馆）

摘　要　文章从实际出发，浅谈博物馆应如何与社会大众有效连接，如何承担好社会大课堂的职责，以做好传播教育的工作。

关键词　博物馆；教育；职能

贵州省博物馆为典型的地方性博物馆，有贵州古生物化石、旧石器时代出土的文物、各民族的文物及体现各地方历史人文和文化多样性的文物，这些都是贵州省博物馆的馆藏亮点。2020年，贵州省博物馆被评为国家一级博物馆。由于近几年的"博物馆热"再加上贵州旅游业的飞速发展，参观贵州省博物馆的游客数量大幅度增长。特别是2024年贵州举办的"村超""村BA"等大型活动、各大综艺节目的拍摄，以及国家对贵州的重视，使得贵州知名度大增，游客量再创新高。为了能向广大群众提供更好的服务，作为贵州省博物馆社会教育部门的工作人员，我们有义务去思考该如何提升讲解服务质量、提高社教服务水平。本文首先说明了博物馆教育职能如何体现与其特别之处，以及博物馆普遍存在的不足之处，接着分析博物馆教育职能的重要性，在此基础上阐明在新时代背景下贵州省博物馆该如何拓展社会教育的广泛性，以及如今存在的问题。再对讲解服务进行思考——讲解是向大众传播历史文化知识最直接的途径，是博物馆的窗口，更是连接博物馆与社会群体的桥梁。最后从博物馆如何创新、如何走进社会各处、如何多元化履行社会教育职能等方面来进行讨论。

一、如何提升新时代博物馆的教育职能

1.博物馆教育职能从哪几方面体现

博物馆作为大众了解历史的直接窗口，近几年的"博物馆热"，让越来越多的人愿意走进博物馆，了解历史、探索历史、感受历史文化。因此，博物馆的教育人群范围非常广泛，提升博物馆的教育职能可从以下几方面进行探讨。

首先，博物馆最重要、最关键的就是陈列展览的工作，能最直接地让观展者接收博物馆所传播的历史文化、民族精神、科学知识等。因此，在陈列前期就应该有个明确的教育目标，围绕该目标来开展陈列工作，使博物馆的教育职能更加清晰明了。博物馆的展厅一般分为基本陈列和临时展览，基本陈列一般十年更新一次，临时展览每三到四个月更新一次。由于这个周期条件，博物馆对陈列内容也有一定要求。基本陈列是一个博物馆的核心部分，体现该博物馆的科研实力，一般以历史脉络为时间线，以藏品展示为基础，再通过文字图片、多媒体视频等多种方式来具体介绍当地历史民族文化，让参展者更直观地了解到这片土地上所发生过的故事。临时展览并不局限于展示历史方面的知识，还有书画作品展、野生动物科普展、当地特色文化展、与其他博物馆的文化交流展等等，能让人们学习到不同领域的知识。

其次，博物馆作为连接过去、现在、未来的桥梁，讲解员是沟通博物馆与社会的桥梁和纽带，是博物馆的名片。如今，博物馆的文化传播职能越发得到重视，国家文物局发布了《国家文物局关于进一步提升博物馆讲解服务工作水平的指导意见》，对博物馆的讲解工作做出相应指导。各级文物行政主管部门和博物馆逐渐开始高度重视起来，充分认识讲解工作的重要性，全面提升讲解服务的质量与数量，更好地为人民群众传递历史文化知识；对馆内的讲解服务工作进行优化，可根据每个博物馆的特点及每个展厅所针对的不同人群来进行特色讲解服务；还要提高讲解员的自身能力，可定期组织一些相关领域的专业人士来进行授课，或是各馆之间进行交流学习，还可开展一些公益性的讲解活动或讲解比赛等；要规范、引导社会讲解服务，坚决杜绝非法分子传播不良思想，保证知识传播的客观性与准确性；不断拓展讲解形式，不仅遵循传统的讲解模式，还要去创新适合大数据时代的讲解新方式，例如推出二维码导览、智能语音讲解、AR导览等，同时做好博物馆的网络宣传工作，让社会群众能更好地在官方网站上进行正规讲解服务的预约；大力加强讲解人才队伍的建设，重视并壮大讲解队伍，增强讲解员的能力，提高工作待遇水平等，着力打造出一支政治素养好、能力水平强、充满活力和有创新思维的新时代讲解人才队伍。

2.博物馆教育的特别之处

博物馆是除了学校、图书馆以外最能直接学习到知识的地方，受众多，知识面广，在不同地区的博物馆能了解到的知识点也不同，能更好地弥补学校教育的疏漏点。

博物馆实物藏品之丰富是大多数教育机构无法相比的，大量精美的文物、深厚的历史知识、多样的地方特色，这些都是博物馆的独特之处。博物馆不同于学校和图书馆，人们一旦走进展厅近距离观察，配合上讲解人员的介绍，便能身临其境地感受到博物馆的美，加深对知识点的印象，而不是只局限于书页之间。再加上博物馆众多别具特色的社教活动，且对不同年龄段的人会采用不同的活动方式，真正能做到娱乐与教育相融合，激发大众的兴趣。

3.现如今还有哪些不足之处

现如今博物馆所面临的主要问题：首先，人员配置问题。一般博物馆工作人员的学科知识主要以考古学、历史学、文物学、博物馆学等专业为主，教育类相关专业较少。作为博物馆的窗口部门，社会教育部门不仅要了解各展厅的知识，还需要有创新能力，将文博知识通过有趣的社教活动更好地传播出去。但由于薪资待遇、考核机制等原因，一方面人员配置不足，另一方面观展人数逐年增长，使得社教人员的工作重心主要放在了讲解工作上，无法策划出高质量的社教活动。因此可酌情增加社教部门工作人员的数量，明确分工，将社教人员分为讲解组与教育组，这样能更好地向大众提供讲解或教育服务。除此之外，还可引进一些研究型科普人员，来保障知识的准确性和专业性。

其次，一些博物馆存在故步自封的思想，没有切实考虑观众的感受，也没有真正发挥博物馆的教育职能，许多人只是走马观花般逛完博物馆，导致人们对博物馆的魅力认识不足。许多博物馆虽然开展讲解、社教工作，但都是一味单方面地输出，没有对不同人群因材施教，也没有认真去思考、探寻观众的想法，导致工作效果并不显著。

最后，在一些二、三线城市，当地对博物馆的宣传并不重视。对此，可以开设一些介绍本省市历史的电视节目、新媒体账号，通过与各方媒体的合作，更快更广地普及历史知识，引起人们对博物馆的兴趣；还可在城市规划布局上加入一些关于当地历史文化的元素，让人们在生活的点滴中不断受到历史文化的滋养，让每个人都成为传统文化的传播者。

二、博物馆教育职能的重要性

新时代博物馆的教育职能小到可以让一个人了解到历史、文化等各方面的知识，大到可帮助提高一个群体、一个地区人民的文化素养。

1.让文博知识走进社会各处

传播中华优秀传统文化要从小抓起，因此，学校就成为博物馆发挥教育职能的重要场所。首先，博物馆社教人员可以采用问卷调查或采访的方式来了解该校的特色和学生偏爱的知识类型，设计有针对性的活动；其次，可根据学校的课程标准，为不同年龄段的学生编写博物馆相关教材，用学生容易理解的图文并茂的方式来介绍中国历史、文物知识等；最后，让孩子们成为传播传统文化的一员，来到博物馆担任小小讲解员，为游客们讲述他们学到的文博知识。

现在，贵州省博物馆已经开展如"阳光志愿者——小小讲解员"之类的活动，目的是培养学生们传播传统文化的责任感。他们不再是旁观者，而是成为其中一员。

除了学校，博物馆还可以走进社区、军营，走进孤独症儿童和失依儿童的世界，开展巡展和多样的社教活动，将文博知识传入社会的各个角落。任何群体都应该树立积极传播传统文化的意识。

2.开展多元化的社教活动

组织社教活动是社会教育部门的重要工作，如何开展好高质量的社教活动是社教人员最需要思考的问题之一。第一，结合国家时政，如该阶段正是奥运会时期，那博物馆可开展相关的运动类社教活动，让人们了解到古人是如何进行体育锻炼的。第二，结合当地特色，如贵州开展了"村超""村BA"等大型活动，博物馆可进行关于足球、篮球历史的宣传，介绍古代球类运动的历史，带着大家一起制作如蹴鞠、马球等球具，或者带着小朋友画出他们心中古人进行球类运动时的画面；还可根据当地的一些特色，带人们了解非遗文化，进行非遗手工制作。第三，结合节日时令，如重阳节请当地非遗手工传承者来教老人们做一些手工等，七夕节可开展关于爱情诗句的读书会。第四，结合博物馆的基本陈列和临时展览，如贵州省博物馆举办了姚华艺术展，根据姚华的颖拓，开展了一场关于颖拓的社教活动——先向大家介绍颖拓是什么及其来历，再让人们亲自去体验、去感受颖拓的与众不同。

社教活动要扩大覆盖群体，不仅仅针对小朋友，对老人、成年人，甚至一些特殊人群也应有所涉及，这样才是有效融入社会高质量发展的社教活动。

三、结语

现如今，国家对中华传统文化越来越重视。近几年拍摄制作的如《国家宝藏》《我在故宫修文物》《如果国宝会说话》等大型文博综艺节目或纪录片，使得"博物馆热"愈发火热，因此，博物馆应该抓住这次机会，大力宣传、大力传播。在新时代背景下，贵州省博物馆要做到与时俱进，打破传统的博物馆形式，利用当代智能技术来提升博物馆的讲解质量和创新文物展示方式；从多方面、多角度开展社教活动，让文博知识渗透进社会的各个角落，通过社教活动来强化博物馆的教育职能，要因人而异，做到因材施教；要看到现在自身所存在的问题，借鉴各家博物馆的优势，打造出属于自己博物馆的亮点。

参观博物馆并不是为了拍照"打卡"，也不是为了记住文物的专业知识点，而是通过博物馆的教育功能，人们能更清晰地了解脚下这片土地曾经存在过的人和事物，近距离地走进孕育我们的这片大地，更深刻地感受我们国家上下五千年历史的厚重。

[参考文献]

[1] 丁晗雪."实用博物馆学"：史蒂芬·威尔的博物馆学理论研究［J］.中国博物馆，2025（1）.

[2] 郭勇.试论当前博物馆教育职能活动的几点建议［J］.山西青年，2018（5）.

[3] 吕澄.地域文化赋能博物馆社会教育课程：创新与实践［J］.文物鉴定与鉴赏，2025（7）.

[4] 彭聪.新时代背景下博物馆教育职能分析［J］.文物鉴定与鉴赏，2021（1）.

[5] 秦丽芬，冯小邱."一带一路"视域下贵州民族传统体育与旅游融合发展的策略研究［J］.文体用品与科技，2022（17）.

[6] 汪彬.重新想象博物馆研究——超越实用主义与批判理论［D］.长春：吉林大学，2024.

[7] 王志阳.博物馆的叙事性表达——解析柏林犹太人博物馆［J］.公共艺术，2017（1）.

[8] 杨菁."讲好中国故事"背景下贵州民族特色文化传播［J］.贵州民族研究，2022（3）.

[9] 叶杨.国际博物馆的《深圳宣言》——联合国教科文组织国际博物馆高级别论坛综述［J］.特区实践与理论，2016（6）.

[10] 周婧景，等.博物馆策展与管理的新方法、新理念［J］.自然科学博物馆研究，2024（4）.